Der bankmäßige Zahlungsausgleich in Deutschland

Eine Studie über Theorie und Aufbau des deutschen Giro- und Scheckwesens

von

Dr. Max Muß
Privatdozent an der Universität Leipzig

Berlin und Leipzig 1922
Vereinigung wissenschaftlicher Verleger
Walter de Gruyter & Co.
vormals G. J. Göschen'sche Verlagshandlung — J. Guttentag, Verlagsbuchhandlung — Georg Reimer — Karl J. Trübner — Veit & Comp.

Druck von Oscar Brandstetter in Leipzig

Vorwort

Die vorliegende Arbeit hat nicht den Zweck, die Reihe der Theorien über das Geldwesen zu vergrößern. Sie will vielmehr versuchen, eine neuerdings stark hervortretende Seite des deutschen Zahlungswesens, den Giro- und Scheckverkehr, dadurch in ihrer Bedeutung zu erfassen, daß sie ein Bild entwirft von ihrer Eigenart und ihrem Umfange sowie von Meinung und Forschung über sie. Darin liegen zwei Aufgaben, die Feststellung der quantitativen Bedeutung und die der qualitativen Bewertung. Hat die erste im wesentlichen nur beschreibenden Charakter, so darf allerdings die zweite nicht auf kritische, von einer geschlossenen theoretischen Auffassung ausgehenden Beleuchtung verzichten. Im übrigen liegt der Zusammenhang beider Aufgaben auf der Hand: Wie die Einschätzung der Vorzüge und Nachteile des Giro- und Scheckwesens zu Abänderungsplänen und zu tatsächlichen Eingriffen in seinen Zustand führen mußte, so mußte umgekehrt auch die Anschauung des jeweiligen Standes zurückwirken auf die Theorie.

Ein so umschriebener Aufgabenkreis läßt nicht zu, daß sich die Untersuchung auf die eigentlich volkswirtschaftlichen Phänomene beschränkt. Wenn auch letztes Ziel sein soll, den volkswirtschaftlichen Belang in quantitativer und qualitativer Hinsicht darzulegen, so ist es doch notwendig, auch einzudringen in das Leben der Einzelwirtschaft, aus ihren Äußerungen den Umfang jener Erscheinungsform absolut und im Verhältnis zu andern derartigen Formen abzuleiten und ihre Gesetzmäßigkeiten heranzuziehen zur Deutung sowohl der äußeren Gesamtentwicklung wie auch der allgemeinen Wirkungen.

Auf diese Weise hofft die Arbeit, zwei Lücken auszufüllen; denn weder machen sich die vorliegenden Theorien in der Regel die Mühe, in grundsätzlicher Betrachtung das festzulegen, was ihnen in der Bewertung unseres Gegenstandes gemeinsam ist, und was sie voneinander trennt[1]), noch findet sich in den allermeisten einschlägigen Arbeiten eine organische Verbindung zwischen volkswirtschaftlicher und privatwirtschaftlicher Untersuchung. Wissenschaftliche Schriften volkswirtschaftlichen Charakters, die sich besonders mit dem Scheck- und Girowesen befassen, sind trotz des aktuellen Interesses in der jüngsten Zeit in Deutschland nur wenig vorhanden. Einen beachtenswerten Versuch, von der volkswirtschaftlichen Seite aus das Wesen des Geldverkehrs mit mathematischer Methode zu erfassen, macht Andreas Voigt in zwei Aufsatzreihen der Zeitschrift für Sozialwissenschaft über die „Theorie des Geldverkehrs"[2]) und über die „Ökonomik des Geldverkehrs"[3]). Die privatwirtschaftliche Literatur darüber ist reicher. Vor allem ist hier das Buch von Friedrich Schmidt, „Der nationale Zahlungsverkehr"[4]), zu nennen. Der Verfasser legt das Hauptgewicht auf die Erklärung der Technik auch der Scheck- und Girozahlung und geht auf die volkswirtschaftlichen Fragen kaum ein; nur zwei ganz kurze einleitende Abschnitte handeln von Geld, Geldwert und Warenpreis.

Wenn im Gegensatz dazu die vorliegende Schrift den volkswirtschaftlichen Gesichtspunkt voranstellt und in die so orientierte Ausführung die privatwirtschaftlichen Erörterungen hineinzuweben versucht, so hat sie doch mit jener Arbeit die Beschränkung auf den inneren Zahlungs-

---

1) Im Grunde hat hier Moll (Logik des Geldes, München und Leipzig 1916, S. 3) recht, wenn er etwas scharf pointiert über diesen in der Geldtheorie allgemein zu beobachtenden Mangel sagt: „Man liest gar nichts mehr, um höchstens noch zu schreiben......"

2) Zeitschrift für Sozialwissenschaft, Neue Folge, XI. Jahrg., Leipzig 1920, Hefte 5 ff.

3) Ebenda XII. Jahrg., Leipzig 1921, Hefte 1 ff.

4) Leipzig 1920, 2. Aufl. von: „Der bargeldlose Zahlungsverkehr in Deutschland und seine Förderung." Leipzig 1917.

verkehr Deutschlands gemein. Die Tatsachen sind durchgehends bis 1919/20 dargestellt, da die Arbeit 1920 abgeschlossen worden ist. Den theoretischen Betrachtungen liegt, schon mit Rücksicht auf die Ausgangspunkte der herangezogenen Lehren, der Normalzustand der Goldwährung vor dem Kriege zugrunde.

Für die Materialbeschaffung bin ich so vielen zu Dank verpflichtet, daß ich nicht alle aufzählen kann, sondern sie bitten muß, sich mit einem allgemeinen Dank zu begnügen. Nur eins sei mir gestattet hervorzuheben. Es wäre mir kaum möglich gewesen, die erforderlichen Verbindungen alle anzuknüpfen und den schwer zugänglichen Tatsachenstoff wenigstens so weit zu erfassen, wie es geschehen ist, wenn mich nicht die Reichsbank, Abteilung für bargeldlosen Zahlungsverkehr, und ihre Leiter, zuerst Herr Dr. Schippel, später Herr Gerhard Scheuerl, sowie der Herausgeber der Zeitschrift „Der Zahlungsverkehr", Herr Otto Schoele, mit liebenswürdigem Eifer unterstützt hätten.

Leipzig, im Mai 1921.

Max Muß.

Inhaltsangabe

I. Abschnitt

Begriff und äußere Bedingtheit des bankmäßigen Zahlungsausgleichs

Umstritten wie schon der Begriff des Geldes selbst sind in der Theorie auch der Begriff der Zahlungsmittel, das heißt der äußeren Erscheinungsformen, in die sich Geldleistungen im Zahlungsverkehr kleiden, und ihr inneres Verhältnis zum Gelde. Das Gesetz zwar sagt eindeutig, was in seinem Sinne unter Zahlungsmittel zu verstehen ist, für die ökonomische Theorie aber beginnen schon die Schwierigkeiten mit der Bestimmung des Vorgangs der Zahlung[1]).

Im Gegensatz dazu ist die wirtschaftliche Praxis darüber kaum je im Zweifel, sie hält sich an die äußeren Tatsachen des Verkehrs zwischen den einzelnen Wirtschaftseinheiten und sieht in der Zahlung diejenige Hälfte des Tauschaktes, die der Hingabe von Waren oder der Leistung von Diensten oder schließlich auch der Übertragung von Forderungsrechten auf Waren oder Dienste entgegengesetzt ist. Sie sieht in der Zahlung die Übermittlung einer Kraft vom Zahlenden an den Empfänger, die — erkauft durch Waren oder Leistungen — den letzteren zur gleichen Handlung in einem analogen Vorgang befähigt. Der Zahlungsempfänger wird mit der Potenz zu eigenen Zahlungen ausgestattet, eine Wirkung, die ebenfalls eintritt, wenn die Gegenbewegung der Waren- oder Dienstleistung fehlt, wie es stets bei der freiwilligen Handlung des Schenkens, oft bei der Zwangshandlung der Abgabe an die Obrigkeit der Fall ist.

---

[1]) Vgl. dazu Knies, Geld und Kredit I. Abt. Das Geld, Berlin 1873, S. 192 ff.; Helfferich, Das Geld. 2. Aufl. Leipzig 1910, S. 237, und Knapp, Staatliche Theorie des Geldes. 2. Aufl. 1918, S. 1 ff., bes. S. 9

Knapp, Erläuterungen zur Staatlichen Theorie des Geldes in Schmollers Jahrbuch 30. Jahrg. 1906, S. 391.

In diesem Sinne läßt sich bestimmen, durch welche Medien Zahlungen vollzogen werden. Zahl und Art der noch in der Gegenwart tatsächlich auftretenden Zahlungsmittel sind praktisch unübersehbar[2]). Aus ihrer Menge heben sich indessen einige wenige heraus, deren alleiniger oder doch hauptsächlicher Zweck es ist, Zahlungsvorgänge zu vermitteln. In der ersten Reihe steht das von der öffentlichen Gewalt ausgegebene Münz- und Papiergeld. An dieses lehnen sich besondere, von der Volkswirtschaft selbst herausgebildete Formen an, die geeignet sind, in Anpassung an den wechselnden Zahlungsbedarf den beschränkten und in der Größe schwankenden Geldvorrat zu ergänzen, die vielfach einen bequemeren Verlauf des Zahlungsaktes ermöglichen und unter Umständen — wie in den Zeiten der Münzverwirrung, als eine Menge verschiedener Münzen von oft zweifelhafter Beschaffenheit umlief — teils sogar eine größere Wertsicherheit bieten als das staatlich emittierte Geld.

Als solche Zahlungsmittel sind bekannt die verschiedenen Bankanweisungsarten, deren wichtigster Typ der Scheck ist, die Banknote und der Wechsel. Wechsel und Scheck haben ihrer Natur nach eine beschränktere Verwendungsfähigkeit als die Banknote, sie lauten zumeist auf einen Betrag, dessen Höhe von dem ihrer Ausstellung zugrunde liegenden Geschäft bestimmt ist, sie verlangen Vertrauen auf ihre — meist privaten — Schöpfer, die letzten Endes für die Einlösung in Kurantgeld einstehen müssen, sie sind bezüglich dieser Einlösung an bestimmte örtliche und zeitliche Bedingungen gebunden und erfordern wegen ihrer formalen Voraussetzungen von jedem Empfänger Kenntnisse

---

[2]) Schumpeter (Das Sozialprodukt und die Rechenpfennige. Archiv für Sozialwissenschaft und Sozialpolitik 44. Band 1917, S. 655/662) zählt sechs Gruppen von Zahlungsmitteln auf — diese Bezeichnung trifft übrigens nur annähernd den Sinn des in jenem Aufsatz unter „Geld" verstandenen Begriffs — und nennt darin außer Münzen, Banknoten, Wechseln, Schecks und Guthaben auch Metallbarren, Zucker, Schokolade, Kaffee, Tee, Tabak und andere Waren, Aufrechnungen von wechselseitigen Warenlieferungen, Staatsrenten, Kupons, Bankkassenscheine, Kreditinstrumente und Forderungsrechte aller Art.

und Aufmerksamkeit. Der Wechsel weist derartige Schwierigkeiten in höherem Maße auf als der Scheck, vor allem auch insofern, als er meistens nicht sofort, sondern zu mehr oder minder entfernten Fristen zahlbar ist. Dagegen hat er den inneren Vorzug, daß er im Normalfalle dem Warenverkehr entspringt, also eine Forderung des Warenverkäufers an den Warenkäufer darstellt und somit fundiert ist durch den Übergang der Ware. Immerhin tritt die Hauptmasse der Wechsel gar nicht in den eigentlichen Zahlungsverkehr ein[3]), ihr Hauptzweck ist in der besonders strengen Verbriefung einer kurzfristigen Schuld zu erblicken; ihr Lebensweg führt oft vom Aussteller nicht über die mit ihm verbundene und allenfalls die einkassierende Bank hinaus; soweit er anders verläuft, verläßt er fast nie einen engen Kreis geschäftsgewandter Gewerbetreibender, es sei denn, daß er dem Auslandsverkehr dient oder überhaupt nicht zur Zahlung, sondern als Kapitalanlage verwendet wird.

Die anderen Zahlungsmittel, auch der Scheck, haben ihren Ausgangspunkt in Banken. Die Banknote ist eine gedruckte, auf eine runde Summe lautende, an den Inhaber zahlbare, jederzeit fällige Anweisung einer Bank auf sich selbst, der Scheck eine sofort fällige, nach deutschem Rechte innerhalb zehn Tagen vorzulegende Anweisung des Ausstellers auf sein Bankhaus. Die Banknote allein vermag nur die Funktion des Zahlungsmittels auszuüben, der Scheck kann auch als bloße Quittung des Kunden gegenüber seinem Bankhause bei eigenen Geldabhebungen verwendet werden.

Alle tragen die Gestalt von Urkunden, die beim Zahlungsakt körperlich von Hand zu Hand gehen und je nach der Dauer des Bestehens, die bei Wechsel und Scheck beschränkt ist, und nach der Häufigkeit des Besitzwechsels mehr oder weniger zahlreiche Tauschvorgänge vermitteln,

---

[3]) Über die abnehmende Bedeutung des Wechsels im Zahlungswesen s. Motschmann, Das Depositengeschäft der Berliner Großbanken (Schriften des Vereins für Sozialpolitik, 154. Band, 1. Teil), München und Leipzig 1915, S. 258 f.

bis sie in der Einlösung seitens des Verpflichteten durch Bargeld oder ein anderes Umlaufsmittel oder durch Gutschrift ihr Ende finden. Gutschrift aber bedeutet das Eingeständnis einer Schuld, deren Lösung dem zukünftigen Geschäftsverkehr überlassen wird. In dessen Verlauf kann solche Schuld mit denselben Mitteln getilgt werden, die zur Entstehung führen konnten, nämlich entweder durch Hingabe von Geld oder sonstigen anerkannten Verkörperungen von Geldeswert oder durch Begründung einer Gegenschuld, einer Forderung also des Schuldners.

Der selbständige Ausgleich von Geldschuld und Geldforderung, ein Vorgang also, der zwei Zahlungsakte vermeidet, kann im wirtschaftlichen Güterverkehr nur eintreten, wenn zwei Wirtschaften wechselseitig bald als Abgeber bald als Empfänger von Gütern oder Leistungen miteinander verkehren.

In der arbeitsteiligen Volkswirtschaft trifft das jedoch nicht als Regel zu. Die Reihe Produzent — Händler — Konsument bezeichnet die übliche Bewegung der Ware, und innerhalb dieser Staffel pflegt die einzelne Wirtschaft mit einer bestimmten andern nur als Empfänger oder nur als Abgeber der Ware in Beziehung zu stehen. Daß von derselben Wirtschaft in der gleichen Verbindung auch eine rückwärtige Güterbewegung ausgeht, gehört, obwohl es nicht selten vorkommt, doch zu den Ausnahmen[4]). Schuld und Forderung heften sich also in einer bestimmten Kette des Warenverkehrs zumeist immer wieder an die gleichen Glieder; sie zu tilgen, muß in entgegengesetzter Richtung ein Geldstrom fließen. Soviel Warenübertragungen vorkommen, soviel Geldübertragungen wären nötig, wenn nicht diese Warenwege vielfach miteinander verbunden wären — indem dieselben Wirtschaften als Abgeber der einen, als Empfänger anderer Güter in die verschiedensten Warengänge eingeknüpft sind — und gerade das Gewirre dieser Verknüpfungen auf der entsprechend verschlungenen Gegenseite der Zahlungsverbindlichkeiten die Einschaltung von

---

[4]) S. dazu Knies, Der Kredit, 1. Hälfte Berlin 1876, S. 263.

Sammel- und Ausgleichsstationen möglich machte. In der Warenzuführung lassen sich kaum Ausgleichungen vornehmen; die Waren dienen unterschiedlichem Gebrauch, ihre Vielheit ist vom Bedürfnis vorgeschrieben, die Stationen ihres Weges vom Erzeuger zum Verbraucher können im Laufe der Entwicklung oder durch äußeren Eingriff wohl verschoben und vermindert, doch nie ganz aufgehoben werden. Ganz anders im Geldverkehr. Dieselbe Wirtschaft hat als Abgeber von Waren oder Diensten Geld zu empfangen, als deren Empfänger Geld abzugeben. Wieviel Waren oder Dienste von der einen Wirtschaft einerseits abgegeben, andererseits empfangen werden, wieviel verschiedene Wirtschaften als ihre Abnehmer und ihre Lieferanten auftreten mögen — immer nehmen alle Leistungen als Forderungen und Schulden die eine Form des Geldes an, erscheinen somit für diese Wirtschaft in einer Einförmigkeit, die ihr die rechnungsmäßige Zusammenfassung dieser positiven und negativen Größen möglich macht. Der tatsächlichen Ausgleichung von Schulden und Forderungen stehen indessen zwei Hindernisse im Wege: das zeitliche Auseinanderfallen der naturalen Leistungen, damit auch der Zahlungsverpflichtungen, und die Vielheit der Kontrahenten. Die zeitliche Bindung der Verpflichtungen kann durch Vereinbarung verschoben werden, bleibt sie aufrechterhalten, so kann sie eliminiert werden durch das Eintreten einer Stelle, z. B. einer Bank, die jene Zahlungsleistung für den Schuldner übernimmt. Noch wesentlicher für den Zahlungsverkehr ist die Fähigkeit der Bank, die Vielheit der geschäftsmäßig verbundenen Subjekte aufzuheben und dafür sich selbst als vermittelnde Einheit zu setzen, ein Dienst, der sich der Banknotenausgabe und der Funktion als Basis des Scheckverkehrs an die Seite stellt. Die Bank sammelt Kassen und anderes Geldvermögen von verschiedenen Wirtschaften in sich und übernimmt es, innerhalb dieses Kreises Zahlungen der Wirtschaften untereinander zu vollziehen, indem sie ihre eigenen Verbindlichkeiten gegenüber dem Zahlungsschuldner um den entsprechenden Betrag verringert, gegenüber dem Zahlungsempfänger erhöht. Das ist der Grundvorgang der Giroüberweisung. Das Wirkungsfeld einer Bank wird über deren eigenen Kundenkreis hinaus erweitert, wenn Banken einander Konten eröffnen und dadurch Giroübertragungen zwischen ihren Kundenkreisen ermöglichen.

Irgendein stoffliches Zahlungsmittel wird bei der Giroüberweisung nicht in Bewegung gesetzt. Die einfache Tatsache der Überschreibung in den Bankbüchern hat die gleiche Wirkung wie die Übergabe von Geld oder seinen stofflichen Surrogaten. Scheint damit auch die Berechtigung gegeben, die Giroüberweisung als ein selbständiges Bankzahlungsmittel der Note und dem Scheck an die Seite zu stellen, so warnt vor voreiligen Schlüssen doch der Umstand, daß bisher nichts als die Übereinstimmung in einer Funktion festgestellt ist und die Verwandtschaft in bezug auf die Bedingungen der Anwendbarkeit, der Entstehung und des Endes noch der Untersuchung harrt. Erst solche Betrachtung führt an die theoretischen Kernfragen heran, welche Stelle der Giroverkehr im Zahlungssystem einnimmt, und welche Wirkung ihm auf Preis und Zins zugeschrieben werden muß. Während diese letzteren Fragen im wesentlichen den Gegenstand theoretischer Kontroversen bilden, gehört jene Feststellung zur Vollendung des Konstitutionsbildes und darf daher hier bereits ihren Platz finden.

Alle die genannten bankmäßigen Zahlungsformen gründen ihre Wirksamkeit im Zahlungsverkehr auf die Zuversicht der sich ihrer bedienenden Personen, daß sie damit die gleichen Wirkungen erzielen, als wenn sie gesetzliches Geld verwenden. Solange indes nur dieses allein für alle überhaupt möglichen Zahlungen unbedingte rechtliche Kraft hat, muß auch die faktische Umtauschmöglichkeit in solches Geld gesichert sein. Die Gewißheit dieses Umtausches kann für jeden Inhaber von Bankzahlungsmitteln von Bedeutung werden. Sie hängt ebenso von der Eigenart der Zahlungsmittelformen wie von der Vorsorge der Bank für Barkasse ab. Zur Seite stehen die Fragen, in welchem Maße bei den einzelnen Arten von dieser Möglichkeit wirklich Gebrauch gemacht wird, und ob sich dafür aus ihrer Natur heraus Normen ableiten lassen.

Jeder Inhaber einer Banknote besitzt im Regelfalle das Recht, von der ausgebenden Bank dafür Geldzahlung zu verlangen. Dasselbe Recht haftet am Besitz eines Schecks, ist hier jedoch an leichter verletzliche Voraussetzungen formaler Art geknüpft. Während bei der Banknote nur die Echtheit Vorbedingung für diesen Anspruch ist, hängt er beim Scheck noch von der Fehlerlosigkeit der formalen Vollziehung durch Aussteller und Inhaber ab sowie von der Berechtigung des Ausstellers, von der Bank Zahlung in der betreffenden Höhe zu fordern. Das heißt, der Scheckaussteller muß der Bank gegenüber das Recht erworben haben, sie mittels Schecks bis zu einer gewissen Höchstsumme zur Zahlung anzuweisen, er muß bei ihr ein entsprechendes Konto mit Guthaben führen. Da die Girozahlung nur eine Bewegung zwischen zwei Bankkonten darstellt, kann mit ihr ein derartiges Anrecht auf gesetzliches Geld nicht unmittelbar verbunden sein, hier heftet es sich vielmehr an das durch die Übertragung entstandene Guthaben, wie es andererseits dem Konto innewohnte, von dem die Übertragung ausging.

Dieser Verknüpfung mit dem Gelde am Endpunkte, die, an sich rechtlicher Natur, für die wirtschaftliche Beurteilung nur den Charakter letzter Möglichkeiten trägt, stehen am Ausgangspunkte dieser Zahlungsformen zwei wesentlich andere Geldbeziehungen gegenüber. Einmal handelt es sich hier um die Frage, ob der Zahler die Mittel der Bank in Anspruch nimmt auf Grund einer bestehenden Geldforderung oder auf Grund eines von ihr erhaltenen Darlehns. Im ersteren Falle ist der Leistung der Bank eine entsprechende Gegenleistung bereits voraufgegangen; die eigenen Zahlungsformen der Bank treten gewissermaßen an die Stelle früher empfangener Geldwerte. Erfolgt hingegen die Emission solcher Zahlungsformen, bevor derjenige, dem die Bank sie zur Verfügung stellt, sie mit einer entsprechenden Leistung vergolten hat, so begründet die Bankzahlung nicht nur eine Verpflichtung der Bank gegenüber dem Empfänger, sondern auch ein Forderungsrecht, nämlich gegenüber dem Zahler; die Formen tragen dann also im doppelten Sinne Kreditcharakter.

Von dieser Frage, ob die angewendete Bankzahlungsform sich aus einer Forderung oder einer Schuld des Zahlers bei der Bank erhebt, ist die andere zu unterscheiden, in welchem Maße die Bank Zahlungen in ihren Formen ausführt oder durch Schecks auszuführen zuläßt im Verhältnis zu dem von ihr gehaltenen Bestand an staatlichem Gelde. Alle ausgegebenen eigenen Banknoten, ebenso alle erteilten Berechtigungen, Schecks auszustellen und Giroüberweisungen zu veranlassen, können Forderungen auf Bargeldauszahlungen auslösen und erlegen der Bank die Sorge um Deckung durch Bargeldbestände auf. Die Bestimmung ihrer Höhe und die Beschaffung ihrer stetigen Ergänzung bilden einen wichtigen Teil der auf den Zahlungsdienst bezüglichen Bankpolitik und sind als grundsätzliche Fragen theoretischen Betrachtungen unterworfen worden.

Soweit scheinen Banknote, Scheck und Girozahlung in Hinsicht auf ihre Entstehung den gleichen Vorbedingungen zu unterliegen und die gleichen Folgen für die Bank in sich zu tragen; nur das Maß der Folgen könnte verschieden sein. Ein wesentliches Moment indes zerteilt die Gruppe: Scheck- und Giroüberweisung vermögen nur auf der Grundlage des Bankkontos ins Leben zu treten, während die Note ganz unabhängig davon entsteht und im Zahlungsverkehr ein von der ausgebenden Bank losgelöstes Leben führt bis zu dem Augenblick, wo sie zur Emittentin zurückkehrt, sei es, um gegen andere Zahlungsmittel umgetauscht zu werden, um eine Forderung der Bank an den Inhaber auszugleichen, oder um durch das Medium der Gutschrift eine andere Form des Forderungsrechtes an die Bank anzunehmen. Wann dieser Augenblick eintritt, ist unbestimmt. Die Umlaufsdauer der Note ist von vornherein ebensowenig begrenzt wie die Anzahl der Zahlungsakte, die sie währenddessen vollzieht. Die Giroüberweisung ist darin ihr Gegenteil. Ihr Ende knüpft unmittelbar an ihre Entstehung an; die Umschreibung vom Zahlerkonto auf das Empfängerkonto ist Anfang und Ende. Nur in einer etwaigen Verschiedenheit der Datierung in der Belastung des Zahlerkontos und der Gutschrift auf dem Empfängerkonto wird rechnungsmäßig der Weg der Übermittlung wirksam. Zu einer Mehrzahl von Überschreibungsakten, einer bloß technischen Erweiterung des Zahlungsvorganges, kommt es, wenn Zahler und Empfänger bei verschiedenen Banken ihr Konto besitzen.

Der Scheck hält zwischen Note und Giroüberweisung die Mitte. Ist das Konto seine Voraussetzung, so fehlt ihm andererseits doch nicht die Möglichkeit, für mehr als eine Zahlung zu dienen, wenn er auch aus den bereits erwähnten rechtlichen und wirtschaftlich-formalen Gründen in seiner Zirkulationsfähigkeit eingeengt ist. Bedeutsam für den Grad der Verwandtschaft mit der Giroüberweisung ist die Frage der Einlösung des Schecks. Erwirkt nämlich der letzte Inhaber, der den Scheck der bezogenen Bank zur Einlösung übergibt, bei dieser eine Gutschrift des Scheckbetrages an Stelle der baren Auszahlung, so liegt dasselbe Endergebnis vor wie bei der Giroübertragung: Zwischen zwei Bankkonten wird die Summe schließlich durch Ab- und Zuschreibung übertragen, ohne daß Geld in Anwendung gekommen sei. Das gleiche ist der Fall, wenn nicht die bezogene, sondern eine andere Bank den Scheck durch Gutschrift einlöst und ihrerseits den Betrag wieder auf irgendeinem Wege der Verrechnung erstattet erhält. Bei Einlösung in Bargeld hingegen ist die Zahlungsfunktion des Schecks ganz ausgeschaltet, sofern der erste Empfänger den Scheck bereits der Bank vorlegt, und sonst nur soweit wirksam, wie mehr als eine Zahlung durch ihn vermittelt worden ist. Die am deutlichsten hervortretende Eigenart der nichtgeldlichen Zahlungsmittel, Geldverwendung zu ersparen, hat nur da ihre Vollendung erreicht, wo jene schließlich im rechnungmäßigen Ausgleich ihre Erfüllung finden. Wir nennen diesen Vorgang der Ausschaltung stofflichen Geldes, wie er der Giroüberweisung stets, dem Scheckgebrauch dann eigentümlich ist, wenn der Scheck dem letzten Inhaber bei der bezogenen oder einer mit ihr in Verrechnungsbeziehungen stehenden Bank gutgeschrieben wird, den bankmäßigen Zahlungsausgleich.

Worin im einzelnen der Vorzug dieser Methode gesehen wird, muß späteren Erörterungen vorbehalten werden. Hier ist die Tatsache zu berichten, daß vielerorts besondere Einrichtungen getroffen worden sind, um möglichst viele Schecks einer Einlösung durch Verrechnung zuzuführen. Das geschieht in dem Abrechnungs- oder Clearingverfahren, zu dem sich mehrere Banken eines Ortes verbinden, indem sie gewisse auf sie lautende Forderungsinstrumente — neben Schecks auch fällige Wechsel und andere Wertpapiere — regelmäßig zusammenführen, gegeneinander aufrechnen und den verbleibenden Schuldenrest durch Giroüberweisung oder Scheck auf eine bestimmte Bank, zumeist die mit allen in Beziehung stehende Zentralbank, tilgen. Auf diese Weise wird der Scheckverkehr zu einem sehr erheblichen Teil in einen Abrechnungsverkehr umgewandelt, bei dem kein Bargeld zur Anwendung kommt und der Zahlungsprozeß wie beim Giroverkehr sich nur in der Veränderung von Bankkonten auf dem Wege der Guthabenverschiebung ausdrückt.

Der negative Umstand, daß bei solchen Zahlungsverfahren das stoffliche Geld außer Gebrauch bleibt, erhält seine Ergänzung durch die positive Tatsache, daß das eigentliche Substrat des bankmäßigen Zahlungsausgleichs, seine Voraussetzung und zugleich sein Mittel, das Bankkonto ist. Damit ist einerseits ein Unterschied begründet gegen zahlreiche andere Ausgleichsprozesse, die in der Volkswirtschaft an Stelle von Zahlungen auftreten, andererseits auch gegen andere Geldsurrogate, wie beispielsweise die Banknoten.

Das Moment der Kontengrundlage birgt für das Wesen des bankmäßigen Zahlungsausgleichs bedeutsame Bestimmungsgründe; denn das Vorhandensein einer solchen Grundlage ist zunächst an gewisse Vorbedingungen geknüpft, wie an das Bestehen geeigneter Kontenträger, d. h. entsprechender Banken oder verwandter Einrichtungen, an die Gepflogenheit der Wirtschaftenden, Bankdienste für Zahlungszwecke in Anspruch zu nehmen, an zweckmäßige Bedingungen und Geschäfte der Banken, Verbindungen der Banken untereinander — alles in allem an eine volkswirtschaftliche Gestaltung, die eine Fülle eigenartiger Probleme auch hinsichtlich der Bewegungsvorgänge innerhalb eines solchen Wirtschaftskörpers in sich schließt. Des weiteren liegen in der Natur des Bankkontos selbst — vor allem der Möglichkeit, daß es durch Kredit geschaffen oder erweitert, durch Barabhebungen ebenso wie durch Verrechnungen aufgehoben oder vermindert werden kann — Umstände, die offensichtlich, beispielsweise in bezug auf Bargeldbindung und Elastizität, den Charakter des bankmäßigen Zahlungsausgleichs mit bestimmen.

II. Abschnitt

Aufbau und gegenwärtige Ausdehnung des bankmäßigen Zahlungsausgleichs in Deutschland

1. Das Zahlungswesen in Deutschland vor der Reichsgründung

Das Geld- und Zahlungswesen des Deutschen Reiches unserer Tage stellt einen Neubau dar, der in seinen wesentlichen Teilen erst während der letzten 50 Jahre, seit der Gründung des Reiches, aufgeführt worden ist und nur wenig Bausteine aus der vorhergehenden Zeit übernommen hat. In formaler Hinsicht sind es zwei Umstände, die den Geldverhältnissen vor der Reichsgründung ihr Gepräge gaben: Die Vielheit der Münz- und Geldsysteme als das Korrelat der Vielstaaterei und die Reglementierung, die fast alle Einzelstaaten den Banken ihres Gebietes angedeihen ließen. Die letztere hatte die Ordnung der Kreditgeschäfte zum Gegenstand und wirkte damit auch auf die bankmäßigen Formen des Zahlungsverkehrs ein. Beide Erscheinungen schwächten sich seit der Mitte des 19. Jahrhunderts allmählich ab, ohne indessen ihren Einfluß auf das Zahlungswesen ganz einzubüßen.

Die wachsende Handelsverflechtung der Staaten untereinander hatte schon in der ersten Hälfte des Jahrhunderts die meisten kleineren Nachbarstaaten Preußens zur Anpassung an den preußischen oder den Vierzehntalerfuß veranlaßt und in Süddeutschland zur Münzkonvention vom 25. August 1837 über den 24½-Guldenfuß geführt, des weiteren dann unter den Staaten des deutschen Zoll- und Handelsvereins die Dresdener Münzkonvention vom 30. Juli 1838 entstehen lassen und auch gewisse Vereinbarungen zwischen den deutschen Zollvereinsstaaten und Österreich im Wiener Münzvertrag vom 24. Januar 1857 hervorgerufen.

Trotzdem blieben im einzelnen soviel Verschiedenheiten, daß die Motive zum Gesetzentwurf über die Ausprägung von Reichsgoldmünzen (November 1871) noch sechs Münzsysteme im Gebiet des neugeeinten Reiches ohne Elsaß-Lothringen aufzuzählen wissen[1]).

Natürlich beschränkte sich der Umlauf der einzelstaatlichen Geldarten nicht gänzlich auf das Gebiet ihrer eigentlichen Gültigkeit[2]); das Übergreifen auf andere Staaten nährte sogar überall ein Hauptgeschäft der Banken und Bankiers, das Geldwechselgeschäft, und das bunte Bild erhielt eine bedeutende Verstärkung durch die Menge und Mannigfaltigkeit der Noten und notenähnlichen Zahlungsmittel, die von den Banken in den Verkehr gebracht und von diesem um so williger aufgenommen wurden, als das Münzgeld in seinen größeren Stücken durchweg aus Silber bestand und für den Gebrauch in größeren Summen und über den Lokalverkehr hinaus unhandlich war. Das daneben kursierende Staatspapiergeld, das in fast allen deutschen Staaten ausgegeben wurde, bestand zum größten Teil aus Scheinen von niedrigem Nennwerte[3]). Der Vielheit der Staaten und ihrer Sonderinteressen entsprach auch eine Vielheit der Notenbanken. Nicht immer veranlaßte nur die Rücksicht auf den eigenen wirtschaftlichen Bedarf des betreffenden staatlichen Gebietes ihre Entstehung, vielmehr wirkte in manchen Fällen die Spekulation auf Ausdehnung der Notenzirkulation über die engen Landesgrenzen mit. Solchen Ansichten kam die verschiedene Ausstattung der Staaten mit Zahlungsmitteln entgegen; Württemberg z. B. entbehrte bis 1870 jeglicher Notenbank, so daß dort an Banknoten nur die aus anderen Staaten zirkulierten[4]). Ähnliche Zustände herrschten in Baden[5]). In manchen kleinen

---

[1]) Adolf Soetbeer, Deutsche Münz- und Bankverfassung, Erlangen 1881 S. 16.

[2]) S. Karl Helfferich, Die Reform des deutschen Geldwesens nach der Gründung des Reichs, Leipzig 1898, 1. Bd. S. 59 f.

[3]) Helfferich, a. a. O. S. 59, 60.

[4]) S. Felix Hecht, Bankwesen und Bankpolitik in den süddeutschen Staaten 1819—1875, Jena 1880, S. 59, 64.

[5]) Ebenda S. 111 ff.

Staaten verdankten die Banken allein dieser Absicht auf Versorgung eines fremden Umlaufsgebietes ihr Dasein und zwar oft gegen den Wunsch des Staates, dem die Noten zugedacht waren[6]). Die Duldung solcher Banken durch ihre Regierungen kann nur aus der Erwägung heraus verstanden werden, daß sich in diesen Instituten erhebliche Finanzquellen darboten, die zu erschließen dann eine der Aufgaben der fast überall üblichen und oft recht umfassenden Reglements war.

Die preußischen Normativ-Bedingungen für die Errichtung von Zettelbanken vom 15. September 1848 werden von ihren Urhebern, den Ministern Hansemann und Milde, in erster Linie gerechtfertigt durch das Argument, daß der Staat sich mit der Zulassung von Notenbanken der Ausübung seines Münzregals zum Teil begebe und ihm daher ein Einfluß auf die Bedingungen der Notenausgabe zuzubilligen sei[7]). Furcht vor Beeinträchtigung der Währung war gewiß ein weiterer Hauptbeweggrund für die strenge Haltung gegenüber den Notenbanken; daneben spielte indessen auch die fiskalische Rücksicht auf das Staatspapiergeld und — wie in Preußen — das Gedeihen der staatlichen Notenbank eine gewichtige Rolle. Im übrigen entsprangen solche Reglementierungen durchaus dem Gefühl, daß die Angelegenheiten des Geldumlaufs und des Kredits nicht der freien Gestaltung durch die Kräfte des privaten Wettbewerbs überlassen werden dürften, weil dabei die Willkür des Gewinnstrebens zu schweren Schädigungen des öffentlichen Wohles führen könnte.

Diese auf das fiskalische und das allgemeine Gedeihen

---

[6]) Wenn Lotz (Geschichte und Kritik des deutschen Bankgesetzes vom 14. 3. 1875, Leipzig 1888, S. 68) auch Übertreibungen dieses Vorwurfs zurückweist, so läßt sich bei einer Reihe von Banken, wie z. B. den Notenbanken in Dessau, Weimar, Sondershausen, Meiningen, Lübeck, Gera, Gotha, Bückeburg, Darmstadt, diese Tendenz nicht verkennen. (Vgl. Lebenserinnerungen von Rudolph von Delbrück, 2. Bd., Leipzig 1905, S. 31, und Warnack, Die Entwicklung des deutschen Banknotenwesens, Berlin 1905, S. 23).

[7]) Heinrich v. Poschinger, Bankwesen und Bankpolitik in Preußen. II, Berlin 1879, S. 117.

gerichteten Grundsätze wurden in den einzelnen Staaten verschieden gehandhabt. In Preußen wurden die Normativbedingungen von 1848, die neben Vorschriften über Konzessionierung, Umlaufshöhe, Deckung und Einlösung der Noten auch besonders einschneidende über die sonstigen Geschäfte enthielten, gemildert durch den Erlaß vom 4. September 1857, wonach die Notenbanken nicht mehr bloß unverzinsliche Depositen annehmen durften, sondern auch verzinsliche, „insoweit bei der Annahme derselben eine Kündigungsfrist von nicht weniger als zwei Monaten vorbehalten, der Betrag der gegen Verzinsung anzunehmenden Gelder auf die Höhe des eingezahlten Aktienkapitals der Bank beschränkt, und für die Empfangsbekenntnisse eine Fassung in Vorschlag gebracht wird, welche den Mißbrauch des Umlaufs derselben als Papier au porteur ausschließt"[8]. Diese Bemerkung ist von Interesse, weil sie einerseits zeigt, daß die Depositenentwicklung durch den Staat ängstlich eingeengt gehalten wurde, zum andern wirft sie auch ein bezeichnendes Licht auf die Vielgestaltigkeit, in der die Umlaufsmittel damals aufzutreten die Neigung hatten. Idealtyp des Bankzahlungsmittels war die Note; für die Bank, weil sie davon mehr ausgeben konnte, als Kapitalbesitz vorhanden war, also als unmittelbare Vermehrung der Mittel für das Aktivgeschäft; für den Empfänger andererseits, weil sie alle Bequemlichkeiten des überall verwendbaren Zahlungsmittels darbot; denn die Übergabe körperlicher Zahlungsmittel war in fast jedem Kaufakt das Übliche[9]), während die Prüfung von deren Zuverlässigkeit oftmals vernachlässigt blieb[10]).

So hatte sich denn besonders in der ersten Hälfte des Jahrhunderts aus dem Bestreben heraus, die gesetzlich zurückgehaltene Notenausgabe zu ergänzen, manches Bank-

---

[8]) v. Poschinger, a. a. O. II, S. 410.

[9]) F. Heinrich Geffcken, Das deutsche Reich und die Bankfrage. 2. Aufl. Hamburg 1874, S. 10.

[10]) S. z. B. die Bemerkung von Faucher auf dem 6. Kongreß deutscher Volkswirte zu Dresden 1863. (Bericht über die Verhandlungen usw., Berlin 1863, S. 42.)

papier, das ursprünglich einem andern Zwecke dienen sollte, zum Umlaufsmittel entwickelt[11]) und kursierte neben Münzgeld, Staatspapiergeld und allerlei kommunalen, sogar privaten Verpflichtungsscheinen in notenähnlicher Gestalt[12]). Außer einfachen Depositenscheinen, den Urbildern der Banknoten, treten in solcher Funktion auch verzinsliche Schuldverschreibungen, wie die 4% Obligationen der Seehandlung[13]) sowie Bankanweisungen auf[14]). Hatte das auch in vielen Teilen bis zu den fünfziger Jahren eine Einschränkung erfahren, so wurde diese Tendenz auf der anderen Seite doch begünstigt durch die Eigenart des wirtschaftlichen Entwicklungszustandes zu Beginn der zweiten Jahrhunderthälfte, einer Zeit stärkster wirtschaftlicher Ausdehnung, der die Kapitalansammlung noch nicht entsprach. Vielmehr begann das Kapital sich jetzt erst in reicherem Maße zu bilden und trat als Geldkapital in den Kassen und Büchern der Banken nur noch spärlich in Erscheinung. Nachfrage nach Kredit und Ausgestaltung von Kreditinstrumenten zur Verwendung als Zahlungsmittel waren Kennzeichen dieser Lage. Im eigentlichen Handelsverkehr liefen vielfach Wechsel als Zahlungsmittel um[15]); ihre Umwechselung in Noten mit Hilfe des Diskontierungsverfahrens war weniger häufig als heute[16]). Jedoch auch dieses Verfahren wurde mehr und mehr üblich, und auf dem Wege des Akzeptkredites suchten Banken ohne Notenrecht ihrer Kundschaft hierfür besonders geeignetes Wechselmaterial zu schaffen[17]).

---

[11]) S. z. B. v. Poschinger, Bankgeschichte des Königreiches Bayern, Erlangen 1876, S. 64.

[12]) Über die letzteren s. Warnack, a. a. O. S. 53.

[13]) Paul Schrader, Die Geschichte der königlichen Seehandlung S. 5. Berlin 1911.

[14]) S. z. B. Curt Schauer, Die Preußische Bank, Halle o. J., S. 99.

[15]) s. die Bemerkung des preußischen Handelsministers im Abgeordnetenhause 1856. (v. Poschinger a. a. O., Preußen II, S. 60.)

[16]) Rießer, Die deutschen Großbanken und ihre Konzentration. 4. Aufl. Jena 1912, S. 37.

[17]) G. Siemens, Das Zettelbankwesen und der Bankgesetz-Entwurf, Berlin 1874, S. 20.

Beide Haupttypen der Banken, die seit Mitte des Jahrhunderts erscheinenden Anlagebanken, die als crédits mobiliers bewundert und beargwöhnt wurden, und die dem kurzfristigen Kredit dienenden Institute, unterlagen in ihrer Geschäftspraxis dem Einflusse der geringen Kapitalansammlung bei starker Kapitalnachfrage des Wirtschaftskörpers. Die breite Masse des Volkes stand dem Bankverkehr noch fremd gegenüber, als schon überall die wirtschaftlichen Kräfte nach Entfaltung strebten. Weder das Depositenwesen noch die Grundsätze der Krediterteilung waren sicher genug durchgebildet, um allen Gefahren, die vom Unternehmungsdrange der Geschäftsleute ausgingen, zu begegnen.

Die staatlichen Gewalten waren daher ursprünglich ganz im Rechte, wenn sie die Gebahrung der Banken sorgfältig im Auge behielten und versuchten, sie durch Vorschriften in gesunden Bahnen zu halten. Ihr Fehler war nur, daß sie, unsicher in der Beurteilung und im Banne der Currencylehre stehend, den Banknotenumlauf allzu argwöhnisch betrachteten, und, indem sie ihn zu bemeistern versuchten, mit den Bestimmungen, welche die Verpflichtungen der Banken möglichst einzuschränken trachteten, das Heranziehen kurzfristigen Kapitals, der Depositen, behinderten[18]).

In Bayern litt die gesamte Bankentwicklung und mit ihr die Versorgung des Wirtschaftslebens mit Zahlungsmitteln bis Ende der sechziger Jahre unter der übertriebenen Zurückhaltung der Regierung[19]). Auch Baden und Württemberg befleißigten sich in Hinsicht auf Banknotenausgabe der größten Reserve, nicht ganz so ablehnend verhielt sich Sachsen. Dort kam seit 1844 eine ganze Reihe kleinerer Banken auf, unter denen Ende der sechziger Jahre vier das Recht zur Notenausgabe besassen, während eine staat-

---

[18]) s. dazu Adolf Wagner, Artikel, Banken und Bankwesen im Handwörterbuch der Volkswirtschaftslehre von Rentzsch, Leipzig 1866, S. 83.

[19]) v. Poschinger, a. a. O. Bayern S. 15 ff., Moritz Stroell, Reichsbank und Notenbank in Bayern. (Bankarchiv, V. Jahrg. 1905/6), S. 78.

liche Bank fehlte[20]). Die Notenbanken waren in diesem Staate u. a. auch in Hinsicht auf Depositenannahme mit erheblich größeren Befugnissen ausgestattet als anderswo. Verschiedene Kleinstaaten gingen darin noch weiter, so daß insgesamt die Verfassung der deutschen Notenbanken in bezug auf die Höhe der Notenausgabe wie auf die Deckung und die den Banken erlaubten Geschäfte ganz uneinheitlich war.

Die Neigung zur Gründung von Banken, die sich sowohl eigener Gründungsgeschäfte enthielten als auch auf das Kreditbeschaffungsmittel der Notenausgabe verzichteten, war nur gering. Die preußische Enquete von 1851/52 behandelt diese Art der Banken recht flüchtig[21]), wie denn überhaupt die Zettelinstitute und einige Jahre später die neuen crédits mobiliers für die Sorge des Staates immer im Vordergrund stehen. Es war vielerorts die Klage geschäftlicher Kreise, daß die kurzfristigen Kreditbedürfnisse nur unzureichend befriedigt werden könnten, besonders wo — wie in Württemberg, Baden und Bayern — es überhaupt an Bankinstituten, auch an notenemittierenden, mangelte. Aus demselben Grunde ertönt in den gleichen Gebieten die entgegengesetzte Klage, daß kurzfristige Kapitalien nicht unterzubringen seien.

Die Voraussetzungen für den bankmäßigen Zahlungsausgleich waren also vor der Errichtung der Reichsbank infolge der geschilderten Zersplitterung und der mangelhaften Entwicklung des Bankwesens nur in geringem Maße vorhanden. Soweit er überhaupt regelmäßig in erwähnenswertem Umfange angewendet wurde, läßt er sich in drei Erscheinungskreisen beobachten, während die daneben bestehenden sporadischen Ansätze eines Kontokorrent- und Scheckverkehrs eigentlich nur die Keime zum Zahlungsausgleich enthalten.

Von den alten, diesen Namen ursprünglich führenden Girobanken blieb nach dem Eingehen der Nürnberger Bank

---

[20]) Heinrich v. Poschinger, Die Banken im Deutschen Reich, in Österreich und der Schweiz. 2. Bd.: Das Königreich Sachsen, Jena 1877, S. 113.

[21]) v. Poschinger a. a. O., Preußen II, S. 147.

in Deutschland nur noch die Hamburger Girobank übrig. Ihr Giroverkehr war nach längerem Schwanken im Jahre 1761 auf eine feste Norm gestellt worden, auf den Grundsatz der vollen Silberdeckung für alle Konten[22]). Jeder Teilnehmer an ihrem System hatte sein Guthaben durch Einlieferung reiner Silberbarren oder von Silbermünzen, die nach ihrem Feingehalt bewertet wurden, zu begründen. Kredit wurde nicht erteilt. Die Konten lauteten auf die besondere Bankwährung der Mark banko; in der unabänderlichen vollen Silberdeckung war eine Wertbürgschaft gegeben, die in einer Zeit, wo fremdes Münzgeld oft zweifelhafter Herkunft und zweifelhaften Gehaltes in Fülle umlief, in der Tat geeignet war, dem Hamburger Handel einen beachtenswerten Rückhalt zu gewähren. Anders wäre die Festigkeit, mit der sich diese Insel in dem sie umspülenden Strom dauernd in Veränderung und Vereinheitlichung befindlicher Geldverfassungen behauptete, nicht zu verstehen. Denn gegen die Vorteile[23]), die die relative Wertbeständigkeit ihrer Währung, die Übernahme der Sorge für sichere Verwahrung von Geldbeständen und die Handhabung der Giroüberweisungen für die Bankkunden darstellten, mußten diese doch auch schwere Nachteile des Systems in den Kauf nehmen. Die Bestimmung, daß über neu gutgeschriebene Beträge erst verfügt werden durfte, nachdem sie wenigstens eine Nacht auf dem Konto gestanden hatten, wurde zwar im Jahre 1856 aufgehoben, aber andere umständliche Formvorschriften blieben in Kraft; vor allem waren es jedoch die Schwierigkeit und die Kosten des Zahlungsverkehrs mit auswärtigen Plätzen und die Unelastizität der nur durch Silbereinlieferungen zu verstärkenden Konten, was sich immer drückender als Hemmschuh der Handelsentwicklung geltend machte. Der letztgenannte Nachteil traf besonders die in den fünfziger Jahren in Hamburg begründeten großen Privatbanken, die Norddeutsche

[22]) G. v. Schanz, Art. Giroverkehr im Wörterbuch der Volkswirtschaft. 3. Aufl. Jena 1911, S. 1164.

[23]) Vgl. Levy von Halle, Die Hamburger Girobank und ihr Ausgang, Berlin 1891, S. 12.

Bank und die Vereinsbank, deren Tätigkeit im übrigen dazu beitrug, das System zu stützen, indem jene, in die Banko-Ordnung eingefügt und als Depositenbanken nach dem Muster der Londoner Joint Stock Banks organisiert, die Guthaben ihrer Einleger auch zu Darleihungen in mancherlei Formen benutzten, auf diese Weise manche Starrheiten der Girobank ausgleichen und den Kreis der Benutzer bis in die dem geschäftlichen Leben ferner stehenden Schichten ausdehnen konnten. Wenn das Girosystem der Mark banko auch für den Ortsverkehr musterhaft durchgebildet war, so vermochte es auf die Dauer doch nicht seine Selbständigkeit zu behaupten. Gerade die allzu solide Silberfundierung zusammen mit der Enge des Geltungsbereiches mußte dem System zum Verderben gereichen; es zerbrach, als auf die politische Vereinheitlichung Deutschlands auch die Vereinheitlichung der Geldverfassungen zur Goldwährung folgte und in der Periode des nun einsetzenden Aufschwungs sich das Kreditbedürfnis in freieren Formen Genüge tun konnte.

An Reinheit der Ausprägung steht dieser Gattung der Girobank am nächsten die Bank des Berliner Kassen-Vereins[24]). Nach dem Vorbilde des Londoner Clearinghouse im Jahre 1823 von zehn Berliner Bankfirmen begründet, soll der Kassen-Verein dem Zwecke dienen, Barzahlungen zu ersparen und die Nutzung barer Bestände mit der erforderlichen Sicherheit und Vorsicht zu ermöglichen. Außer dem Verkehr in laufender Rechnung wird das Depositenwesen gepflegt, indem der Verein bis zu einem gewissen Gesamtbetrage von jedermann unverzinsliche und jederzeit rückzahlbare Einlagen entgegennimmt. Abweichend von dem zur jener Zeit sonst herrschenden Grundsatz[25]) findet sich die Bestimmung, solche Gelder zinsbar auszuleihen oder bei der königlichen Bank zu belegen, „soweit sie zur Einlösung der Depositenscheine nicht erforderlich sind,“

[24]) s. dazu „Die Bank des Berliner Kassen-Vereins 1850—1900“. Festschrift. Berlin 1900.

[25]) s. Otto Hübner, Die Banken, Leipzig 1854, S. 63.

höchstens jedoch bis zur Hälfte der Gesamtsumme[26]). Die Depositenscheine liefen wie Geld um, bis das preußische Gesetz vom 17. Juni 1833 solchen Geldsurrogaten ein Ende machte. Durch Solawechsel und bald darauf durch Akzepte des Kassen-Vereins wurde das Verbot umgangen. Erst nach 1848 verschwanden auch die Akzepte allmählich aus dem Verkehr. Zwei Jahre später verwandelte sich die Unternehmung in eine Aktiengesellschaft, nannte sich Bank des Berliner Kassen-Vereins und erhielt das Recht zur Notenausgabe in der Höhe von 1 Million Talern. Das Schwergewicht der Tätigkeit lag aber seit langem auf dem Inkasso- und Abrechnungsgeschäft. Im Jahre 1826 war das nur kurze Zeit selbständig bestehende „Berliner Abrechnungs-Comptoir" von 23 Firmen in den Kassen-Verein aufgenommen worden. Mehr und mehr erhielt die Bank den Charakter einer Abrechnungsstelle für die hauptstädtischen Bankiers und fand in der Verbindung mit der Börse ihre größte Bedeutung[27]), wozu besonders die Übernahme der Geschäftsführung des Liquidations-Vereins für Zeitgeschäfte im Jahre 1869 beitrug. Wie weitgehend das Verrechnungsverfahren innerhalb dieser einzigartigen Institution auch durchgebildet sein mochte, so war sie doch nur auf den Ortsverkehr und auch da nur auf ganz bestimmte Wirtschaftskreise zugeschnitten. Hauptsächlich der letztgenannte Umstand bestimmt ihre begrenzte Bedeutung.

An dritter Stelle ist die Preußische Bank zu nennen. Ihr Giroverkehr war indessen weit davon entfernt, ein eigentliches Verrechnungssystem ohne stoffliche Umlaufsmittel darzustellen. Was bei der Königlichen Bank und der später daraus entstehenden Preußischen Bank so genannt wurde, bestand vielmehr in einem Kontokorrentverfahren, bei dem über Guthaben durch Anweisungen, also eine Art Schecks, verfügt wurde. Die Giroanweisungen

[26]) Die Bank des Berliner Kassen-Vereins 1850—1900, S. 12.

[27]) s. Th. Laves, Die Umsätze des Londoner Clearinghouse und des Berliner Kassen-Vereins, insbesondere die Zeitgeschäfte, im Jahrbuch für Gesetzgebung, Verwaltung und Volkswirtschaft. IX. Jahrg. 1885, S. 294.

wurden auf den Inhaber ausgestellt und von der Bank akzeptiert auf eine Frist von sechs Monaten. Während dieser Zeitdauer konnten sie wie Banknoten als Umlaufsmittel dienen[28]). Die Frage, in welchem Verhältnis die Summe der schließlich bar eingelösten Giro-Anweisungen zu derjenigen der verrechneten durchschnittlich gestanden hat, ist aus den Veröffentlichungen der Bank auch nicht annähernd zu beantworten. Allzu groß dürfte der Anteil der verrechneten Anweisungen nicht gewesen sein. Es handelte sich beim damaligen Giroverkehr im wesentlichen um einen Platzverkehr, der alle Niederlassungen der Bank zu mehr oder minder abgeschlossenen Zirkeln machte. Bei Umwandlung der Königlichen Bank in die Preußische Bank befanden sich Bankkontore mit Giroverkehr außerhalb Berlins in Breslau, Stettin, Königsberg, Posen, Danzig und Magdeburg. In Königsberg und Posen ging dieser Tätigkeitszweig bereits 1858 wieder ein, 1870 ebenfalls bei den übrigen Niederlassungen mit Ausnahme von Danzig, wo er bis zum Jahre 1875 ein dürftiges Dasein führte[29]). Er hatte sich in den Provinzplätzen nie über einen recht bescheidenen Umfang erhoben, weil er mit der Konkurrenz der Privatbanken zu kämpfen hatte, welche die zugrunde liegenden Platzgeschäfte, besonders auch das Inkasso, vielfach zu billigeren Sätzen ausführten. Selbst die Hauptbank in Berlin stand zuzeiten unter dem Druck der Nebenbuhlerschaft des Kassen-Vereins, der seinem Kundenkreis und seiner eigenartigen Aufgabe entsprechend im Giroverkehr durch die Preußische Bank kaum beeinträchtigt werden konnte[30]). Unter David Hansemanns Leitung (1848—51) beginnt auch die Preußische Bank die Girogelder nutzbringend, z. T. im Wechseldiskontgeschäft, anzulegen, nachdem die Hoffnung, daß die Benutzer des Giroverkehrs auch andere,

---

[28]) Schauer, a. a. O. S. 99.

[29]) Ebenda S. 100.

[30]) s. dazu die Bemerkung des Bankpräsidenten v. Dechend in der Kommission des Abgeordnetenhauses 1866. (Bei v. Poschinger, a. a. O. S. 39.)

für die Bank einträglichere Geschäfte mit ihr betreiben würden, sich nicht erfüllt hatte[31]).

Um Barzahlungen im interlokalen Verkehr einzuschränken, gab die Bank gegen Einzahlungen oder Guthaben Anweisungen aus, die auf Order gestellt und an eine bestimmte Niederlassung gerichtet waren, außerdem die bei allen ihren Anstalten zahlbaren Zirkularanweisungen und schließlich auch Akkreditive. Wie die Gruppe der Anweisungen, so waren auch die über Depositen ausgestellten Quittungen, die sogenannten Bankobligationen, bis zu einem gewissen Grade geeignet, die Funktion von Umlaufsmitteln zu erfüllen, da sie an jeden Überbringer ohne Legitimationsprüfung ausgezahlt wurden[32]). In der Berechtigung, Depositen von Privaten gegen Verzinsung heranzuziehen, und in dem Vorrecht, Mündel- und andere gerichtliche Gelder, Kirchen-, Schulen-, Witwen- und Armenkassengelder zu verwalten und zu verzinsen, besaß die Preußische Bank eine Quelle für Betriebsmittel, die ihr auch abgesehen vom Notenrecht einen Vorsprung vor andern Bankanstalten hätte gewähren müssen, wenn es ihr gelungen wäre, stets entsprechende Aktivgeschäfte zu machen. Das war jedoch wiederholt nicht der Fall. Vornehmlich die Privatdepositen neigten dazu, sich stark zu vermehren, wenn der Kreditbedarf gering war, wie in den Depressionsjahren nach 1848, so daß 1852 sogar die Zuflucht zur Kündigung solcher Kapitalien und Ablenkung des Zustroms der amtlichen Gelder genommen werden mußte, während 1848, als Knappheit an Geld herrschte, die Privatdepositen um 25% abgenommen hatten[33]).

Tritt hierin, gleichwie in der Tatsache, daß um die Mitte des Jahrhunderts wegen der verschiedenen Geldmarktverhältnisse im Osten und im Westen der Monarchie verschiedene Diskontsätze angewendet werden mußten[34]), einerseits zutage, wie unvollkommen damals die Regelung

---

[31]) v. Poschinger, a. a. O. S. 28.

[32]) Schauer, a. a. O. S. 57.

[33]) Ebenda S. 58.

[34]) Ebenda S. 108.

des Ausgleichs zwischen Angebot und Nachfrage von kurzfristigem Kapital gelang, und wie sehr es der Preußischen Bank an dem entscheidenden Einfluß auf den Geldmarkt mangelte, so zeigt sich darin andererseits auch, daß für ein wirkliches Verrechnungssystem noch die Voraussetzungen, und zwar hauptsächlich der genügende räumliche und ziffernmäßige Geschäftsumfang, fehlten. So mußten sich denn allerlei Quittungs- und Anweisungsformen dazu hergeben, dem jedenfalls bis 1856 durch Banknoten nur unzureichend gedeckten Bedürfnis nach Umlaufsmitteln zu dienen. Der enge Zusammenhang zwischen Notenausgabe und Verwendung von Giroanweisungen zeigt sich darin, daß der Umlauf der letzteren abnimmt, sobald die enge Begrenzung der Notenausgabe fallen gelassen wird[35].

Weder die übrigen staatlichen Banken in Deutschland — die Seehandlung in Preußen und die Königliche Bank in Bayern sind die bedeutendsten — noch die zahlreichen privaten Notenbanken und die andern Geldinstitute haben dem Verrechnungsverfahren eine nennenswerte Pflege angedeihen lassen, vornehmlich weil das Depositenwesen zu schwach entwickelt war. Nur wenige Anstalten mit etwas Verrechnungsverkehr heben sich aus der Menge heraus, namentlich die 1856 gegründete Bremer Bank und einige Banken in Frankfurt a. M., an ihrer Spitze die Frankfurter Bank. Bei allen übrigen spielt Anweisung und Übertragung neben dem Barverkehr kaum eine Rolle, wenn auch Unterschiede je nach Bundesstaat und nach Ausbildung des Kontokorrentverkehrs einerseits, des Notenwesens andererseits sich in verschiedenen Graden geltend machen. In der ersten Reihe stehen im notenarmen Bayern die Königliche Bank in Nürnberg und die Bayerische Hypotheken- und Wechselbank, die seit 1835 bis Ende der sechziger Jahre als einzige Zettelbanken das Gebiet des Königsreichs mit ihren Filialen beherrschten[36], das Depositen- und Kontokorrentgeschäft in-

---

[35]) s. dazu Michaelis, Noten und Depositen (1865). (Volkswirtschaftliche Schriften, Bd. II, Berlin 1875), S. 352.

[36]) v. Poschinger, Bayern a. a. O. S. 34.

dessen erst ziemlich spät aufnahmen, in Sachsen vor allem die Allgemeine Deutsche Kreditanstalt in Leipzig[37]), in Württemberg die Allgemeine Rentenanstalt in Stuttgart[38]). Fast überall fehlen jedoch wirklich nennenswerte Bestände an Depositen; kurzfristige Kapitalien suchen entweder Anlage in Börsenpapieren oder sie wenden sich den Sparkassen zu, deren Ausbildung besonders in Sachsen schon früh einen hohen Stand erreicht.

2. Der bankmäßige Zahlungsausgleich im Deutschen Reich

An einem bankmäßigen Verrechnungsverkehr von Bedeutung fehlte in Deutschland noch sehr viel, als Reichsgründung und Währungsvereinheitlichung die Schranken beseitigt hatten, durch die der Handelsverkehr von der Geldseite her bis dahin behindert worden war. Der bisherige Zustand — Unerheblichkeit des Giroverkehrs im ganzen; an einzelnen Plätzen stärkere Ausbildung, indes auch hier nur örtliche Wirksamkeit und, mit Ausnahme von Hamburg, zumeist in der Form der umlaufenden Giroanweisungen Unvollkommenheit des Verfahrens; der Berliner Kassen-Verein als Abrechnungsverband einer bestimmten Wirtschaftsgruppe isoliert daneben — dieser Zustand bedurfte nach zwei Richtungen des Ausbaues, bis der Zahlungsausgleich sich ebenbürtig neben die Verwendung von Geld und Banknoten stellen konnte. Das Umschreibeverfahren mußte allgemeiner werden, dazu über den lokalen Bereich hinausgreifen, und es mußte reinere Formen annehmen. Beide Bedingungen entwickelten sich Hand in Hand, von verschiedenen Zentren aus und aus verschiedenen Motiven.

Neben eigentlichen Banken übernehmen nach und nach genossenschaftliche Einrichtungen, Sparkassen und schließlich auch die Reichspost die Führung von Konten mit Scheck- und Überweisungsverkehr, allerdings ihrer Eigenart entsprechend für verschiedene wirtschaftliche Kreise. Überragt und bis zu einem gewissen Grade verbunden werden

---

37) Derselbe, Sachsen a. a. O. S. 84.

38) Hecht, a. a. O. S. 17.

sie von der Reichsbank, die sich als staatlich beaufsichtigte und geleitete Aktiengesellschaft die Pflege des Giroverkehrs in der Ausführung ihrer öffentlichen Aufgaben angelegen sein läßt. Sie und die Reichspost, seit 1909 die Trägerin des Postscheckverkehrs, erfüllen im Giro- und Abrechnungswesen einen staatlichen Dienst für das Gemeinwohl, ihre dafür getroffenen Einrichtungen verdanken ihren Ursprung nicht so wohl einem Streben nach Gewinn als vielmehr dem Zweck, die Währung zu befestigen und den Geld- und Kapitalverkehr zu fördern. Wenn sie schließlich in der Ausübung einer wirklich nützlichen Wirtschaftsfunktion auch dahin streben, Einbußen zu vermeiden, und wenn Rücksichten auf das eigene Gedeihen bei dem Betreiben des Giroverkehrs auch von ihrer Seite zur Geltung gebracht werden, so gestalten und handhaben sie doch ihre Einrichtungen unter höheren, volkswirtschaftlichen Gesichtspunkten und stehen zu der Kausalität des allgemeinen volkswirtschaftlichen Geschehens immerhin in einem andern Verhältnis als die Banken, Genossenschaften und Sparkassen, die sämtlich nur soweit dem Giro- und Abrechnungsverkehr als Träger dienen, wie es ihr eigenes Interesse ihnen gebietet. Aus diesen Umständen leiten sich die Motive der Entstehung und der verschiedenen Ausbildung des Überschreibungsverkehrs im einzelnen her.

a) Der bankmäßige Zahlungsausgleich bei der Reichsbank und den übrigen Notenbanken

Als die Aufgaben, die der am 1. Januar 1876 in Tätigkeit getretenen Reichsbank zugewiesen werden, nennt der § 12 des Bankgesetzes: „Den Geldumlauf im gesamten Reichsgebiete zu regeln, die Zahlungsausgleichungen zu erleichtern und für die Nutzbarmachung verfügbaren Kapitals zu sorgen.“ Auf die letzten zwei Teile dieser allgemein gefaßten Bestimmung, deren Zweckmäßigkeit in der Komissionsberatung angezweifelt und von der Regierung mit einem Hinweis auf analoge Stellen im Grundgesetz der Preußischen Bank verteidigt wurde[39]), stützt sich die Ein-

[39]) s. Soetbeer, a. a. O. S. 280/1.

richtung des Giroverkehrs. Nähere Anordnungen darüber trifft das Gesetz nicht. Seine Vorgeschichte zeigt aber, daß man diese Zahlungsform für sehr geeignet und erwünscht hielt, den Banknotenumlauf zu vermindern, und besonders die Vorschriften für die übrigen Notenbanken auf ihre Förderung neben der des Depositenwesens zuschnitt[40]).

In der tatsächlichen Ausgestaltung des Übertragungsverkehrs knüpfte die Reichsbank einmal an die Preußische Bank an, deren gesamte Einrichtungen, Forderungen und Verbindlichkeiten sie übernahm, und bezüglich der Technik an die ebenfalls übernommene Hamburger Girobank, die innerhalb ihres begrenzten Gebietes den Giroverkehr musterhaft durchgebildet hatte. Neu war die Ausdehnung über das ganze Reichsgebiet, die Einführung der unentgeltlichen Fernübertragung. Die Girokunden aller selbständigen Bankanstalten — Ende 1876 waren es zunächst 62 Reichsbankhauptstellen und Reichsbankstellen[41]) — konnten einander von nun an kostenfrei Zahlungen leisten, ohne daß die Giroanweisungen als Umlaufsmittel in den Verkehr traten. Sie werden vom Zahler unmittelbar an seine Bankstelle gesandt und lösen die Umschreibungen in den Bankbüchern aus. Daneben waren Zahlungsanweisungen in Gebrauch, indessen anderer Art als die bei der Preußischen Bank üblichen. Sie kamen zur Anwendung bei Einzahlungen, die Außenstehende bei einer Bankanstalt machten, damit die Summen durch eine andere Niederlassung an dritte Personen ausgezahlt würden[42]). Mit dem Giroverkehr hat dieses Anweisungsverfahren nichts zu tun. Es dient im Gegenteil denjenigen, die kein Girokonto besitzen, hat es nie zu einem nennenswerten Umfange gebracht und an Bedeutung besonders seit dem Jahre 1896 abgenommen, als die sich seiner vorher vielfach bedienenden öffentlichen Kassen begannen, sich mehr und mehr dem Giroverkehr anzuschließen[43]). Auch das Depositengeschäft, die Annahme

[40]) s. Lotz, a. a. O. S. 174, 177.

[41]) Die Reichsbank 1876—1900, Jena 1901, S. 331.

[42]) Ebenda S. 74.

[43]) Ebenda S. 74.

von Geldern, aus denen keine Girozahlungen geleistet werden, hat sich im Gegensatz zu der Preußischen Bank bei der Reichsbank in ganz engen Grenzen gehalten. Die Verwaltung verzinslicher Depositen wurde seit 1879 aufgegeben, nachdem die preußische Staatsregierung bereits am 1. Februar 1876 die einen erheblichen Teil ausmachenden gerichtlichen Depositen gekündigt hatte[44]).

Den Hauptteil der Betriebsmittel neben der begrenzten Notenausgabe mußte daher schon bald nach der Gründung das Girogeschäft aufbringen. Auf seine Ausdehnung war also auch das Eigeninteresse der Bank gerichtet. Schon im ersten Verwaltungsbericht konnte die Leitung auf einen ansehnlichen Erfolg hinweisen; der am 10. April 1876 eröffnete Girobetrieb hatte bereits in den ersten neun Monaten einen Umsatz von 16 Milliarden Mark zu verzeichnen, die Guthaben waren am 31. Dezember 1876 auf mehr als 92 Millionen Mark angewachsen, während sich der Depositenbestand um $^3/_5$ auf 42 Millionen Mark im ersten Jahre vermindert hatte. Zur Befestigung des kostenfreien Übertragungsverkehrs werden die Vorteile dieses Geschäftszweiges an die Bedingungen geknüpft, daß ein angemessenes Mindestguthaben gehalten wird, daß alle Akzepte der Girokunden bei der Reichsbank zahlbar zu stellen sind, und — seit 1883 — daß alle Beträge, die dem Kunden von der Bank aus irgendeinem Geschäft zu zahlen sind, zunächst dem Konto gutgeschrieben werden[45]). Zinsen tragen die Giroguthaben nicht. Eine Vergünstigung für die Girokunden, daß Nichtkonteninhaber für sie bei irgendeiner am Giroverkehr beteiligten Reichsbankanstalt kostenlos Beträge einzahlen können, führt zu einer so starken Benutzung, daß die Bank sich veranlaßt sieht, seit 1884 durch den Druck einer wiederholt erhöhten Gebühr die außenstehenden Kreise, soweit sie an der Zahlungsvermittlung der Reichsbank stärker interessiert sind, zum Beitritt in den Giroverkehr zu veranlassen[46]).

---

[44]) Ebenda S. 72.

[45]) Ebenda S. 57/58.

[46]) Ebenda S. 56.

Gewiß erscheinen die Dienste der Bank — die Möglichkeit, Wechsel durch sie einziehen zu lassen, bei ihr zu diskontieren und zahlbar zu stellen oder Darlehen gegen Faustpfänder zu erhalten, vor allem aber die billige und bequeme Zahlungsvermittlung und die Sicherheit, jederzeit auch Noten oder Bargeld erhalten zu können — anfangs fast nur großen Unternehmungen verlockend genug, um ein Girokonto mit einem ständigen unverzinslichen Guthaben zu halten. Gewisse Widerstände gehen anfangs aus von der Scheu in kaufmännischen und Bankkreisen, die Reichsbank zum Mitwisser ihres Geldverkehrs zu machen, und von der Auffassung, daß neben dem Giroguthaben eine größere häusliche Kasse beibehalten werden müsse[47]). Indessen nimmt mit der Entwicklung des Wirtschaftslebens und der Ausdehnung des Giroverkehrs über die selbständigen Bankanstalten hinaus auf eine wachsende Reihe von Nebenstellen die Zahl der Konten mehr und mehr zu. Während Ende des Jahres 1880: 5412 Personen, Firmen und Behörden Girokonten besitzen, sind es 1885: 6689, 1890: 9074, 1895: 11 498, 1900: 15 847, 1905: 22 425, 1910: 24982, 1915: 29 260, 1919: 33 569[48]). Unter den Konteninhabern spielen bis 1896 die öffentlichen Kassen nur eine untergeordnete Rolle, von diesen sind jedoch diejenigen der Reichspost schon seit 1879 vertreten[49]). Es entfallen auf Kassen des Reiches, der Bundesstaaten und der Gemeinden Ende 1900: 1762 Konten, 1905: 4168, 1910: 5373, 1915: 7755, 1919: 8354[50]).

Genauere Gliederungen der Girobestände nach den Berufsklassen der Konteninhaber liegen nur für den 7. Mai 1900, den 31. März 1908 und den 15. Juni 1910 vor[51]). Die

---

[47]) H. Hartung, Der Scheck- und Giroverkehr der deutschen Reichsbank, Berlin 1880, S. 24.

[48]) Die Ziffern bis einschl. 1910 sind dem Tabellenwerk „Die Reichsbank 1876—1900" Tab. 40 entnommen, die übrigen den Jahresberichten.

[49]) Die Reichsbank 1896—1900, S. 61.

[50]) Die Ziffern bis einschl. 1910 sind dem Tabellenwerk „Die Reichsbank 1876—1900" Tab. 40 entnommen, diejenigen der letzten Jahre verdanke ich der Reichsbank selbst.

[51]) Die Angaben für 1908 entstammen der für die Bankenquete zu-

Ergebnisse sind in der folgenden Tabelle zusammengestellt. Zwei Tatsachen daraus springen zuerst in die Augen, der geringe Anteil der Landwirtschaft und landwirtschaftlichen Gewerbe und der große des Bankgewerbes an der Gesamtheit der Girokonten. Die erstgenannte Gruppe, die im Jahre 1900 mit 183 Konten vertreten ist, erfährt in den folgenden zehn Jahren nur eine Zunahme um 167, der Durchschnitt ihrer Einzelguthaben zeigt bei jeder der drei Aufnahmen die geringste Höhe unter allen Gruppen. Von diesen Umständen auf einen entsprechend geringen Zahlungsverkehr der Landwirtschaft zu schließen oder auch nur anzunehmen, daß der Zahlungsverkehr dieser Gewerbegruppe in besonderem Maße den rechnungsmäßigen Ausgleich vermeide, wäre indessen voreilig. In diesem Punkte sind vielmehr die zahlreichen Genossenschaften zu berücksichtigen, die einen erheblichen Teil des landwirtschaftlichen Geld- und Kreditverkehrs in sich vereinigen und diesen in beachtenswertem Umfange innerhalb ihrer eigenen Organisationen ausgleichen, wie in einem späteren Abschnitt dargestellt wird. Soweit sie aber dem Girosystem der Reichsbank angeschlossen sind, werden sie zumeist unter „Geld- und Kreditwesen" erscheinen, wenigstens sofern es sich um landwirtschaftliche Spar- und Darlehnskassen oder ähnliche Institute handelt.

Die Gruppe „Geld- und Kreditwesen" tritt nicht nur hervor, weil sie mit einer im Verhältnis zu ihrem allgemeinen Umfange großen Kontenzahl vertreten ist, sondern auch, weil sie von allen privaten Kontengruppen weitaus die größten Durchschnittsguthaben aufweist.

Einen Anhalt für das Maß der Beteiligung am Giroverkehr der Reichsbank bietet die Tatsache, daß die Aufnahme vom 15. Juni 1910 998 Konten von Aktienbanken feststellt, während am 30. September 1909 im Reiche 461 Banken in der Form der Aktiengesellschaft und der Kommanditge-

sammengestellten, nicht im Buchhandel befindlichen Reichsbank-Statistik, I, S. 60, die übrigen den bereits genannten Tabellenwerken von 1900 und 1910.

Berufsklassen	Zahl der Konten absolut 1900	1908	1910	Prozentuale Verteilung 1900	1908	1910	Höhe der Guthaben absolut 1900 Mark	1908 Mark	1910 Mark	Prozentuale Verteilung 1900	1908	1910	Durchschnittliche Höhe der einzelnen Guthaben 1900 Mark	1908 Mark	1910 Mark
A. Private Guthaben.															
1. Landwirtschaft u. deren Gewerbe	183	369	350	1,3	1,9	1,8	923 420	2 143 659	1 772 169	0,4	0,8	0,7	5 046	5 809	5 063
2. Industrie und Gewerbe	5 189	7 763	7 676	37,9	40,0	39,6	51 657 122	70 106 272	71 936 203	21,5	27,0	27,7	9 955	9 031	9 372
3. Handel, Transport und Versicherungen	4 898	6 366	6 276	35,8	32,8	32,3	36 891 325	35 952 439	35 845 887	15,4	13,8	13,8	7 532	5 648	5 712
4. Geld- und Kreditwesen															
a) Aktienbanken . . .		936	998		4,8	5,2		93 838 276	89 985 625		36,1	34,6		90 578	90 166
	2 470			18,0			142 126 071			59,2			57 541		
b) Sonstige		2 311	2 453		11,9	12,6		40 496 856	53 010 597		15,5	20,4		17 524	21 611
5. Sonstige (Korporationen, Stiftungen, Privatpersonen usw.)		1 138	1 153		5,9	5,9		15 634 507	6 159 447		6,0	2,4		13 739	5 342
	949			7,0			8 410 746			3,5			8 863		
6. Asservaten- und Deponenten-Konten		533	504		2,7	2,6		2 136 250	1 112 848		0,8	0,4		4 008	2 208
Summe	13 689	19 416	19 410	100,0	100,0	100,0	240 008 684	260 308 259	259 822 776	100,0	100,0	100,0	17 533	13 338	13 386
B. Öffentliche Guthaben.															
1. Kassen u Behörden d. Reiches u. d. Bundesst.		4 659	5 296		88,8	88,6		171 232 021	294 763 452		95,1	97,2		37 559	55 658
	1 837			—			147 986 092			—			80 559		
2 Kommunalbehörden . .		588	679		11,2	11,4		8 832 574	8 527 184		4,9	2,8		15 021	12 558
Summe	1 837	5 247	5 975		100,0	100,0	147 986 092	180 064 595	303 290 636		100,0	100,0	80 559	34 986	50 760
C. Zusammenstellung.															
A. Private Guthaben . .	13 689	19 416	19 410	88,2	78,8	76,5	240 008 684	260 308 259	259 822 776	61,9	59,1	46,1	17 533	13 338	13 386
B. Öffentliche Guthaben .	1 837	5 247	5 975	11,8	21,2	23,5	147 986 092	180 064 595	303 290636	38,1	40,9	53,9	80 559	34 986	50 760
Gesamtsumme	15 526	24 663	25 385	100,0	100,0	100,0	387 994 776	440 372 854	563 113 412	100,0	100,0	100,0	24 990	17 856	22 183

sellschaft auf Aktien vorhanden waren[52]). Der starke Überschuß der Kontenzahl läßt sich auf den selbständigen Anschluß zahlreicher Bankfilialen zurückführen. Der Einschluß der Banken in das Girosystem der Reichsbank bildet die Brücke, die Millionen von Bankkunden tatsächlich diesem Organismus angliedert. Die Bankgruppe in der Reichsbankstatistik ist daher für die Frage nach der Verbreitung rechnungsmäßigen Zahlungsausgleiches viel bedeutsamer als die sonstigen Abteilungen. Die beiden Gruppen „Industrie und Gewerbe“ und „Handel, Transport und Versicherungen“ weichen in der Zahl der Konten nicht allzusehr voneinander ab; die erstere hat 1900 einen Vorsprung von kaum 300, das ist etwa 6%, 1910 jedoch immerhin von 1400 = 22%. Erheblicher ist der Unterschied in der Höhe der Guthaben, worin die erstgenannte Gruppe die andere um 40% im Jahre 1900 und sogar um etwas mehr als 100% im Jahre 1910 übertrifft.

Auf die Frage, in welchem Verhältnis die Anzahl der an den Giroverkehr angeschlossenen Unternehmungen zu der Gesamtzahl der vorhandenen in den einzelnen Gewerbeabteilungen steht, kann nur unter starken Vorbehalten zu antworten versucht werden, da die Gesichtspunkte, unter denen die Betriebsstatistik des Reiches aufgenommen ist, verschieden sind von den für die Aufstellung der Reichsbank geltenden. Letztere fußt auf den summarischen Angaben, die bei Einrichtung des Kontos von den Unternehmungen gemacht werden, sie zählt die Unternehmungen selbst, indessen auch Filialen oder Unterabteilungen von ihnen, sofern diesen eigene Konten eröffnet worden sind. Sie gruppiert also einfach die Konteninhaber nach ihren eigenen Branchebezeichnungen. Ein Blick in die „Verzeichnisse der Inhaber von Giro-Konten“ erweist, wie oft hier für einen Konteninhaber mehrere Erwerbszweige angegeben sind, ohne daß erkennbar wäre, was Haupt- und was Nebengeschäft ist; oftmals ist es sogar unklar, ob es sich um ein

---

[52]) Statistisches Jahrbuch für das Deutsche Reich, 34. Jahrgang 1913, S. 384.

Handels- oder ein Fabrikationsunternehmen handelt. Diese Ungenauigkeiten geben natürlich der auch in ihren Abgrenzungen unscharfen Aufstellung den Charakter des Zweifelhaften. Die Reichsstatistik auf der andern Seite zählt die Betriebe auf, zerlegt also gegebenenfalls die Unternehmungen in mehrere Einheiten, so daß dieser Begriff nicht einmal immer für die Gewerbebezeichnung als Unterscheidungsmerkmal zu dienen geeignet ist[53]). Diese Mängel und Unterschiede schließen einen exakten Vergleich aus. Um aber einen ungefähren Begriff davon zu geben, wie verbreitet die Teilnahme am Girosystem der Reichsbank ist, möge es genügen zu erwähnen, daß die Kontenzahl von „Industrie und Gewerbe" für das Jahr 1908 nur 0,38% der in der Betriebsstatistik von 1907 unter der Gewerbeabteilung B (Industrie, einschließlich Bergbau und Baugewerbe) angeführten Betriebe ausmacht, die Kontenzahl der Gruppe Handel, Transport und Versicherungen 0,55% der Gewerbeabteilung C (Handel und Verkehr, einschließlich Gast- und Schankwirtschaften). Werden die Kleinbetriebe von 1—5 Personen ausgeschieden, so stellen sich die Verhältnisse auf 3,8% und 8,0%.

Irgendein sicherer Anhalt für die Beteiligung der einzelnen Größenklassen am Reichsbank-Giroverkehr ist aus den statistischen Veröffentlichungen nicht zu entnehmen; die in den Denkschriften enthaltene Tabelle über die Gliederung der Girobestände nach der Höhe der einzelnen Guthaben vermag darüber nur Andeutungen zu geben. Die Privatkonten, die bis zu 1000 Mark Guthaben aufweisen, machen in allen drei Denkschriften etwas mehr als ein Zehntel der Gesamtheit aus (1900: 10,3%, 1908: 10,7%, 1910: 10,8%). Will man annehmen, daß es in der Hauptsache die Konten der Privatpersonen sowie der kleineren Unternehmungen in Landwirtschaft, Gewerbe und Handel sind, so beweist die Verhältniszahl, welche bescheidene Rolle diese Arten im Girosystem der Reichsbank spielen; an-

---

[53]) Rudolf Meerwarth, Einleitung in die Wirtschaftsstatistik, Jena 1920, S. 29 ff.

dererseits zeigen die absoluten Zahlen — 1900: 1413, 1908: 2151, 1910: 2114 — wie wenig der unmittelbare Reichsbankverkehr für die Gesamtheit dieser Wirtschaftsklassen bedeutet. Den größten Raum nehmen die Konten mit Guthaben von 1000 bis 5000 Mark ein. Von solchen sind 1900: 7692, 1908: 11449, 1910: 11644 vorhanden, das sind von der Gesamtzahl der Konten 1900: 56%, 1908: 57,2%, 1910: 59,4%. Die Summe ihrer Guthaben bildet aber nur 1900: 7,3%, 1908: 9,1%, 1910: 9,4% des gesamten Bestandes an privaten Guthaben, während die weit geringere Anzahl der Konten mit mehr als 100 000 Mark Guthaben — 287 = 2,1% der Gesamtheit im Jahre 1900, 354 = 1,8% im Jahre 1908, 351 = 1,8% im Jahre 1910 — stets mehr als die Hälfte der Gesamtguthaben stellen, nämlich 1900: 58,8%, 1908: 52,3%, 1910: 52,8%. Das ist es, was man den plutokratischen Charakter der Reichsbank genannt hat.

Der Giroverkehr der öffentlichen Kassen hat sich seit 1896 zu einem sehr beträchtlichen Teil des Gesamtkreises ausgebildet. Die Zahl der Konten ist von 1837 im Jahre 1900 bis auf 5975 im Jahre 1910 gestiegen. In der Durchschnittshöhe der Guthaben wetteifert diese Abteilung mit jener der Bankkonten. Die Summe ihrer Guthaben macht 1896, von welchem Jahre an sie gesondert aufgeführt werden, etwa $^1/_5$ aller fremden Gelder im Giroverkehr[54]) aus, 1900: 34,8%, 1905: 31,1%, 1910: 36,3%[55]).

Mehr als diesen oberflächlichen Einblick in die Natur der unmittelbaren Teilnehmer am Reichsbank-Giroverkehr lassen die gerade in diesem Punkte allzu spärlichen Angaben der Bank leider nicht zu, und die Verzeichnisse der Girokonten-Inhaber sind nicht geeignet, die Lücke auszufüllen. Das Wesen der G e l d e r auf den Girokonten scheint einfacher deutbar zu sein. Sie sind zur Zahlungsverwendung bestimmt, die Guthaben tragen den Charakter von Kassenbeständen. Daran wird auch durch den Umstand nichts geändert, daß gewisse Teile der Guthaben nicht ange-

---

[54]) Dazu gehören auch die zur Wiederauszahlung eingezahlten Beträge.

[55]) Die Reichsbank 1876—1910, S. 86.

griffen werden dürfen, sondern bis zum Erlöschen des Kontos als Mindestguthaben stehen bleiben müssen. Für die Geschäftsführung der Reichsbank sind die Mindestguthaben und die Festsetzung ihrer Höhe von großer Wichtigkeit, weil sie den sichern Grundstock bilden, den die Bank für ihre Aktivgeschäfte benutzen kann, ohne um Deckung besorgt sein zu müssen. Für die Frage nach dem Wesen der Girokonten haben sie keine Bedeutung.

Die Grundfrage ist, wie die Girokonten ihre Aufgabe erfüllen, in erster Linie, wie weit sie dem Barverkehr, wie weit der Verrechnung dienen. In dieser Hinsicht ist ein Fortschritt zum stärkeren Gebrauch der Verrechnungsmethode unverkennbar, obwohl der Verlauf infolge von Änderungen in der Buchungsart nicht einheitlich übersehen werden kann. Die einschlägigen Tabellen der Denkschrift von 1910 stellen dem Umsatz durch Barzahlungen drei andere Wege gegenüber, Umsatz durch Platzübertragungen, durch Übertragungen von andern Bankanstalten und durch Verrechnung mit den Konteninhabern. Die letztgenannte Form, welche Gutschriften und Belastungen von Beträgen aus verschiedenen Geschäften des Konteninhabers mit der Bank, mit Ausnahme des Überweisungsverkehrs, umfaßt, ist jedoch erst seit 1886 von den andern unterschieden. Vorher war diese Art Umsätze auf die andern Kategorien verteilt und in der Hauptsache dem Barverkehr zugerechnet worden, was diesem in den Jahren 1876—1885 einen trügerischen Umfang verleiht. Eine zweite Änderung in der Buchungsart engte seit dem Jahre 1893 den Begriff des Barverkehrs weiter ein[56]). Das ist zu berücksichtigen bei der Feststellung, daß die Barzahlungen 1876: 39,5%, 1880: 37,2%, 1885: 35,9%, 1890: 27,9%, 1895: 18,2%, 1900: 16,8%, 1905: 15,5%, 1910: 12,1%, 1915: 6,1%, 1920: 2,1% der Gesamtumsätze im Giroverkehr ausmachen[57]).

---

[56]) Die Reichsbank 1876—1910, Tab. 32 Anm. 2, Tab. 36 Anm. 3, Tab. 37 Anm. 2.

[57]) Die Reichsbank 1876—1910, Tab. 38, für 1915 und 1920 nach den Verwaltungs-Berichten.

Die Verteilung der Übertragungen auf solche des Platzverkehrs und solche des Fernverkehrs hat sich im ganzen genommen seit 1876 nicht wesentlich geändert. Bis 1881 nehmen die Fernüberweisungen erheblicher zu als die am Platze bleibenden, eine Folge des ersten Ausbaues des Gironetzes. Damit ist zwar diese Entwicklung keineswegs abgebrochen, indessen wird sie bald an Regelmäßigkeit und Umfang übertroffen durch die des Platzverkehrs, wozu die Eröffnung von Abrechnungsstellen in großen Städten seit 1883 beiträgt[58]). Als Sitz solcher Einrichtungen werden in erster Linie Städte gewählt, in denen sich als den Zentralen ganzer Wirtschaftsgebiete deren Geldverkehr zu einem erheblichen Teile sammelt. Im ersten Jahre sind es Berlin, Hamburg, Leipzig, Dresden und Frankfurt a. M. In Verhältniszahlen des Anteils am Gesamtumsatz des Giroverkehrs ausgedrückt stellen sich die Entwicklungsreihen folgendermaßen dar[59]):

	Platzübertragungen	Fernübertragungen
1876:	36,9%	23,6%
1880:	31,0%	31,8%
1885:	37,1%	27,0%
1890:	37,7%	26,2%
1895:	26,9%	28,5%
1900:	29,5%	30,7%
1905:	32,4%	30,5%
1910:	34,8%	27,8%
1915:	41,8%	27,6%
1920:	62,4%	12,4%

Das Maß der Ausnutzung der Girokonten drückt sich aus in der Geschwindigkeit, mit der das Guthaben umgesetzt wird. Die Umsatzgeschwindigkeit bedeutet recht eigentlich die Größe des Zahlungsdienstes, den das Girokonto leistet. Wenn die Berechnungen auf Grund des Umsatzes

[58]) Die Reichsbank 1876—1900, S. 63.

[59]) Nach „Die Reichsbank 1876—1910", Tab. 38. Für die letzten Jahre nach den Verwaltungsberichten. — Zu ergänzen ist der „Barverkehr" und die „Verrechnung mit den Konteninhabern".

auf der Ausgabeseite ergeben, daß die Durchschnittsguthaben[60]) 1876 rechnungsmäßig 118mal umgesetzt worden sind, hingegen 1890 191mal, 1900 270mal, 1910 406mal, 1920: 403mal[61]), so ist daran die gesteigerte Bedeutung der Giroguthaben im Zahlungsverkehr zu erkennen[62]). Indessen ist zu bedenken, daß die Ziffern unmittelbar nur den Kreis der Konteninhaber angehen; ein Merkmal, das die Wirksamkeit des Reichsbank-Giroverkehrs für den gesamten Zahlungsverkehr der Volkswirtschaft zu messen erlaubte, gibt es nicht. Mit dem Versuch, festzustellen, welche Quote der volkswirtschaftlichen Gemeinschaft sich im Reichsbank-Giroverkehr vereinigt, und welche quantitative Bedeutung für diesen Teil der rechnungsmäßige Zahlungsausgleich besitzt, muß die Untersuchung sich nach dieser Richtung hin im großen und ganzen begnügen.

Die verwandte Funktion der Notenausgabe — verwandt hinsichtlich des Zahlungszweckes — wirkt sich unmittelbar auf einem wesentlich weiteren Felde aus, in der ganzen Volkswirtschaft. Die Verbindung mit der Reichsbank als Ausgabestelle besteht nur in dem Geschäft, das die Ursache der Ausgabe, und dem, das die Ursache der Rückkehr bildet. Nicht einmal der Kreis derjenigen, die solche Geschäfte mit der Reichsbank betreiben, ist umgrenzt. Zwar geschieht die Notenausgabe zumeist im Zusammenhang mit Diskont- oder andern Kreditgeschäften oder mit Auszahlungen aus Guthaben, also an Konteninhaber, aber daneben veranlaßt noch manches andere zur Hingabe von Noten, und regelmäßig tritt die Note aus der Hand des ersten Empfängers, einerlei wer es ist, eine Reise in den außerhalb der Reichsbank sich abspielenden allgemeinen Zahlungsverkehr an. Wievielmal sie bis zur Rückkehr an

---

[60]) Mit Ausnahme der Reichs- und Staatskassen.

[61]) Aus den betr. Verwaltungsberichten errechnet.

[62]) Wie oft allein durch Übertragung und Verrechnung, also ohne Barzahlung, über die Einheit des durchschnittlichen Guthabens verfügt worden ist, läßt sich leider nicht berechnen. Die Berichte der Reichsbank geben die entsprechenden Grundziffern nicht an; sie waren auch bei der statistischen Abteilung nicht zu erlangen.

die Ausgabestelle die Hände wechselt, Zahlungen vollzieht, läßt sich nicht ermitteln. Die Differenz zwischen der Menge der ausgegebenen und der wieder eingegangenen Noten wird von der Reichsbank festgestellt, sie ergibt die Größe des Notenumlaufs; von dem Dienst, den die Menge verrichtet, kann mit einiger Zuverlässigkeit nichts ausgesagt werden[63]). Daher ist ein Vergleich mit den Giroüberweisungen, deren jede einen abgeschlossenen Zahlungsvorgang darstellt, unfruchtbar. Auch die Feststellung, wie sich der durchschnittliche tägliche Notenumlauf im Verhältnis zum jährlichen Gesamtumsatz der Reichsbank verschoben hat[64]), erlaubt durchaus keine exakten Schlüsse auf reziproke Veränderungen in der Bedeutung des Überschreibungsverkehrs.

Als Resultante aus den Bedingungen, die die Reichsbank mit dem Ausbau des Gironetzes und der gebotenen Dienste den Inhabern von Girokonten im allmählich wachsenden Maße darbot, und dem wechselnden Rhythmus des wirtschaftlichen Werdeganges hat sich der Giroverkehr nicht ganz gleichmäßig entwickelt. Die Denkschrift vom Jahre

---

[63]) Vgl. auch Eßlen, Konjunktur und Geldmarkt 1902—1908. Stuttgart und Berlin 1909, S. 113. Einen Versuch den Gesamtumlauf an Zahlungsmitteln ziffernmäßig darzustellen, macht R. Dunker (Gold ersparende Zahlungsmethoden in dem heutigen Bankverkehr Deutschlands. Annalen des Deutschen Reiches 1901, S. 392 ff.). Er will dabei die Geldsurrogate und den Giroverkehr auf ihre Fähigkeit, Gold zu ersparen, reduzieren, ist jedoch selbst davon überzeugt, daß die Schätzung starke Mängel aufweist, und muß in der Umwertung der Giroleistungen der Reichsbank besonders an die Unmöglichkeit erinnern, die Umlaufsgeschwindigkeit der Girozahlung mit jener der Münzzahlung zu vergleichen (S. 370). Die Berechnungen, die er trotzdem vornimmt, sind daher kaum verwendbar. Auf die Fehlerhaftigkeit hat bereits Schumacher (Die deutsche Geldverfassung und ihre Reform in: Weltwirtschaftliche Studien, Leipzig 1911, S. 59) hingewiesen. In den Vereinigten Staaten sind auf Grund eingehender Erhebungen exaktere Berechnungen der Umlaufsgeschwindigkeit von Banknoten vorgenommen worden, und zwar von Irving Fisher und von Kemmerer. Sie stellen eine Umlaufsgeschwindigkeit von 45 bzw. 47 im Jahre fest. (Schumacher, a. a. O. S. 51).

[64]) Neander Müller, Art und wirtschaftliche Bedeutung des Abrechnungsverkehrs, Berlin 1911, S. 20.

1900 hebt hervor, daß ein Zusammenhang zwischen dem Gang des wirtschaftlichen Lebens und dem Verlauf des Giroverkehrs nicht immer deutlich festzustellen sei, weil der noch andauernde Ausbau des Systems, namentlich die Ausdehnung auf weitere Plätze und das Einbeziehen von Staatskassen, die allgemeinen volkswirtschaftlichen Einflüsse auf die Ziffern der Giroumsätze nicht voll zur Geltung kommen lasse[65]). Natürlich wird dadurch die Wirkung der Einflüsse nur verdeckt; wie diese denn überhaupt nicht nur direkt in baren und giralen Ein- und Auszahlungen, sondern auch auf dem Umweg über die Geschäfte zwischen Bank und Kunden das Girowesen berühren.

Alle Hauptgeschäfte, mit denen sich die Reichsbank abgibt, werden auch zwischen ihr und den Inhabern der Girokonten betrieben und finden ihren Niederschlag in den Guthaben. Von den nach § 13 des Bankgesetzes der Bank erlaubten Geschäften ist ein Teil reine Umtauschtätigkeit, wie der in Ziffer 1 angeführte Ankauf von Gold und Silber, ein zweiter Teil stellt sich als Kommissionstätigkeit dar, so das Inkasso von Schuldforderungen (Ziffer 5) und der Ankauf und Verkauf von Effekten für fremde Rechnung (Ziffer 6), als dritter Teil ist die Treuhandfunktion der Aufbewahrung und Verwaltung von Wertgegenständen zu nennen (Ziffer 8), als vierter die Ausstellung von Anweisungen auf auswärtige Plätze (Ziffer 5) und schließlich der Ankauf bestimmter Arten von Schuldverschreibungen für eigene Rechnung zur zweckmäßigen Anlage der Betriebsmittel bis zu einer gewissen Höhe (Ziffer 4). Bei allen diesen Geschäften spielt der Kredit kaum eine Rolle, es handelt sich, soweit überhaupt Kauf- oder Verkaufshandlungen in Frage kommen, grundsätzlich um ein unmittelbares Aufeinanderfolgen von Leistung und Gegenleistung.

Von ungleich größerer Bedeutung gleichzeitig für das Risiko von Bank und Kunden wie auch in Hinsicht auf die volkswirtschaftliche Tragweite sind die eigentlichen

---

[65]) A. a. O. S. 62.

Kreditgeschäfte der Reichsbank, das Wechseldiskontgeschäft, das Lombardgeschäft und auf der Passivseite die Annahme von Geldern als Depositen und im Giroverkehr (Ziffer 2, 3 und 7). In ihnen und in der Befugnis, alle Zahlungen, bei denen der Empfänger nicht andere Umlaufsmittel beansprucht, in den eigenen, unter bestimmten Kautelen geschaffenen Noten auszuführen, liegt die Wurzel der volkswirtschaftlichen Bedeutung der Reichsbank. Im Wechseldiskontgeschäft realisiert sich ein wesentlicher Teil des inländischen Begehrs nach kurzfristigem Kredit, der durch die Form seiner Verbriefung für Berechtigung und Sicherheit die günstigste Bürgschaft beibringt. Indem die Reichsbank diesen Geschäftszweig unter Innehaltung strenger Bedingungen über die Güte des Wechselmaterials mit besonderem Eifer pflegt, fördert sie die Befriedigung des legitimen kurzfristigen Produktivkredits und sorgt zugleich dafür, daß ihre in erheblichem Maße bei diesem Geschäft ausgegebenen Noten durch das Einlösen der Wechsel im stetigen Fluß wieder zurückkehren oder die Mittel zur Deckung finden. Die Höhe des Zinsfußes, der beim Diskontieren der Wechsel zur Anrechnung kommt, ist entscheidend für das Maß der Einreichung von Wechseln und darüber hinaus bestimmend geworden für den Umfang der Wechselentstehung überhaupt und den allgemeinen Zinsfuß für kurzfristige Kapitalien. Damit beeinflußt er durch Anziehen oder Austreiben von Gold im internationalen Ausgleich auch den Verlauf der Währungsgestaltung[66]).

Die Festsetzung der Diskonthöhe bildet daher den Gipfelpunkt der Geschäftspolitik, sie ist der Kern der wichtigsten und schwierigsten Aufgabe der Bankverwaltung, „die möglichste Ausgleichung der Schwankungen des Geldbedarfs zu vereinigen mit der Rücksicht darauf, daß die Bank jederzeit imstande sei, ihre Noten einzulösen und ihren sonstigen täglichen Verbindlichkeiten nachzukommen“[67]). Das eigenwirtschaftliche Interesse, das die Bank zwingt,

---

[66]) s. dazu H. von Beckerath, Kapitalmarkt und Geldmarkt, Jena 1916, S. 165 ff.

[67]) Die Reichsbank 1876—1900, S. 123.

die Möglichkeit zur Einlösung ausgegebener Noten zu sichern und deshalb das Maß der Notenausgabe in der Hand zu behalten, stellt gleichzeitig das Ventil dar für das Innehalten des richtigen Maßes in der Krediterteilung.

In diesem Zusammenhang nehmen die Giroguthaben eine eigenartige, theoretisch nicht ganz geklärte Stellung ein. Sie werden zum guten Teile gespeist von Diskontierungen, weniger von Lombarddarlehen, daneben aber auch von Bareinzahlungen[68]). Dieselben Ursachen, die den Notenumlauf anschwellen lassen, haben die Tendenz, die Giroguthaben zu vermehren und zugleich, da es sich zumeist um die Auswirkung von Kreditbedürfnissen handelt, die Umsätze auf den Girokonten, auch die Übertragungen, zu steigern. So pflegen sich die Dinge beispielsweise zu Zeiten aufsteigender Konjunktur zu entwickeln. Bei sinkender Konjunktur hingegen nimmt zwar die Notenausgabe in der Regel ab, die Höhe der Giroguthaben aber keineswegs, oftmals steigen sie im Gegenteil[69]). Eine Verminderung tritt allerdings in der Anzahl der Umsätze ein, und die schwebenden Übertragungen verringern sich in ihrem Verhältnis zu den ruhenden Summen. Die weniger beanspruchte Kasse bleibt als Bestand bei der Reichsbank.

Notenausgabe und Notenrückstrom bewegen sich im großen und ganzen entsprechend dem Verlaufe des Kreditverkehrs; der Giroumsatz ist indessen weit stärker auch von anderen Faktoren abhängig. Werden unter Giroverkehr die Umsätze auf den Girokonten schlechthin zusammengefaßt, so kommen alle Momente in Frage, die auf die Haltung und Benutzung von Kassenbeständen überhaupt einwirken; die Veränderungen haben nicht nur ihren Grund in Vergütungen an Dritte und von Dritten, sondern auch in

---

[68]) Huber (Die Bedeutung der staatlichen und privaten Girokonten der Reichsbank für deren Wochenausweise, Bankarchiv XIII, S. 23) berechnet, daß 40—45 % „aller die Höhe des Girokontos unmittelbar beeinflussenden Einnahmen“ in Kreditgewährungen ihre Ursache haben, und daß dieses Verhältnis sich zu Ende des Monats steigert, in der Mitte abnimmt.

[69]) Huber, a. a. O. S. 21.

Auffüllungen und Minderungen, die mit Rücksicht auf künftige Beanspruchung, auf größere oder geringere Sicherheit, Bequemlichkeit und andere Vorteile vorgenommen werden. An Formen des Umsatzes treten Barzahlungen neben Gutschriften und Belastungen auf. Daher sind Giroguthaben ebenso wie ausgegebene Noten Ansprüche auf Bargeld und verlangen bare Deckung. Alle Überweisungen treten an die Stelle von Barauszahlungen und vermindern insofern die Baransprüche; da sie indessen innerhalb des Reichsbankkreises bleiben, verringern sie nicht die Gesamtheit der Guthaben und lassen die Möglichkeit zu deren Barabhebung bestehen. Aus dem Zwange dieses Zirkels vermag nur der Gedanke, daß die Vorschrift von Mindestguthaben in bestimmter Höhe und die Fürsorge für die Stärkung des Überweisungsumsatzes die Wahrscheinlichkeit der Barentnahmen vermindern, im Bunde mit den Erfahrungen über die Bewegung der Barauszahlungen einige Befreiung zu geben.

Die Erfahrung hat gelehrt, daß die Gruppe der öffentlichen Guthaben regelmäßiger, aber stärker schwankt als die der privaten. Die Verschiedenartigkeit der Interessen, die sich an die letzteren knüpfen, wirken mehr auf den Ausgleich hin. Andererseits zeigen sich auch vielfach Kompensationen zwischen den beiden Gruppen, indem die eine wächst, während die andere abnimmt[70]). Ähnliche Kompensationen lassen sich beobachten in den Bewegungen des Notenumlaufs und der Giroguthaben, da z. T. verschiedene Faktoren auf sie wirken und die gleichen Faktoren bei beiden verschiedene Wirkung üben. So kommt es, daß Höchstbetrag und Mindestbetrag der gesamten täglich fälligen Verbindlichkeiten — zu denen außer den Noten und den Giroguthaben samt den schwebenden Übertragungen auch die Guthaben von Staatskassen auf besonderen Konten, Depositengelder, noch nicht abgehobene Zahlungsanweisungen und zur Wiederauszahlung eingezahlte Beträge rechnen

---

[70]) Hierzu und zum folgenden siehe: Die Reichsbank 1876—1900, S. 66 ff.

— in den einzelnen Jahren eine geringere Spannung aufweisen als die entsprechenden Ziffern des Notenumlaufs allein, mit einziger Ausnahme des Jahres 1880. Für die Deckungspolitik der Bank bedeutet diese Tendenz zur Stetigkeit sowohl innerhalb der Giroguthaben selbst wie auch innerhalb der gesamten täglich fälligen Verbindlichkeiten infolge des Ausgleichs zwischen Notenbewegung und Guthabenbewegung eine große Erleichterung; denn „je größer die Schwankungen, desto schwieriger wird für die Bank die Aufgabe, die intensive Ausnützung ihrer Betriebsmittel, die ja auch im Interesse der ganzen Volkswirtschaft liegt, mit der Aufrechterhaltung einer in allen Fällen genügenden Barreserve zu vereinigen"[71]).

Die privaten Notenbanken, denen das Bankgesetz die Geschäftssphäre erheblich einengt, und die es auf die Pflege des Depositen- und Girogeschäfts von vornherein hindrängen sollte, hatten neben der Reichsbank einen schweren Stand und vermochten ihr Depositen- und Girogeschäft im wesentlichen nur dadurch aufzubauen und aufrechtzuerhalten, daß sie durch Verzinsung der Guthaben, durch Errichten von Filialen und durch günstige Bedingungen im Wechseldiskont besonderen Anreiz zum Geschäftsverkehr boten. Die Bayerische Notenbank, die im Jahre 1883 zuerst den kühnen Schritt zur Verzinsung der Girokonten tat, steht mit 85 Filialen und Agenturen an der Spitze, ihr folgt die Württembergische Notenbank mit 83 Agenturen, während sich die Sächsische Bank mit 1 Filiale, die Badische Bank mit 8 Filialen begnügen. Der Giroverkehr der Privatnotenbanken trägt einen andern Charakter als der der Reichsbank. Der Umsatz der Guthaben erfolgt bei weitem nicht so schnell. Die überall, wenigstens bis zu einem bestimmten Guthabenmaximum, gewährte Ver-

---

[71]) A. a. O. S. 68. — Gar zu günstig beurteilt Reichsbankpräsident Dr. Koch die ausgleichende Wirkung des Giroverkehrs auf den Notenbedarf und die damit zusammenhängende Deckungsfrage in seinem Artikel „Giroverkehr" in der 2. Aufl. des Handwörterbuches der Staatswissenschaften (IV. Bd., S. 736 f.). In der 3. Auflage ist das Urteil erheblich zurückhaltender.

zinsung scheint eine Beharrlichkeit der Bestände zu begünstigen und ihren reinen Kassencharakter zu trüben. Immerhin ist nach den Berichten für 1919 das Durchschnittsguthaben bei der Sächsischen Bank etwa 86mal in der Ausgabe umgesetzt worden, bei der Bayerischen Notenbank nur 50mal, bei der Württembergischen Notenbank nur 41mal. Der Ausweis der Badischen Bank gestattet eine Ermittlung der entsprechenden Ziffer nicht; auf Grund des angegebenen Umsatzes im Giro- und Scheckverkehr und der Guthaben der Giro- und Kontokorrent-Gläubiger am Jahresschluß ist indessen anzunehmen, daß sie zwischen denen der Sächsischen Bank und der Bayerischen Notenbank liegt. Auch in diesen Fällen fehlt die Möglichkeit, festzustellen, welchen Anteil die Barauszahlungen haben. Nach der absoluten Höhe der Gesamtumsätze im Giroverkehr erhalten wir die Reihenfolge:

Badische Bank[72])	mit M	10 410 607 156
Württembergische Notenbank	„ „	4 696 208 430
Sächsische Bank	„ „	3 990 710 558
Bayerische Notenbank	„ „	1 015 417 987,

hingegen rangieren die Banken nach der Notenausgabe:

Sächsische Bank	mit M	147 500 000
Bayerische Notenbank	„ „	110 000 000
Badische Bank	„ „	54 000 000
Württembergische Notenbank	„ „	32 055 000

Bei der Sächsischen Bank ist noch ein Verkehr in Depositen auf längere Kündigung von einigem Belang zu erwähnen, während er bei den übrigen neben den unter Giro- und Scheckverkehr zusammengefaßten Umsätzen kaum eine Bedeutung hat. Für den Zahlungsausgleich in Verrechnungsform kommt er nicht in Frage.

b) Der bankmäßige Zahlungsausgleich bei den Kreditbanken

Die Klarheit, in der sich der Übertragungsverkehr der Reichsbank vor dem Beschauenden ausbreitet, läßt gar

[72]) Giro- und Scheckverkehr.

zu leicht die entsprechenden Vorgänge übersehen, die neben ihm in der Welt der Kreditbanken sich regelmäßig abspielen. Sie sind im Gegensatz zum ersteren fast in allen Teilen für die Öffentlichkeit in Dunkel gehüllt und können, abgesehen von der Erfahrung, die praktische Einzelfälle jedem Benutzer der Banken übermitteln, als Ganzes nur an gewissen Symptomen erkannt werden. Auf drei Voraussetzungen gründet sich der Ausgleichsverkehr der Zahlungen unter Banken, auf das Bestehen geeigneter Konten von Wirtschaftssubjekten bei den Banken und von Banken untereinander, auf die Veranlassung für die Konteninhaber, sich gegenseitig Zahlungen zu leisten, und auf das Bestreben einerseits der Konteninhaber, ihre Bank mit der Zahlungsausführung zu betrauen, andererseits der Bank, bei allen Zahlungen die Verwendung baren Geldes möglichst zu vermeiden. Je stärker entwickelt diese Voraussetzungen sind, desto umfangreicher ist der Zahlungsausgleich, desto wichtiger auch für den gesamten Zahlungsverkehr.

Die Ausbildung dieser Grundbedingungen beruht offenbar sowohl auf der Entfaltung des allgemeinen Wirtschaftslebens überhaupt, wodurch erst die für die Kontenbildung erforderliche Höhe des Kapitalbestandes und die den regelmäßigen Zahlungsfluß bewirkende Intensität des Tauschverkehrs erreicht wird, als auch auf der Entwicklung solcher Bankkonditionen, daß unter den Möglichkeiten der Zahlungsgestaltung sich der Ausgleichsweg als zweckmäßig, und das heißt im privatwirtschaftlichen Sinne als vorteilhaft, erweist.

Vorteile des Zahlungsverkehrs brauchen nicht gerade darin zu bestehen, daß die Übermittelung einer Geldsumme auf dem Bankwege sich billiger, schneller, sicherer und müheloser vollzieht oder dem Zahlenden ein gewisses Ansehen verleiht, sie liegen auch dann vor, wenn der Bestand, dem die Zahlungssummen regelmäßig entnommen und dem eingehende Beträge vorläufig hinzugefügt werden, mit größerem Nutzen bei der Bank aufbewahrt wird als daheim in der eigenen Kasse. Die Bank ihrerseits muß ebenfalls ihren

Vorteil darin finden, wenn sie sich veranlaßt sehen soll, entsprechend günstige Bedingungen für die Ausführung von Zahlungen oder die Überlassung sofort zurückziehbarer Geldbestände einzuräumen. Sie muß in der Lage sein, von den Beständen vorteilhaften Gebrauch zu machen oder wenigstens in Geschäften, die ihr im Anschluß an ihre Verwaltungs- und Zahlungstätigkeit zufließen, reichliches Entgelt auch hierfür zu finden. Die innerste Voraussetzung bildet also eine gewisse Höhe des Verkehrs zwischen Wirtschaftskörper und Banken, eine sachliche Weite des Feldes, auf dem der Dienst der Bank als notwendig empfunden wird und ihre Gelder regelmäßig zur Verwendung kommen können. So hängt in Deutschland, von der Seite der Bank gesehen, die Entwicklung des Bankzahlungsverkehrs, der Geldeinlagen, zusammen mit derjenigen der übrigen Geschäfte, insbesondere des Darlehens-, Lombard-, Diskont-, des Akzept- und Kontokorrentgeschäfts, aber auch des Effekten-, Konsortial- und Depotgeschäfts. Und man darf hier als Leitmotiv für die Ausbreitung des Übertragungs- und Verrechnungsverkehrs die Vielseitigkeit der einzelnen Bank erkennen.

Je mehr Sachgebiete sie pflegt, desto größer der Kreis derer, denen ihre Dienste von Nutzen, desto vielseitiger auch die Beziehungen zum einzelnen Kunden, desto größer dessen Vertrautheit und Zutrauen, sowie der Antrieb von der psychologischen und sachlichen Seite, Überschüsse der Bank anzuvertrauen, Kassenbestände ihr zu überlassen und Zahlungen durch sie zu vollziehen. Durch die Ausbreitung ihrer Tätigkeit und die Durchdringung des Wirtschaftslebens entwickelt die Bank dann auch Anziehungskraft auf Außenstehende, darunter auf die weniger oder nicht geschäftlichen Kreise, deren Verbindung mit der Bank in erster Linie in der Hinterlegung von Geldern, im Depositengeschäft, besteht, sofern die Bank diesen Geschäftszweig durch Gewähren angemessener Zinsen zu betreiben geneigt ist.

In diesem Sinne hat sich im Deutschen Reich das Depositenwesen entwickelt, insbesondere auch das der Großbanken. Daß im Gegensatz dazu das englische Depositenbankwesen als Teil des Gesamtbildes vom englischen Bankwesen strengere Spezialisation zeigt, liegt im wesentlichen an dem andern Grundcharakter der englischen Volkswirtschaft und seiner Entwicklung, vor allem an der Bedeutung, die der Handel dort bis zur internationalen Ausdehnung schon früh erreicht. In Deutschland wurden die Fesseln der Währungsvielheit und der partikularistischen Bankgesetzgebung dem Bankwesen erst abgenommen, als der Wirtschaftskörper bereits zu einem solchen Grade der Reife gediehen war, daß die Kräfte des Unternehmertums und der Technik nur noch der Freiheit der Bewegung und der Befruchtung mit Kapital bedurften. Der günstige Kriegsausgang mit dem Einströmen des französischen Geldes, dazu die politische Vollendung und die glückliche Währungsreform entfesselten im Augenblick psychische wie sachliche Kräfte und ließen keine Muße zu einer exakten Arbeitsspaltung unter den vorhandenen Banken, während vorher der Kapitalmangel und die Enge der einzelnen Wirkungsgebiete eine solche unmöglich gemacht hatten.

Den Grundstein für den Aufbau des Depositenwesens in Deutschland legte, wenn man von älteren Ansätzen in einzelnen begrenzten Gebieten absieht, die im April 1870 errichtete Deutsche Bank, die, am englischen Beispiel geschult, bereits im Juli des ersten Jahres begann, gegen feste Verzinsung „Depositen in barem Gelde“ an sich zu ziehen[73]). Das bedeutet den Bruch mit dem vorher für viele Kreditbanken maßgebenden, uns heute seltsam anmutenden Grundsatz, daß der Betrieb möglichst mit eigenen Mitteln zu führen und ein Anreiz zur Steigerung fremder Depositengelder zu vermeiden sei[74]). Die Bewegung zur Heranziehung aller irgendwie ruhenden Summen aus den verschiedensten Wirtschaftsschichten greift von nun an

---

[73]) s. dazu das Gedenkblatt zum fünfzigjährigen Bestehen der Deutschen Bank im Nachrichtenblatt der Deutschen Bank vom 9. April 1920, S. 6.

[74]) s. Rießer, a. a. O. S. 64.

allmählich auch auf die übrigen deutschen Großbanken über, wenn auch Nachdruck und Erfolg verschieden groß sind und von einem raschen Depositenanwachsen bis in dieses Jahrhundert hinein nicht die Rede sein kann[75]. Die Deutsche Bank, die auch in dieser Beziehung an der Spitze der Großbanken bleibt, wendet sich schon in ihrem ersten Bericht an die breitesten Wirtschaftskreise und hat von vornherein bei ihren Plänen die Erleichterung des Zahlungsverkehrs nach englischem Muster mit Hilfe von Schecks mit im Auge[76]. Für diese Seite des Depositenwesens ist es von größter Bedeutung gewesen, daß man alsbald für das Aufsaugen der Gelder besondere Organe, die Depositenkassen, schuf und aus mancherlei Gründen, nicht zuletzt ebenfalls zum Zwecke der Gewinnung kurzfristiger Gelder als Betriebsmittel, die Errichtung von Filialen unternahm. Die örtliche Ausdehnung begünstigte die Möglichkeit und vor allem die wirtschaftliche Zweckmäßigkeit der Zahlungsausgleiche[77]. Wie im übrigen die einzelnen Zusammenhänge zwischen der Depositenentwicklung und derjenigen der übrigen Geschäfte geartet sind, darf hier unberücksichtigt bleiben[78]. Als stärkstes Mittel zum Heranziehen der Überschüsse und zeitweilig unbeschäftigter Gelder aus allen wirtschaftlichen Schichten dient die Verzinsung, die, den Notenbanken ehedem verboten, jetzt unter dem Drucke des Wettbewerbs allmählich in vielfältiger Abstufung je nach der verschiedenen Befristung der Einlagen dargeboten wird. Bei ihrer Politik konnten sich die Banken auf die Erfahrung stützen, daß die Depositenkundschaft nicht nur die Mittel für das Diskont- und das übrige Darlehnsgeschäft hergab, sondern auch selbst die verläßlichste Gemeinde für alle Aktivgeschäfte, von den Kreditgeschäften bis zum

---

[75]) s. die Tabelle bei Gustav Motschmann, Das Depositengeschäft der Berliner Großbanken (Schriften des Vereins für Sozialpolitik 154. Band, 1. Teil). München und Leipzig 1915, S. 618.

[76]) Gedenkblatt a. a. O. S. 6.

[77]) Vgl. dazu Rießer, a. a. O. S. 169.

[78]) In großen Zügen berichtet darüber Rießer, a. a. O. S. 166 f.

laufenden Effektenverkauf und der Unterbringung neu emittierter Wertpapiere, bildete[79]). Die Tatsache, daß der Depositenbestand für die Bank einerseits ein geliehenes Rüstzeug von Mitteln bedeutet und damit nach dem Maße der Verzinsung und der Bindung an Kündigungsfristen bei aller Vorsicht zu eifrigster Ausnutzung der Gewinnmöglichkeiten im Aktivgeschäft zwingt, wird begleitet von der andern Tatsache, daß im Depositengeschäft das Werkzeug zur intensivsten Durchdringung des Wirtschaftsbodens gegeben ist, da die Depositenmasse sich aus zahlreichen Einheiten zusammensetzt, deren jede einzelne sich der Bank gegenüber als eine wirtschaftliche Individualität präsentiert, ihr erlaubt, gewisse Schlüsse auf Zahlungsfähigkeit und Zuverlässigkeit der Deponenten zu ziehen, und in dem gegenseitigen Vertrauensverhältnis die entwicklungsfähige Zelle für einen vielseitigeren Geschäftsverkehr darstellt.

Daß an sich jeder Verkehr einer Bank mit Kunden, die ein Konto bei ihr führen, sich im Gegensatz zu Geschäften mit Außenstehenden überwiegend in Zahlungsformen abspielt, bei denen die Verwendung baren Geldes vermieden wird, liegt auf der Hand. Wieweit aber die Konten als Grundlage für den Zahlungsverkehr der Kunden untereinander dienen können, das hängt offenbar nicht zuletzt von den Bedingungen ab, die an die Benutzung der Konten geknüpft sind. In dieser Hinsicht weisen die Kreditbanken eine Mannigfaltigkeit auf, die die Übersicht über den volkswirtschaftlichen Charakter der auf den Konten untergebrachten Gelder ebenso erschwert wie die Bestimmung auch nur der Möglichkeit des Überschreibungsverkehrs. Maßgebend scheint hierbei die Kündigungsfrist zu sein, die für die Kontenguthaben vereinbart worden ist. Indessen darf deren Bedeutung nicht überschätzt werden. Denn ist es schon natürlich, daß als Empfänger auch Konten in

---

[79]) Über das Bestreben auch größerer Banken, Kontokorrent- und Depositenkunden zu gewinnen, damit ein sicherer Abnehmerkreis für Emissionen vorhanden ist, siehe Walter Lotz, Die Technik des deutschen Emissionsgeschäftes, Leipzig 1890, S. 67.

Frage kommen, deren Abhebung an bestimmte Kündigungsfristen gebunden ist, so bildet in Wirklichkeit diese Bindung auch nicht unter allen Umständen ein Hindernis für den Ausgang von Überweisungen. Die Konten mit sofort fälligen Guthaben machen daher wohl den Hauptteil der Girogrundlage aus, nicht aber die Gesamtheit.

Bei vielen Banken z. B. ist es erlaubt, von befristeten Konten unter Zinsverlust oder sonstigen Einbußen Beträge ohne Kündigung abzuheben. Und das geschieht in nennenswertem Umfange vornehmlich in solchen Gegenden, in denen das Belegen von Geldern auf zeitliche Befristung bei Banken in größerem Maße üblich ist, bei den oldenburgischen und den mecklenburgischen Banken mit ausgeprägtem Depositenbankcharakter[80]). Die eigentlichen Kassenbestände von kaufmännischen und gewerblichen Unternehmern allerdings pflegen nicht auf diese Weise gebunden zu werden, es handelt sich überwiegend um Hinterlegungen von Spargeldern aus Schichten, die für den Zahlungsverkehr nur ihre häusliche Kasse und nicht eine Bank in Anspruch zu nehmen gewohnt sind. Das hindert indessen nicht, daß sie außergewöhnliche Zahlungen, die eine gewisse Höhe überschreiten, auf diesem Wege von den Banken vollziehen lassen.

Richtet sich so die Abgrenzung der Konten, von denen Girozahlungen ausgehen können, nach örtlichem Brauch und der Gepflogenheit der Kontenführer, so muß dennoch festgehalten werden, daß jene Arten am Rande des Gesamtgebietes liegen, zwar nicht übersehen werden dürfen, jedoch in der Bedeutung weit zurücktreten hinter die unbefristeten Konten, deren stetige Verfügbarkeit auf ihren Kassencharakter hindeutet. Die Terminologie der Banken pflegt solche Konten Kontokorrente und Depositen zu nennen, vereinzelt auch Scheckkonten und Girokonten besonders aufzuführen. Indes ist zu beachten, daß diese Ausdrücke nicht

---

[80]) s. dazu Max Dümeland, Die Technik des Depositenverkehrs bei der Oldenburgischen Spar- und Leih-Bank i. Zeitschrift f. handelswiss. Forschung 1908, S. 474. Hans Dittmer, Depositenbanken eines Agrarlandes i. Thünen-Archiv, 10. Erg.-Heft, Jena 1913, S. 155.

überall dasselbe bezeichnen, und daß insbesondere die erstgenannten zwei Gruppen nicht immer scharf voneinander abgegrenzt werden können. Wenn auch seit der zunehmenden Anwendung des einheitlichen Bilanzschemas, das infolge der Bankenquete von 1908 aufgestellt worden ist, jetzt im allgemeinen unter Kontokorrent-Kreditoren die provisionspflichtigen Guthaben-Konten, unter Depositen oder Einlagen die übrigen zusammengefaßt werden, so gibt es doch immer noch wichtige Abweichungen[81]), und es läßt sich kaum übersehen, wie viele und welcher Art. Aber auch jenes Unterscheidungsmerkmal bietet keinen festen Anhaltspunkt für das Wesen der Konten, die den Gruppen angehören; es erlaubt keine Rückschlüsse auf die Herkunft und die Zwecke der Gelder[82]) und deutet nur an, daß die Kontokorrente als die provisionspflichtigen Konten mehr zur Bewegung durch allerlei von der Bank nach Auftrag auszuführende Geschäftsakte bestimmt sind, wobei oftmals auch das Guthaben sich in eine Schuld verwandeln darf. Doch auch den kurzfristigen oder sofort verfügbaren Depositenkonten ist die häufige Veränderung der Guthaben durch Gutschrift und Belastung nicht fremd. Sie werden auch ebenso wie jene als Basis für den Ausgleich von Zahlungen durch Verrechnung benutzt.

In welchem Umfang die Möglichkeit dazu allein in Hinsicht auf die Höhe der kurzfristigen Guthaben gegeben ist, davon mag die nachstehende Aufstellung einen Begriff geben[83]). Nach den Angaben des Deutschen Ökonomisten[84]) umfaßten bei den deutschen Aktienbanken mit mindestens einer Million Mark Aktienkapital die innerhalb 7 Tagen fälligen Kreditoren und Depositen:

---

[81]) s. Deutscher Ökonomist, Jahrg. 1919, S. 413, 414.

[82]) s. dazu Stephan Jacobi, Versuch einer volkswirtschaftlichen Unterscheidung der Bankdepositen, Stuttgart 1912, S. 39 ff.

[83]) Daß die „innerhalb 7 Tagen fälligen Kreditoren und Depositen" nicht ganz mit „kurzfristigen Bankkonten" gleichgesetzt werden können, wird nicht verkannt. Die Abweichungen dürfen aber in diesem Zusammenhang außer Betracht bleiben.

[84]) Beilage zu Nr. 1985 v. 15. 1. 1921, S. 4.

Ende 1919	M	36 702 384 000	= 75%	aller Kreditoren und Depositen überhaupt
„ 1918	„	15 726 835 000	= 63%	„ „
„ 1917	„	11 423 422 000	= 56%	„ „
„ 1916	„	7 765 313 000	= 59%	„ „
„ 1915	„	6 557 573 000	= 65%	„ „
„ 1914	„	5 066 498 000	= 64%	„ „
„ 1913	„	4 152 581 000	= 55%	„ „
„ 1912	„	3 784 341 000	= 55%	„ „

Es sind demnach stets mehr als die Hälfte, im letzten Berichtsjahr sogar drei Viertel aller Guthabenbeträge fast sofort verfügbar, also für Überweisungen verwendbar. Neben den Verhältniszahlen ist die absolute Höhe der Gesamtsummen und ihre Steigerung, besonders seit den letzten Kriegsjahren, der Beachtung wert. Auf die Feststellung der Bewegung selbst, der in Belastungen einerseits, Gutschriften andererseits zum Ausdruck kommenden Übertragungssummen innerhalb der einzelnen Jahre muß allerdings leider aus den früher entwickelten Gründen verzichtet werden[85]).

Dagegen läßt sich ein anderes Kennzeichen für die Ausbildung des Zahlungsausgleichs herleiten aus der Betrachtung der örtlichen Ausbreitung der einzelnen Banken, insbesondere der Großbanken, einerseits und der Zusammenhänge der Banken untereinander auf der andern Seite. Durch die Vergrößerung der einzelnen Niederlassungen einer Bank wird die Möglichkeit der inneren Übertragung, des zentralisierten Giros[86]), verstärkt, durch die Einrichtung von mehr Niederlassungen ebenso wie durch das Anknüpfen

[85]) Über die technische Seite, das Übertragungsverfahren selbst, ist in letzter Zeit einiges Licht verbreitet worden. Außer dem mehrfach erwähnten Werk von Friedr. Schmidt s. die verdienstvollen Aufsätze von Otto Schoele in der Zeitschrift „Der Zahlungsverkehr" und Stremetzne, Die Leistungen der Deutschen Bank im Überweisungsverkehr, ebenda 2. Jahrg. 1920, Nr. 4.

[86]) Schmalenbach, Scheck und Giro (Zeitschrift für handelswissenschaftliche Forschung, 1. Jahrg. 1906/7, S. 403).

von Überweisungsbeziehungen zu andern Banken die der Übertragung aus dem einzelnen Betrieb heraus, des dezentralisierten Giros[86]). Ins rechte Licht gerückt wird die Bedeutung solcher Verhältnisse erst durch die Tatsache, daß die Banken Interesse daran haben, eine Versendung von Bargeld und Banknoten soweit wie möglich zu vermeiden[87]) und bei Zahlungen irgendeinen Weg der rechnungsmäßigen Übermittlung zu wählen. Allerdings waren Gewohnheit und betriebstechnische Umstände lange Zeit stark genug, um zu verhindern, daß die älteren Zahlungsformen rasch verdrängt wurden. Erst in jüngster Zeit sind die Hemmnisse mehr und mehr überwunden und die Wege der rechnungsmäßigen Übermittelung zu der ihren banktechnischen Vorzügen entsprechenden Bedeutung gebracht worden. Die Banken sparen dadurch Arbeit, Risiko und Spesen der Geldversendung, zu einem Teile auch den Zinsverlust einer großen Kassenhaltung. Zu diesen Vorteilen, die sich ebenso bei Vergütungen mittels Schecks auf andere Banken wie auch bei Inanspruchnahme des Reichsbankgirokontos, bei Verrechnungen mit andern Banken und mit eigenen Niederlassungen ergeben können, treten, falls die Zahlungen in den eigenen Büchern verrechnet werden, oftmals noch die weiteren eines Zins- und Provisionsgewinnes.

Die Masse der deutschen Banken gruppiert sich fast restlos um die Großbanken, die, bis auf die Ausnahme der Berliner Handelsgesellschaft, jede für sich schon ein räumlich weit ausgebreiteter Organismus, zusammen mit den ihnen irgendwie anhängenden Provinzbanken einheitliche Systeme bilden. Und zwar streng genommen je nach der Art und dem Zweck der Verbindung verschiedene Systeme[88]). Eine Bank für sich betrachtet steht auf

---

[86]) Schmalenbach, Scheck und Giro (Zeitschrift für handelswissenschaftliche Forschung, 1. Jahrg. 1906/7, S. 403).

[87]) s. die Ausführungen Waldemar Muellers im Bankarchiv, VIII. Jahrg. 1909, S. 97 ff., insbesondere S. 130.

[88]) Rießer (a. a. O. S. 335 ff.) erwähnt z. B. die Gruppierung nach

diese Weise zumeist in regelmäßigen Verbindungen irgendwelcher Art mit mehreren Großbanken.

Daß auch in Hinsicht auf eine regelmäßig angewandte Art von Gut- und Lastschriften an Stelle barer Geldsendungen systematische Zusammenhänge zwischen den Großbanken als Mittelpunkt und einer gewissen Anhängerschaft von Provinzbanken bestehen, ist eine natürliche Folge all der geschäftlichen Verknüpfungen, die sich zwischen den kleineren Bankanstalten von örtlich beschränktem Wirkungsumfang und den vielseitig tätigen, weit ausgreifenden Großbanken der Reichshauptstadt mit wachsendem Verkehr herausbilden müssen. Eine solche Verrechnungsgemeinschaft reicht naturgemäß über den innersten Ring, der die Großbanken umgibt, den Konzern der durch dauernde Interessengemeinschaft mit ihnen verbundenen Banken, in der Regel erheblich hinaus. Die größte Bankenzahl pflegt die Verbindung zu umfassen, deren Zweck darin besteht, durch ihre Mitglieder gegenseitig die Einziehung von Wechseln und Schecks ohne oder zu geringen Kosten ausführen zu lassen. Freilich ist der Zusammenhang derartiger Inkassokreise nicht in allen Teilen gleich fest. Von der Häufigkeit ihres gemeinsamen Inkassoverkehrs oder anderer gemeinsamer Geschäfte hängt es gewöhnlich ab, ob sich die Teilnehmer gegenseitig eigene Konten anlegen; im übrigen aber wird der Ausgleich von Schuld und Forderung entweder durch das Mittel eines Kontos bei der betreffenden Großbank, durch die Reichsbank oder ein anderes Girokonto vorgenommen. Ob auch die Zahlungen, welche die Kunden dieser verschiedenen Banken einander durch deren Vermittlung leisten, den Verrechnungsweg über die Inkassokonten nehmen, hängt eben von der Enge der Beziehungen zwischen den beiden Banken und dem jeweiligen Guthabenstand ab, — die Kenntnis der Bankverbindung des Kontrahenten natürlich vorausgesetzt.

Einen anderen Kreis, dem Inkassoverbande ähnlich und

Konzernen, spontan gebildeten Konsortien und dauernden Verbänden zum Betreiben gewisser Effekten- und Vorschußgeschäfte.

mit ihm vielfach zusammenfallend, bilden diejenigen Banken, die sich zur kostenlosen Einlösung der auf sie gezogenen Schecks zusammengetan haben. Von ihm gilt hinsichtlich des Verrechnungsverkehrs im allgemeinen zwar dasselbe, was auf die Inkassogemeinschaft zutrifft, indessen ist er in der Regel kleiner, unter seinen Mitgliedern besteht oft eine nähere Geschäftsbeziehung, Barsendungen zwischen ihnen gehören zu den Ausnahmen, und die Wahrscheinlichkeit, daß zwischen ihnen auch Kundenzahlungen in höherem Maße ausgeglichen werden, ist größer. Die Angaben der Banken über die Zusammensetzung solcher Gruppen, wie sie den Scheckkunden als Verzeichnisse der Einlösungsstellen übergeben werden, sind daher nicht ohne Interesse.

Die Deutsche Bank führt als Einlösungsstellen in Deutschland 49 Bankhäuser mit Niederlassungen an 226 verschiedenen Orten auf; bei Berücksichtigung ihrer eigenen Filialen stellt sich die Anzahl der angegebenen Orte auf 266, die der Einlösungsstellen auf 315. Ein ähnliches Netz haben auch die übrigen Großbanken über das Reich gespannt. Die Direction der Disconto-Gesellschaft stützt sich z. B. auf 41 Banken und 233 Einlösungsstellen an 233 Orten. Zu schlüssigen Vergleichen sind indessen auch diese Angaben der Banken nicht zu verwenden. Dazu sind die Gesichtspunkte, unter denen die Zusammenstellungen vorgenommen werden, zu verschieden. Selbst die Deutsche Bank, deren Aufstellung noch am vollständigsten zu sein scheint, nennt nicht immer alle Niederlassungen der einbezogenen Banken. Die Bank für Handel und Industrie andererseits führt zwar auch 47 verschiedene Institute auf, bevorzugt aber offensichtlich Bankiers und kleinere Aktienbanken als Repräsentanten auf ihrer Liste, so daß Filialen dort eine geringere Rolle spielen und die Anzahl der fremden Einlösungsstellen nur 99 neben den 93 eigenen Niederlassungen beträgt. Es wäre natürlich verfehlt, daraus zu folgern, daß diese Bank weniger Kontenbeziehungen zu den größeren Provinzbanken unterhielte als ihre großen Konkurrentinnen.

Irgendein absoluter Wert für die Erkenntnis der Verrechnungsbeziehungen kommt diesen Zahlenangaben also nicht zu. Sie geben weder die Gesamtheit der mit den Großbanken in Verrechnungsverkehr befindlichen Banken auch nur annähernd an, noch erlauben sie den sichern Schluß, daß alle aufgeführten Bankhäuser überhaupt regelmäßig in engen Verrechnungsbeziehungen zu den betreffenden Großbanken stehen. Mit Gewißheit ist daraus nur ein gewisses Maß von Vorzügen der Scheckbenutzung zu entnehmen, das um so größer ist, als auch die Schecks der Provinzbanken die Begünstigung der kostenfreien Einlösung durch die Großbank ebenso zu genießen pflegen wie deren Schecks bei jenen; dazu lassen sie ahnen, wie umfassend die Kontenverbindungen unter den Banken sind, welche riesige Anzahl von Einzelwirtschaften damit eine Verbindung besitzt, auf der ihre Zahlungen ohne Verwendung eines stofflichen Umlaufsmittels hin und her gleiten können. In welchem Maße dies tatsächlich geschieht, hängt nicht allein von dem Besitz eines geeigneten Kontos und der Bankverknüpfung ab, sondern sehr wesentlich auch von der Publizität der Bankverbindung; nur wenn der Schuldner die Bankverbindung seines Gläubigers kennt, kann er seine Bank beauftragen, durch Überschreibung an sie Zahlung zu leisten.

Beim Gebrauch von Schecks fällt diese Voraussetzung fort; hier zeigt der Scheck das Konto des Schuldners an und bietet, dem Gläubiger übersandt und von ihm seiner Bank übergeben, die Handhabe dazu, den Zahlungsakt auf dem Wege der gegenseitigen Verrechnung oder der Überweisung unter Vermittelung durch eine dritte Bank zu vollziehen. Um den reinen Übertragungsverkehr zu fördern, ist daher neuerdings auch nachdrücklich versucht worden, Unternehmungen, öffentliche Kassen und Private zur Bekanntgabe ihrer Bankverbindungen auf Briefbogen, Rechnungen, in Adreßbüchern usw. zu veranlassen[89]).

---

[89]) So u. a. durch ein Rundschreiben der Reichsbank vom 26. März 1918, das an zahlreiche Unternehmungen und Kassen im ganzen Reich gesandt worden ist.

Als Gebiet hochentwickelten Übertragungsverkehrs ist Hamburg bekannt[90]), als älteste Stätte des Scheckverkehrs Oldenburg.

In Oldenburg wird allerdings vom Scheck Gebrauch gemacht in Kreisen, die sonst in Deutschland an seine Verwendung im allgemeinen nicht gewöhnt sind, er dient dort beispielsweise oft auch im Konsumentenverkehr als Zahlungsmittel. Indessen darf nicht übersehen werden, daß die Einlösung zum größten Teil in bar geschieht[91]). Das Scheckkonto ist bei den dortigen Banken die Form des sofort verfügbaren, niedrig verzinslichen Kontos für Kunden, die keinen Kredit beanspruchen und über ihr Guthaben in häufigeren Abhebungen verfügen wollen. Als Symptome des Verrechnungsverkehrs dürfen die Ziffern des Umsatzes auf Scheckkonto bei den oldenburgischen Banken nicht überschätzt werden. Die Umsätze auf ihren Kontokorrent-Konten finden, mit und ohne Scheckgebrauch, viel häufiger einen Ausgleich durch Überschreibung. Im übrigen hat der Scheckverkehr auch bei den Großbanken in den letzten Jahrzehnten große Fortschritte gemacht, wie aus den Berichten des A. Schaaffhausenschen Bankvereins bis zum Jahre 1907 und aus einzelnen Anzeichen anderer Art geschlossen werden kann[92]). Bei den unzureichenden Unterlagen sind die Versuche, die Größe des Scheckumlaufs festzustellen, bislang stets gescheitert[93]) oder über unsichere Schätzungen, die jeder festen Grundlage entbehren und sehr erheblich voneinander abweichen, nicht hinausgekommen. So nimmt Lotz im Jahre 1895 den Umlauf mit 100 Millionen

---

[90]) Vgl. oben S. 26 ff.; für die neuere Zeit s. Thorwart, Die Technik des Hamburger Überweisungsverkehrs, in Mitteilungen der Handelskammer, Frankfurt a. M. 1907.

[91]) Für eine frühere Zeit siehe z. B. die Bemerkung in der Festschrift der Oldenburgischen Spar- und Leih-Bank 1895, S. 17.

[92]) s. Motschmann, a. a. O. S. 109—111.

[93]) So die Enquete von Rießer, ebenda S. 111. Vgl. auch Siegfried Buff, Der gegenwärtige Stand und die Zukunft des Scheckverkehrs in Deutschland. München 1907, S. 6.

Mark[94]), Dunker im Jahre 1901 mit 300 Millionen Mark an[95]). Wie bereits früher betont, sind derartige Zahlenangaben, ganz abgesehen von ihrer Unzuverlässigkeit, für die Frage des bankmäßigen Zahlungsausgleichs erst dann von Bedeutung, wenn danebengehalten werden kann, zu welchem Teile Einlösung durch Barauszahlung eintritt. Erhebungen über diese Frage sind in England bereits 1864 durch John Lubbock in seinem Bankhause und in Amerika 1881 durch den Comptroller of the currency angestellt worden[96]); für Deutschland liegt nur ein Beispiel aus neuerer Zeit vor, nämlich die Feststellung von Mommsen bei einer Berliner Bank im Jahre 1907, wonach von allen eingelieferten Schecks unter Einrechnung der als Quittung verwendeten 25%, ohne letztere 13% bar eingelöst worden sind[97]). Bei manchen Berliner Bankstellen soll sich die Quote neuerdings noch günstiger stellen[98]). Die Verhältnisse bei den Provinzbanken dürften indes vielfach von diesem Bilde abweichen.

Ein mächtiges Hilfsmittel vervollkommnet in neuerer Zeit die Möglichkeit der Scheckeinlösung ohne Barzahlung. Zu den zwei Wegen der unmittelbaren Verrechnung innerhalb ein und derselben Bank und innerhalb einer Einlösungsgemeinschaft von Banken, tritt in Deutschland seit 1883 ein dritter in Gestalt des von der Reichsbank geleiteten Abrechnungsverfahrens. Während im ersten Falle der Aussteller und der Einlieferer des Schecks Konto bei derselben Bank haben müssen, unterhält im zweiten Falle jeder sein Konto bei einer andern Bank, diese Banken jedoch stehen miteinander in Kontenverbindung, die eine Buchübertragung möglich macht. Beim Abrechnungsverkehr handelt es sich dagegen um Banken, die keine unmittelbare Verbindung miteinander pflegen, wohl aber Konten bei der Reichsbank

---

94) Die Ergebnisse der deutschen Silberenquete in Jahrb. f. Gesetzg., Verw. u. Volksw., 19. Jahrg. 1895, S. 1302.

95) Goldersparende Zahlungsmethoden i. Annalen d. Deutschen Reichs 1901, S. 260.

96) Heinrich Rauchberg, Der Clearing- u. Giroverkehr, Wien 1886, S. 84/85.

97) Stenogr. Berichte des Deutschen Reichstages, 85. Sitzg. 21. 1. 08, Band 229, S. 2615.

98) Motschmann, a. a. O. S. 111.

führen und überdies am selben Orte ansässig sind. In Großstädten mit lebhaftem wirtschaftlichen Verkehr finden sich täglich bei jeder größeren Bank fällige Forderungsinstrumente auf die andern Banken des Ortes zusammen. Diese Zahlungsverpflichtungen, Wechsel, Schecks, Rechnungen, ohne Umsatz von stofflichem Gelde auszugleichen, ist Zweck der genannten Abrechnungseinrichtung[99]). Ihr Verfahren besteht darin, daß die Forderungsinstrumente an bestimmten Orten und zu bestimmten Zeiten ausgetauscht, geprüft und gegeneinander aufgerechnet werden, so daß nur die Schuldsalden einiger Banken gegen andere offen bleiben, und deren Tilgung erfolgt schließlich durch Reichsbank-Giroüberweisung. Wenn auch die Zusammensetzung der eingelieferten Stückmasse nicht zahlenmäßig nachweisbar ist, so steht doch fest, daß Schecks dabei eine große, vielleicht sogar die größte Rolle spielen[100]). Im ganzen genommen sind aber alle Zahlungsakte überhaupt, die sich an die Gegenstände der Abrechnung knüpfen, dem Barverkehr entzogen; die wachsenden Ziffern der Abrechnung sind also sowohl ein Ausdruck für das Fortschreiten des bargeldlosen Umsatzes überhaupt, wie für die zunehmende Buchverrechnung der Schecks insbesondere. Im Jahre 1883 wurden Abrechnungsstellen nur an 7 Orten eingerichtet; Ende 1919 bestehen solche an 33 Orten. Teilnehmer sind überall die größeren Banken, neuerdings auch Genossenschaftszentralen, kommunale Girozentralen und die Postscheckämter. In Berlin gehören der Stelle zum Beispiel außer der Reichshauptbank und den 8 Großbanken noch an 8 Bankierfirmen, die Seehandlung, die Preußische Zentral-Genossenschafts-Kasse, das Postscheckamt Berlin, die Deutsche Girozentrale und die Girozentrale der Provinz Brandenburg[101]).

[99]) s. dazu die Reichsbank 1876—1900, S. 69 ff.

[100]) s. Motschmann, a. a. O. S. 107, ferner die deutschen Abrechnungsstellen im Jahre 1915, S. 5.

[101]) Allgemeine Bestimmungen über den Geschäftsverkehr mit der Reichsbank, 52. Ausgabe, Dezember 1916, S. 63, ergänzt durch unmittelbare Angaben der Reichsbank.

Die Umsätze der Abrechnungsstellen ergeben folgendes Bild[102]):

Jahr	Anzahl der Abrechnungsstellen	Anzahl der Teilnehmer	Stückzahl der eingelieferten Papiere	Summen der Einlieferungen in 1000 M.	Durchschnittsgröße der eingelieferten Stücke in 1000 M.	Unmittelbar verrechnet (in Prozenten)	Auf Reichsbank-Giro-Kto. gutgeschrieben (in Prozenten)
1884	9	112	1979012	12130196	6,130	74,3	25,7
1889	9	116	2709770	18048962	6,660	75,9	24,1
1894	9[103])	115	3330874	18233033	5,470	75,9	24,1
1899	10	128	4897154	30237664	6,180	74,9	25,1
1904	11	132	6664638	32635273	4,900	78,6	21,4
1909	20	221	11911561	51427462	4,320	77,4	22,6
1914	27[104])	292	13702521	66644835	4,864	73,6	26,4
1915	23[105])	258	9996675	58106093	5,813	64,7	35,3
1916	23	261	9858378	67515263	6,849	67,8	32,2
1917	26	295	11082353	93185776	8,408	59,4	40,6
1918	29	343	11868999	119309516	10,052	52,1	47,9
1919	34[106])	386	16661291	182676808	10,964	66,5	33,5

In den stetigen Aufstieg der umgesetzten Stücke und Summen, die Abnahme der Durchschnittsgröße der Stücke und die Zunahme des Anteils der ausgeglichenen Beträge an der gesamten Einlieferung bringt der Krieg eine deutlich wahrnehmbare Änderung: eine Abnahme der Stückzahl, die erst 1919 über den Stand der letzten Jahre vor dem Kriege wieder hinauskommt, dabei aber ein weit erheblicheres Steigen der Gesamtsumme, also ein Wachsen der Durchschnittsgröße des Einzelstücks, und eine Abnahme des Verrechnungsanteils.

Der Scheck erhält unter den Gegenständen der Abrech-

[102]) s. die Reichsbank 1876—1910, S. 121, sowie die jährlichen Berichte über die deutschen Abrechnungsstellen, bearbeitet in der statistischen Abteilung der Reichsbank.

[103]) Außerdem die Abrechnungsstelle Elberfeld, deren Umsätze wegen unzulänglicher Statistik nicht mit berücksichtigt worden sind.

[104]) Bei Kriegsausbruch sind davon vier Stellen bis auf weiteres geschlossen worden, darunter Straßburg i. Els. endgültig.

[105]) Weitere vier Stellen waren außer Tätigkeit.

[106]) Darunter Posen, am 1. 7. 1919 endgültig geschlossen.

nung eine wachsende Bedeutung, seine Einzelgröße nimmt zu, hingegen tritt der Wechsel infolge der Abnahme des Kreditgeschäfts mehr und mehr zurück; aber auch der Anteil der Wertpapiere steigt, insbesondere als im weiteren Verlauf des Krieges die Schatzanweisungen in immer größerer Menge in den Verkehr gelangen und bei Fälligkeit durch die Banken an die Reichsbank zurückgereicht werden. Der somit vergrößerten Forderungsquote an die Reichsbank steht die letztere mit einem gegen früher verringerten Ausgleichsmaterial gegenüber; denn ihr fehlen die fälligen auf die Banken gezogenen Wechsel im alten Maße. Dieser Umstand, dazu die Abnahme des Gesamtmaterials und die Vergrößerung der Einzelstücke haben die Quote des Verrechnungsausgleichs wesentlich verringert[107]).

Unter den einzelnen Abrechnungsstellen bestehen natürlich die größten Unterschiede im Umfang der Umsätze wie in der Höhe der Verrechnungsquote. Nach der Umsatzhöhe ordnen sich die Stellen folgendermaßen[108]):

Abrechnungsstelle	Reihenfolge		Summen der Einlieferungen in 1000 M.		Stückzahl der Einlieferungen		Unmittelbar durch Verrechnung ausgeglichen in %	
	1913	1919	1913	1919	1913	1919	1913	1919
Berlin . . .	1	1	27258717	63999519	3636361	4043380	63,5	58,2
Hamburg .	2	2	26658603	46297301	8231544	6062425	95,3	81,9
Frankfurt a. M.	3	3	7988641	22510133	654329	773154	85,0	77,6
Bremen . .	4	8	2453714	3454706	253141	600576	84,3	75,4
Leipzig . .	5	6	1495047	4003799	382731	471575	65,4	66,0
Köln . . .	6	4	1215414	12764654	238936	236565	65,1	41,1
Breslau . .	7	5	1113185	4096511	196327	371642	62,5	64,9
München . .	8	7	881374	3739716	297777	824636	66.3	73,7
Mannheim .	9	16	794980	951241	168111	271881	53,0	65,3
Dresden . .	10	10	554959	2867993	299722	618270	62,6	72,9
Stuttgart .	11	12	465117	1965817	152341	304880	50,7	63,8
Nürnberg .	12	9	385670	3352119	141055	226718	55,5	26,3
Übertrag:			71265421	170003509	14652375	14805702	—	—

[107]) Die deutschen Abrechnungsstellen 1914 S. 6, 1915 S. 7, 1918 S. 5.

[108]) Nach „Die deutschen Abrechnungsstellen im Jahre 1913“ S. 23, dies. 1919, S. 32.

Abrechnungsstelle	Reihenfolge		Summen der Einlieferungen in 1000 M.		Stückzahl der Einlieferungen		Unmittelbar durch Verrechnung ausgeglichen in %	
	1913	1919	1913	1919	1913	1919	1913	1919
Übertrag:			71 265 421	170 003 509	14 652 375	14 805 702	—	—
Essen . . .	13	21	293 464	494 653	94 239	66 628	44,0	55,6
Chemnitz . .	14	15	292 448	1 238 669	209 301	247 356	66,9	76,5
Düsseldorf .	15	13	282 118	1 691 044	149 711	188 455	54,4	63,4
Karlsruhe .	16	17	255 437	910 357	40 172	83 120	40,1	53,1
Hannover .	17	20	232 408	563 094	66 407	86 354	47,7	58,7
Elberfeld . .	18	25	220 100	313 956	87 666	56 969	29,6	60,5
Straßburg i. E.	19	—	207 617	—	58 322	—	41,1	—
Magdeburg .	20	14	194 082	1 278 556	43 204	100 016	44,9	31,7
Halle a. S. . .	21	27	168 204	297 613	53 345	86 338	44,0	65,2
Dortmund .	22	19	149 949	593 144	105 440	84 994	58,4	59,6
Braunschweig	23	29	70 005	236 027	25 257	84 049	42,8	62,4
Wiesbaden .	24	23	2 952	410 541	4 220	167 349	53,4	59,2
Königsberg .	—	11	—	2 272 309	—	62 602	—	90,6
Kiel	—	18	—	702 334	—	152 517	—	69,8
Danzig . .	—	22	—	493 523	—	63 088	—	39,0
Augsburg .	—	24	—	334 544	—	86 101	—	62,7
Kassel . . .	—	26	—	301 211	—	80 681	—	56,1
Barmen . .	—	28	—	285 281	—	103 057	—	66,2
Zwickau . .	—	30	—	82 189	—	16 425	—	58,4
Erfurt . . .	—	31	—	76 391	—	21 275	—	66,5
Posen . . .	—	32	—	45 406	—	5 501	—	38,2
Plauen i. V. .	—	33	—	32 149	—	5 717	—	72,8
Remscheid .	—	34	—	20 308	—	6 997	—	69,1
Insgesamt:			73 634 205	182 676 808	15 589 659	16 661 291	77,3	66,5

Auf alle die interessanten Fragen einzugehen, die sich in Hinsicht auf die Veränderungen in der wirtschaftlichen Bedeutung der einzelnen Städte während der Spanne 1913/1919 aus der Aufstellung zu ergeben scheinen, ist hier nicht der Ort. Im allgemeinen dürfte die Skala des Abrechnungsverkehrs ein annähernd zutreffendes Spiegelbild für den Rang der Städte im Umfang des bankmäßigen Zahlungswesens abgeben, wenn auch die Bedeutung des Ausgleichsverfahrens im Verhältnis zu den Barzahlungen nicht daraus abzulesen ist. Auch sind die Zahlen im einzelnen nicht alle vergleichbar, weil bei ihnen die verschiedenen Bestimmungen und Gewohnheiten der Abrechnungsstellen entscheidend mitsprechen. Gänzlich aus der Reihe tritt Hamburg heraus, indem hier auch Reichsbanküberweisungen, am Platze sowohl wie von und nach außerhalb, durch die Abrechnung beglichen werden[109]). Die Tradition der Hamburger Girobank mit ihrem fast den gesamten Bereich des Handelsverkehrs in der großen Hansestadt durchdringenden Giroverkehr ist bis auf die neueste Zeit lebendig geblieben, im Abrechnungsverfahren hat dieser Verlauf seine moderne Vollendung erhalten[110]). Die weite Verbreitung des Überweisungsbrauchs in allen geschäftlichen Kreisen in Verbindung mit der engen Konzentration des Spitzenausgleichs unter wenigen Banken und einer fein durchgebildeten Überweisungstechnik, die schnell arbeitet und sich auf fast alle Geschäftszweige der Banken erstreckt, haben es zuwege gebracht, daß der Bargeldumlauf in Hamburg auf ein sehr geringes Maß beschränkt ist[111]). Am Abrechnungsverkehr nehmen dort nur 8 Banken teil (1883 waren es 5); alle übrigen haben Konten bei einer dieser Abrechnungsbanken und lassen Zahlungen soweit als möglich über sie ihren Weg nehmen[112]).

Eine Ergänzung des Abrechnungsverkehrs in Berlin bildet die im Jahre 1910 eingerichtete Scheckaustauschstelle[113]), deren Zweck darin besteht, auf Provinzplätze gezogene Schecks, die bei einer Berliner Bank einlösbar sind, auszutauschen und nach Prüfung durch Verrechnung aus-

---

109) Die deutschen Abrechnungsstellen 1918, S. 39, Fußnote.

110) s. dazu F. Thorwart, Die Technik des Hamburger Überweisungsverkehrs in Mitteilungen der Handelskammer Frankfurt a. M. 30. Jahrgang 1907, Heft 5.

111) s. Thorwart, a. a. O. S. 19.

112) Die stark angewachsene Zahlungstätigkeit der Nachkriegszeit scheint indessen die Kräfte des Hamburger Systems allmählich zu übersteigen, so daß die Banken sich gezwungen sehen, jetzt Überweisungen unter 1000 M. in der Regel erst am Tage nach Eingang des Auftrags auszuführen (s. Zeitschrift „Der Zahlungsverkehr" 2. Jahrg., Nr. 2 vom 20. 2. 20, S. 29).

113) s. die deutschen Abrechnungsstellen 1910, S. 5/6.

zugleichen. Mitglieder dieser Einrichtung sind die Mitglieder der Abrechnungstelle außer der Bank des Berliner Kassenvereins, die, in ihren Geschäften nur auf Berlin beschränkt und ohne Verbindung mit andern Orten, dafür nicht in Frage kommt. In diesem Verbande wurden in Berlin ohne Barzahlung umgetauscht

1911: 349 620 Provinzialschecks im Betrage von 158 767 700 M[114])

1919: 253 208 Provinzialschecks im Betrage von 264 013 200 M[115])

und davon unmittelbar gegeneinander verrechnet

1911: 59,8%, 1919: 60,7%.

Die Kriegszeit läßt auch hierbei eine Abnahme der Scheckzahl und eine Zunahme der Durchschnittsgröße erkennen.

Auf Anregung der Reichsbank sind in den letzten Jahren an einer Reihe von Orten, wo keine öffentlichen Abrechnungsstellen bestehen, solche auf Grund privater Abkommen unter den ansässigen Bankinstituten eingerichtet worden. In manchen Städten, beispielsweise in Oldenburg, bestehen ähnliche Verfahren, durch die Barzahlungen unter den Banken eingeschränkt werden, bereits seit langem. Die hauptsächlichen Banken ersparen sich größere Kassenhaltung und die Arbeit der Einzelpräsentation, indem sie sich täglich bis zu einer bestimmten Stunde Schecks, fällige Wechsel und andere Forderungen gegenseitig gesammelt zuschicken und den Schuldsaldo durch Reichsbanküberweisung ausgleichen. Solche Einrichtungen werden immer mehr verbreitet und ihre Methoden weiter verbessert. Der Berliner Platzzahlungsverkehr ist z. B. seit April 1920 durch Neuregelung vereinfacht und beschleunigt worden[116]). Sehr wichtige Dienste verrichtet dabei die Bank des Berliner Kassenvereins, die überdies seit 1908 für die mit ihr arbeitenden Bankhäuser eine Scheckabrechnung großen Stils eingeführt und daneben an ihrer alten Bedeutung als Börsen-

---

114) s. die deutschen Abrechnungsstellen 1911, S. 6.

115) Dies. 1919, S. 12.

116) s. „Der Zahlungsverkehr" 2. Jahrg., Nr. 2 vom 20. 2. 1920.

abrechnungs- und Inkasso-Institut für zahlreiche Berliner Banken und andere Großfirmen nichts eingebüßt hat. Die einkassierten und auf andere Weise eingehenden Beträge werden den Kunden auf einem Girokonto gutgeschrieben, über das in bar oder durch Übertragung verfügt werden kann. Tatsächlich nehmen die baren Auszahlungen einen erstaunlich geringen Raum ein. Machten sie 1911 noch etwa 4% des Umsatzes auf Girokonto aus, so beliefen sie sich 1912 auf 3,4%, 1913 auf 3,1%, 1914 auf 3,1%, 1915 auf 3,4%, 1916 auf 2,3%, 1917 auf 1,7%, 1918 auf 1,5% und 1919 bei einem Giroumsatz von 78 939 Millionen Mark auf 542 Millionen Mark, das sind 0,7%[117]).

Banken gleichen Charakters, die Barzahlungen im ähnlichen Maße zu vermeiden vermöchten, sind in Deutschland im übrigen kaum anzutreffen. Wohl aber finden sich bei einzelnen Übertragungsverfahren und Scheckverkehr besonders gut entwickelt, so bei der Frankfurter Bank, die seit ihrer Gründung auch den Inkassoverkehr für sämtliche Banken in Frankfurt a. M. besorgt, bei der Bremer Bank, der Seehandlung und der Bayerischen Staatsbank.

c) Der bankmäßige Zahlungsausgleich bei den Kreditgenossenschaften

Bei den Genossenschaften, die gewerbsmäßig Geldgeschäfte betreiben, liegen die Tatsachen und die Möglichkeiten des Zahlungsausgleichs durch Verrechnung etwas anders als bei den Banken. Derartige Kreditgenossenschaften weisen entsprechend der Eigenart ihrer Aufgaben, ihrer Kundenkreise, ihrer Geschäfte und ihrer inneren und äußeren Organisation einen Zahlungsverkehr auf, der nach Art und Weg sich bei aller Ähnlichkeit bemerkenswert von dem der eigentlichen Banken unterscheidet. Obwohl sehr viele Kreditgenossenschaften, besonders städtische, fast die gleichen Geschäfte betreiben wie die Banken, wird bei ihnen die Gelegenheit zu ausgleichenden Verrechnungen innerhalb des einzelnen Betriebes sachlich geschmälert

---

[117]) Nach brieflichen Mitteilungen der Bank.

durch den durchschnittlich geringen Umfang der Unternehmung und die einseitige Zusammensetzung sowie die wirtschaftliche Eigenart des Kundenkreises. Er besteht im Kontokorrent zu einem erheblichen Teile aus Handwerkern bei den städtischen, aus Landwirten bei den ländlichen Genossenschaften, im Depositen- und Sparkassengeschäft neben diesen überwiegend aus kleinen Sparern, wie Beamten, kleinen Kaufleuten, Arbeitern und Dienstboten[118]). Derartige Grupen finden zu bankmäßigen Zahlungen untereinander nur wenig Veranlassung, zum Teil hindert sie daran auch die Gewohnheit und der Mangel an Gewandtheit[119]). Mag in Hinsicht auf die letztgenannten Schwierigkeiten die Stadt günstigere Verhältnisse aufweisen, so zeichnen sich andererseits die ländlichen Kreditgenossenschaften dadurch aus, daß ihre Mitglieder teils gewerblichen, teils landwirtschaftlichen Berufen angehören und daher möglicherweise etwas mehr Gelegenheit zu wirtschaftlichem Verkehr untereinander finden. Den landwirtschaftlichen Spar- und Darlehnskassen kommt in dieser Hinsicht außerdem die Angliederung des Warengeschäftes an die Geldgeschäfte zugute. Trotzdem erweisen sich die Hindernisse gegen den inneren Zahlungsausgleich als stärker. Schon die Beweglichkeit der Guthaben in laufender Rechnung ist geringer als bei den Banken im allgemeinen. Beispielsweise läßt sich nach dem Jahresbericht des Reichsverbandes die Umsatzgeschwindigkeit der Kontokorrent-Guthaben bei den angeschlossenen Spar- und Darlehnskassen für 1915 mit 6,0, für 1916 mit 5,8 berechnen[120]), was bei der Deutschen Bank etwa der Umsatzgeschwindigkeit der Depositen entspricht, die doch einen wesentlich

118) s. Äußerung des Reichsverbandes der deutschen landwirtschaftlichen Genossenschaften auf dem Genossenschaftstage in Bonn 1903, Zit. Hans Crüger, Einführung in das deutsche Genossenschaftswesen. Berlin 1907, S. 265.

119) s. Jahresbericht des Anwalts des Reichsverbands der deutschen landwirtschaftlichen Genossenschaften für die Zeit vom 1. Juni 1917 bis 31. Mai 1918, S. 13.

120) Ebenda S. 8 und 19.

anderen Charakter tragen und zu einem erheblichen Teile aus Spargeldern mit längeren Kündigungsfristen bestehen. Die Kontokorrent-Guthaben sind bei dieser Bank rechnungsmäßig 1915: 29mal, 1916: 26mal umgesetzt worden, wobei allerdings zu berücksichtigen ist, daß der Verkehr mit den Filialen und mit andern Banken darin enthalten ist.

Besser steht es schon mit der Vermeidung barer Zahlungen innerhalb des Baues der genossenschaftlichen Verbände, wenngleich auch hier, der Art des Geldverkehrs entsprechend, die unmittelbare Verrechnung unter den Gliedern nicht immer in erster Linie stehen kann, sondern oftmals an Bedeutung übertroffen wird durch die Benutzung von Postscheckamt und Reichsbank.

Am 1. Januar 1919 bestanden im Deutschen Reich 20 393 Kreditgenossenschaften[121]), die sich bis auf geringe Reste in acht große Verbände gruppieren. Unter diesen ragen der Reichsverband der deutschen landwirtschaftlichen Genossenschaften, der Generalverband ländlicher Genossenschaften für Deutschland (Raiffeisen) und der Allgemeine Verband der deutschen Erwerbs- und Wirtschaftsgenossenschaften als die weitaus stärksten hervor. Sie vereinigen im Berichtsjahr 1916 rund 17 300, das sind etwa 96⁰/₀ der Kreditgenossenschaften, und rund 2 200 000 Mitglieder, etwa 83⁰/₀ der Gesamtzahl, in sich[122]). Zur Erfüllung gewisser Aufgaben im Geldverkehr der Genossenschaften untereinander hat jeder der drei Verbände besondere Einrichtungen geschaffen[123]). Der Reichsverband bedient sich, wenigstens für seine preußischen Genossenschaften, der Preußischen Zentralgenossenschaftskasse, der Allgemeine Verband der Dresdner Bank Genossenschafts-Abteilung in Berlin und

[121]) Jahrbuch des Allgemeinen Verbandes der auf Selbsthilfe beruhenden deutschen Erwerbs- und Wirtschaftsgenossenschaften e. V. für 1918, S. 122.

[122]) Mitteilungen zur deutschen Genossenschaftsstatistik für 1915 und 1916, bearbeitet von der statistischen Abteilung der Preußischen Zentral-Genossenschafts-Kasse, Berlin 1919, S. 2.

[123]) s. dazu Martin Wuttig, Die Organisation des genossenschaftlichen Geldausgleichs. Ein Beitrag zur Zentralkassenfrage, Jena 1914, insbes. S. 42 ff.

Frankfurt a. M., während die Raiffeisen-Organisation in der Landwirtschaftlichen Zentral-Darlehnskasse für Deutschland eine eigene Geldzentrale besitzt. Die Funktion dieser drei Zentralstellen ist nicht ganz gleichartig. Die Landwirtschaftliche Zentral-Darlehnskasse für Deutschland erfüllt für den Raiffeisen-Verband die Aufgabe einer allgemeinen Vermittlungsstelle, indem sie den Geldbedarf der einen Genossenschaft mit den Geldüberschüssen der andern ausgleicht, somit die zentralisierte Hauptkasse führt und unmittelbar oder durch Vermittelung einer Bank die Verbindung mit dem Geldmarkt herstellt. Der erste Ausgleich wird bereits in den Filialen, den zumeist für bestimmte politisch-geographische Gebiete zuständigen Landes- und Provinzial-Genossenschaftsbanken, vorgenommen[124]). Ganz ähnliche Dienste leistet die Preußische Zentral-Genossenschafts-Kasse den ihr angeschlossenen landwirtschaftlichen und gewerblichen Genossenschaften[125]), unter denen die seit den achtziger Jahren vom Raiffeisen-Verband abgesplitterten landwirtschaftlichen Spar- und Darlehnskassen „Offenbacher Richtung" einen breiten Raum einnehmen. Sie besitzen eigene Geldausgleichsstellen, Verbandskassen, für engere Bezirke und hatten in der Reichsgenossenschaftsbank eine eigene Zentrale gegründet, die, im Jahre 1902 ins Leben gerufen, 1912 durch Liquidation erlosch. Seitdem sind die außerpreußischen Genossenschaften dieser Richtung ohne gemeinsame Geldzentrale, da sie nicht wie die übrigen von der Preußischen Zentral-Genossenschaftskasse aufgenommen werden, sondern allenfalls nur einen nach Art und Umfang beschränkten Geschäftsverkehr mit ihr pflegen können[126]). In solchen Beziehungen stehen 9 nichtpreußische Verbandskassen mit dem Institut.

Der Allgemeine Verband der Genossenschaften des Systems Schulze-Delitzsch ermangelt einer Ausgleichsstelle

---

[124]) Wuttig, a. a. O. S. 47.

[125]) Carl Heiligenstadt, Die Preußische Zentral-Genossenschaftskasse; Jena 1897, S. 88.

[126]) Wuttig, a. a. O. S. 45, s. auch Bericht der Preußischen Zentral-Genossenschaftskasse über das XIX. Geschäftsjahr, Berlin 1914, S. 6.

in dem umfassenden Sinne, wie sie die andern zwei Verbände aufweisen. Ihre Stelle nimmt der Giroverband ein, der schon im Jahre 1865 im Anschluß an die kurz vorher errichtete Deutsche Genossenschaftsbank von Soergel, Parrisius & Co. unter Mitwirkung von Schulze-Delitzsch begründet und von der Dresdner Bank übernommen worden ist, als die Genossenschaftsbank in die letztere aufging. Seinen Zweck sieht der Giroverband darin, den „Geldverkehr der Mitglieder untereinander zu erleichtern, indem sie Schulden und Forderungen an einem gemeinsamen Mittelpunkt durch Umbuchung (Giro) ausgleichen," sowie „das Inkasso von Wechseln auf Orte, an denen Mitglieder des Giroverbandes wohnen, zu vereinfachen, zu sichern und die Kosten auf das Mindestmaß zu verringern"[127]). In Verbindung mit dem Giroverband bildete sich eine Scheckvereinigung, deren Teilnehmer sich zur kostenlosen Einziehung ihrer Schecks und Ausgleichung der Beträge durch das Girokonto bei der Dresdner Bank verpflichteten[128]). Ferner haben die Mitglieder des Giroverbandes das Recht, „durch einen Aufdruck die auf sie ausgestellten Schecks an den Kassen der Dresdner Bank in Berlin, Frankfurt a. M., Hamburg, Nürnberg und den übrigen Filialplätzen zahlbar zu stellen[129]).

Fehlt diesem Verbande demnach das Ziel, Bedarf und Überschuß unter seinen Mitgliedern auszugleichen, so wirkt er doch weitgehend auf den Ersatz von Barzahlungen durch Verrechnung hin, indem er an die Stelle des unmittelbaren Geldverkehrs zwischen den Mitgliedern die Giroübertragung bei der Zentralstelle setzt — natürlich nur sofern die Guthaben es jeweils erlauben und die Mitglieder von diesem Mittel Gebrauch machen — und indem er Schecks und Wechsel soweit durch bloße Abrechnung einzulösen möglich macht, wie die Bezogenen und die privaten Zahlungs-

[127]) s. die von der Genossenschafts-Abteilung der Dresdner Bank herausgegebene Schrift „Benutzung und Vorteile des Giroverbandes", Berlin 1908, S. 3.

[128]) Hans Crüger, a. a. O. S. 272/3.

[129]) Benutzung und Vorteile des Giroverbandes, S. 9.

empfänger Konten bei einer Verbandsgenossenschaft innehaben. Die Zahl der Girogenossen einschließlich der in Berlin ansässigen und der außerhalb des Allgemeinen Verbandes stehenden gibt der Giroverband für Ende 1919 mit 982 an, die sich auf 990 Orte verteilen. Durch die Kassen des Giroverbandes in Berlin und Frankfurt a. M. wurden an Schecks, die auf die Mitglieder des Verbandes gezogen waren, eingelöst

1913:	132 879	Stück	über	58 315 000	M
1915:	74 249	„	„	42 885 000	„
1917:	78 117	„	„	59 440 000	„
1919:	92 041	„	„	123 118 000	„ [130])

Da in diesen Zahlen nur diejenigen Schecks enthalten sind, die durch Vermittlung der Genossenschaften oder unmittelbar von Einzelkunden bei den beiden Bankkassen eingereicht worden sind, beläuft sich die Gesamtsumme der im Verbandsverkehr durch Verrechnung bezahlten Schecks auf Verbandsmitglieder weit höher; denn die direkt von Genossenschaft zu Genossenschaft versandten Schecks, die durch einfache Gutschriftsaufgabe bei der Bank ihre Erledigung gefunden haben, treten noch hinzu[131]). Von den Wechseln und Schecks, die durch den Giroverband mittels der Bank-Abteilungen in Berlin und Frankfurt a. M. eingezogen werden, kommt sicherlich auch ein ansehnlicher Teil durch Buchausgleich ohne Barzahlung zur Einlösung; denn es handelt sich bei mehr als der Hälfte der 1688 Inkassoplätze um die Orte der Giromitglieder, die in vielen Fällen mit den Scheck- und Wechselbezogenen in Rechnungsbeziehungen stehen werden. Die Summe der den Abteilungen Berlin und Frankfurt a. M. zum Einzuge übermittelten Wechsel und Schecks belief sich 1919 auf 371 466 Stück im Gesamtbetrage von 668 522 700 M, 1913 auf 885 117 Stück im Gesamtbetrage von 366 062 000 M. Bemerkenswert ist dabei das relative Anwachsen des Anteils

[130]) Bericht über die Entwicklung des Giroverbandes in den Jahren 1918 und 1919.

[131]) Bericht 1917, S. 2.

der Schecks gegenüber den Wechseln. Von der gesamten Stückzahl entfielen auf Schecks 1913: 42%, 1914: 43%, 1915: 65%, 1917: 82%, 1918: 89%, 1919: 94,54%.

In den letzten Jahrzehnten hat neben dem Inkassoverkehr auch der übrige Geldverkehr bei den Genossenschafts-Abteilungen der Dresdner Bank beträchtliche Fortschritte gemacht[132]).

Dem Gesamtumsatz von		steht gegenüber	Gesamtsumme der eingezogenen Wechsel und Schecks
1910:	M 748138000		M 297503000
1913:	„ 918083000		„ 366062000
1915:	„ 1324838000[133])		„ 266262000
1917:	„ 1966683000[133])		„ 315214000
1919:	„ 4198611000		„ 668522700

Dabei sind die Wege der Zuführung von Geld zum Girokonto und der Verfügung darüber außerhalb des Inkassoverkehrs beschränkt[134]). Vor allem besteht die Möglichkeit, vom Giroguthaben Zahlungen an Dritte auf dem Girowege leisten zu lassen, nur für Übertragungen auf Konten bei einer der beiden Zentralstellen oder bei der Reichsbank. Daneben sind Barzahlungen zugelassen an handelsgerichtlich eingetragene Firmen in Berlin und Frankfurt a. M. Andere Vergütungen müssen durch Schecks auf das Giroguthaben vermittelt werden.

Das Geschäftsgebahren dieser Zentralstellen entspricht den Grundsätzen der Schulze-Delitzsch-Genossenschaften[135]), und das Voranstellen des Inkassowesens erklärt sich daraus, daß ihre Mitglieder zumeist Handwerker oder ähnliche Gewerbetreibende sind. Im Gegensatz dazu legt die Geldzentrale des Raiffeisen-Verbandes, die Landwirtschaftliche

---

[132]) Zum folgenden siehe Berichte 1917, S. 6, 1918 u. 1919 S. 3f.

[133]) Die hohen Ziffern der Kriegsjahre sind zum großen Teil auf die Vermittlung von Kriegsanleihe-Zeichnungen zurückzuführen.

[134]) s. Bedingungen für den Giroverband und Giroverkehr. Neue Auflage 1919, S. 5 und 8.

[135]) s. darüber F. Thorwart, Die Deutsche Genossenschaftsbank von Soergel, Parrisius & Co. und der Giroverband der Deutschen Genossenschaften, Berlin 1911, S. 37ff.

Zentral-Darlehnskasse für Deutschland, das Hauptgewicht auf die Geldvermittlung, indem sie einerseits Kassenüberschüsse aufnimmt, andererseits den Genossenschaften mit größerem Kreditbedarf Geld zur Verfügung stellt und nötigenfalls zu diesem Zwecke den Geldmarkt in Anspruch nimmt. Daraus ergeben sich bestimmte Bedingungen für die Anwendung des Verrechnungsverfahrens innerhalb des genannten Verbandes. Buchmäßige Überschreibungen durch die Zentral-Darlehnskasse und ihre Filialen bilden die Hauptform für den Zahlungsverkehr unter den Genossenschaften, sei es für eigene Zahlungen, für Mitgliederzahlungen oder für einzulösende Schecks. Für den Verkehr zwischen den Genossenschaften und den Filialen der Zentrale sowie zwischen diesen und der Zentrale selbst reicht bloße Verrechnung seltener aus. Gewünschte Geldmittel muß die Zentral-Darlehnskasse den darum nachsuchenden Genossenschaften so darbieten, daß die Mitglieder ohne Umständlichkeiten darüber zu verfügen vermögen, das heißt, sie muß Zuweisungen der Überschußkassen ebenso wie angeliehene Summen entweder bar in den eigenen Kassen oder buchmäßig auf solchen Konten ansammeln, daß an irgendeinem Orte schnell und in beliebiger Form damit gezahlt werden kann. Diesen Erfordernissen entsprechen Reichsbank-Girokonto und Postscheckkonto besonders gut, und auf ihre Benutzung auch durch die einzelnen landwirtschaftlichen Genossenschaften wird von der Zentral-Darlehnskasse und ihren Filialen nachdrücklich hingewirkt. Eine gewisse Schwerfälligkeit hindert indessen eine rasche Einbürgerung dieser Formen vielfach[136]). Trotzdem beziffern sich die Umsätze im Geschäftsjahr 1919 auf Reichsbank-Girokonto bei der Zentrale auf 2463 Millionen, bei den Filialen auf 700 Millionen Mark, der Postscheckverkehr zwischen Zentrale und Filialen auf 650 Millionen, zwischen Zentrale und einzelnen Genossenschaftsgrupppen, den Verbänden für Brandenburg und Schleswig-Holstein — die unmittelbar mit der Zentrale in Verkehr stehen und nicht wie die

---

[136]) Seelmann, Die ostpreußischen Raiffeisen-Genossenschaften in den Kriegsjahren, Berlin 1918, S. 102.

übrigen mit Filialen — auf 42 Millionen Mark[137]). Außerdem ist seit einigen Jahren die Benutzung von Schecks für Abhebungen der Genossenschaften von ihren Guthaben bei den Zentralkassen-Filialen eingeführt. Verrechnungen statt Barzahlungen können dabei in dem Maße zustande kommen, wie die letzten Empfänger der Schecks, die von den Genossenschaften zunächst an ihre Mitglieder oder an von diesen bezeichnete Stellen in Zahlung gegeben werden, sie in den Bankverkehr leiten.

Die Zahlungsformen im System derjenigen Genossenschaften, die ihre Spitze in der Preußischen Central-Genossenschaftskasse haben, werden zunächst bestimmt von dem Umstand, daß die Verbandskassen, ähnlich wie im Raiffeisen-Verband die Filialen der Landwirtschaftlichen Zentral-Darlehnskasse für Deutschland, in sich den Ausgleich zwischen Bedarf und Überschuß ihrer Genossenschaften zu erfüllen versuchen. Naturgemäß spielen Postscheckamt und Reichsbank im Verkehr der beteiligten Stellen eine ganz ähnliche Rolle, ist unmittelbarer Verrechnungsausgleich von ähnlich begrenzter Bedeutung wie in jenem System. Zwischen Verbandskassen und Central-Genossenschaftskasse spielt sich der Verkehr größtenteils auf dem Wege der Reichsbank-Überweisung und der unmittelbaren Buchübertragung ab, da beide Seiten Bankcharakter tragen. Im übrigen ist der Kundenkreis der Preußischen Central-Genossenschaftskasse mannigfaltigerer Art als der der andern Zentralen; außer den sonstigen genossenschaftlichen Verbandskassen und Vereinigungen, die zu einem erheblichen Teile dem Hauptverband deutscher gewerblicher Genossenschaften e. V.[138]) angehören, stehen auch einige landwirtschaftliche Darlehnskassen, provinzielle und

[137]) Nach brieflichen Mitteilungen des Generalverbandes.

[138]) Auf dem Genossenschaftstag zu Bad Nauheim im April 1920 haben sich der Allgemeine Verband der auf Selbsthilfe beruhenden deutschen Erwerbs- und Wirtschaftsgenossenschaften e. V. und der Hauptverband deutscher gewerblicher Genossenschaften e. V. vereinigt zum „Deutschen Genossenschaftsverband". An dem Aufbau ihres Geldverkehrs ist dadurch zunächst nichts geändert worden.

ähnliche Anstalten, sowie 1071 öffentliche Kassen (Sparkassen u. a.) und rund 1400 einzelne Genossenschaften, Firmen usw. mit ihr in regelmäßigen Beziehungen[139]. Der Hauptstrom des Verkehrs hat es also auch bei diesem Teil der Kundschaft mit bankähnlichen Instituten zu tun, die ihre Vergütungen an die Geldzentrale in großem Maße ohne Verwendung von barem Gelde übermitteln und ebenso die Vergütungen der Zentrale an sie empfangen. Besonders der Reichsbankverkehr ist daher bei dem preußischen Institut stark entwickelt, auch der Scheckverkehr recht ausgeprägt.

Die Berichte der Preußischen Central-Genossenschaftskasse ermöglichen ein tieferes Eindringen wenigstens in die Gestaltung des Kassen- und Scheckverkehrs, während die Rolle der reinen buchmäßigen Übertragung innerhalb des Betriebes leider auch hier nicht zahlenmäßig festzustellen ist.

	Im Kassenumsatz gingen ein in % der gesamten Kasseneinnahme				Im Kassenumsatz gingen aus in % der gesamten Kassenausgabe			
im Jahre	an der Kasse	durch Geldbrief	im Überweisungsverkehr mit der Reichsbank[140]	im Postscheckverkehr	an der Kasse	durch Geldbrief	im Überweisungsverkehr mit der Reichsbank[140]	im Postscheckverkehr
1912	37,9	1,6	56,4	4,1	37,5	4,7	56,5	1,3
1914	17,4	1,9	73,2	7,5	21,8	3,8	72,9	1,5
1916	20,0	0,9	68,4	10,7	20,4	2,1	75,7	1,8
1918	20,5	0,1	73,9	5,5	19,8	0,8	78,2	1,2
1919	2,9	0,04	93,37	3,69	2,0	0,9	96,2	0,9

Dem Scheckverkehr hat die Kriegszeit einen erheblichen Aufschwung gebracht, überdies eine bemerkenswerte Ver-

[139]) Bericht der Preußischen Zentral-Genossenschaftskasse über das XXIV. Geschäftsjahr, Berlin 1919, S. 7.

[140]) Auch die Beträge der Postanweisungen werden mit Hilfe des Reichsbank-Giroverkehrs verrechnet.

Unter den „an der Kasse" (Spalten 2 und 6) eingenommenen und ausgegebenen Summen sind auch in beschränktem Umfange Schecks auf Berliner Großbanken enthalten, soweit jene nämlich anstelle von Bargeld an der Kasse eingeliefert worden sind. Die als „durch Geldbrief" ein- und ausgegangen angegebenen Ziffern beziehen sich nur auf Barverkehr. (Nach brieflichen Mitteilungen.)

größerung des Verrechnungsanteils. In den letzten Jahren hat sich die Einlösung der auf die Kasse gezogenen inländischen Schecks folgendermaßen entwickelt[141]):

Rechnungsjahr	Schecks		Durch die Pr.C.G. Kasse selbst eingelöst		Davon durch Verrechnung im Wege des Kontoübertrags ausgeglichen			
	Zahl	Betrag M	Zahl	Betrag M	Zahl	Betrag M	in °/o der Anzahl	in °/o der Beträge
1912	3617	50635398	1400	16921634	110	1008474	7,9	5,9
1914[142])	36269	197552085	13854	59212599	6013	20065602	43,4	33,9
1916	3223	113957981	1956	44790863	109	4825720	5,6	10,8
1918	6859	117106595	2487	36916546	323	4963800	12,9	13,4
1919	5746	176413502	2495	76573799	157	2925852	6,3	3,9

Der größere Teil der Schecks, der sich aus der Differenz zwischen der dritten und der fünften Spalte der Aufstellung ergibt, ist eingelöst durch Vermittlung der Generalstaatskasse, der Reichsbank und der Abrechnungsstellen sowie des Berliner Kassenvereins. Er dürfte beim Institut fast restlos durch Gutschrift auf den Konten dieser Stellen und Belastung der Ausstellerkonten verrechnet worden sein. Mit den übrigen verrechneten Schecks vereinigt, würde er der gesamten Verrechnungsquote eine die Barzahlung weit überragende Bedeutung geben. Indessen bleibt natürlich die Frage offen — wie übrigens bei allen schließlich verrechneten Schecks, deren Weg nicht im einzelnen bekannt ist —, wieviel Schecks durch die Vermittler selbst oder ihre Vormänner bereits bar bezahlt worden sind.

Die Einlösung von Schecks auf Genossenschaften und andere Bezogene, für welche die Central-Genossenschaftskasse als Einlösungsstelle dient, zeigt einen erstaunlich geringen Anteil der baren Bezahlung. Es wurden eingelöst

---

[141]) Bericht über das XXIV. Geschäftsjahr, Berlin 1919, S. 60.

[142]) Die erhebliche Steigerung erklärt sich durch den Scheckverkehr mit der Kriegsgetreide-Gesellschaft mit beschränkter Haftung, der 1916 an die Reichsdarlehnskasse übergegangen ist. Zu der seit 1913 gewachsenen Größe der einzelnen Schecks, wie sie auch in der Prozentberechnung der verrechneten nach Stückzahl und Beträgen zum Ausdruck kommt, vgl. oben S. 68.

Im Jahre	insgesamt M.	davon: bar %	davon: Durch Konto-übertrag %	davon: Durch den Berliner Kassen-verein und die Abrechnungs-stelle bei der Reichsbank %
1912	44 283 592	0,1	5,1	94,8
1914	43 979 919	0,2	9,5	90,3
1916	64 226 886	0,2	12,0	87,8
1918	100 408 799	0,6	15,8	83,6
1919	217 750 084	8,8[142a])	5,1	86,1

d) Der bankmäßige Zahlungsausgleich bei den Sparkassen und kommunalen Girokassen

Ähnlich beschränkt wie bei den Genossenschaften ist der Verrechnungsverkehr bei den Sparkassen, soweit er sich innerhalb der einzelnen Anstalten abspielt, und zum Teil aus denselben Gründen. Zu dem geringen Umfang der einzelnen Institute kommt indessen noch hinzu, daß auch Zweck und wirkliches Wesen der Sparkassengelder der Entstehung eines inneren Zahlungsausgleichs bis zu einem gewissen Grade Hemmnisse bereiten. Zwar haben seit Jahrzehnten schon die Sparkassen aufgehört, bloß oder auch nur überwiegend der Verwaltung eigentlicher Spargelder unvermögender Leute zu dienen; bereits die statistischen Erhebungen der achtziger Jahre weisen einen erheblichen Anteil größerer Konten von Depositencharakter nach[143]), und die Bedeutung solcher größeren Guthaben ist seitdem immer mehr gestiegen. Daß es sich dabei aber in der Hauptsache nicht um Kassenvorräte handelt, beweist ihre verhältnismäßig geringe Beweglichkeit[144]). Erst im

---

142a) Die scheinbar große Steigerung erklärt sich nach brieflicher Mitteilung der Pr. C. G. Kasse daraus, daß die Zahlungsarten im Jahre 1919 anders zusammengefaßt sind als früher. Nach der alten — unter unserm Gesichtspunkt richtigeren — Gruppierung stellen die „bar" bezahlten Summen 0,8%, die „durch Kontoübertrag" vermittelten 13,1% der Gesamtsumme dar.

143) s. Zeitschrift des Königlich Preußischen Statistischen Büros, Band XXII, 1882, S. 277.

144) H. Reusch, Der Scheck- und Kontokorrentverkehr der Sparkassen,

letzten Jahrzehnt hat sich auch bei Sparkassen mancherorts ein Kontokorrentverkehr von nennenswertem Umfange herausgebildet[145]), vielfach unter Benutzung von Schecks, in Preußen begünstigt durch die Verordnung vom 20. April 1909, die den Kontokorrent- und Depositenverkehr bei Sparkassen zu regeln unternahm und, um ihm seine Gefährlichkeit für Liquidität und Sicherheit des Betriebes zu nehmen, unter anderem eine rechnungsmäßige Trennung der Sparguthaben von denen der laufenden Rechnung sowie eine Begrenzung der letzteren auf 10% der Gesamtguthaben auf Sparkonten vorschrieb. Daneben war eine naturgemäß begrenzte Benutzung von Schecks auch auf Sparkonten möglich. Immerhin blieb die Basis für den rechnungsmäßigen Ausgleich von Zahlungen mit oder ohne Schecks innerhalb eines Instituts zu schmal. Er bekam erst einige Bedeutung im Verkehr der Sparkassen untereinander.

Das Bedürfnis zu einer Verbindung unter den Kassen entstand schon früh in den Fällen, wo der Einleger dauernd oder vorübergehend seinen Wohnsitz ändert, wie es gerade in der Schicht der kleinen Sparer, z. B. bei Dienstboten und Wanderarbeitern, häufiger vorkommt. Die Hindernisse, die sich einem Zusammenschlusse der Sparkassen zu diesem Zwecke entgegenstellen, waren jedoch nicht gering, zumal da eine Zentralstelle, über welche die Übertragungen hätten geleitet werden können, fehlte, und im einzelnen auch wohl die Bequemlichkeit mancher Sparkassenverwaltung zu überwinden war. Nur ein bescheidener Prozentsatz der deutschen Sparkassen fand sich daher für diesen Zweck zusammen; 1885 waren es 424, 1907: 554 = 19,84 % der Gesamtheit[146]). Die Umsätze waren naturgemäß nicht sehr bedeutend, ein eigentlicher Zahlungsverkehr unter den Benutzern der Sparkassen wurde damit nicht vermittelt.

Bankarchiv IX, 1909/10, S. 84; derselbe, Die Depositen unter den Einlagen der Sparkassen, Bankarchiv X, 1910/11, S. 363.

[145]) E. Riedel, Der Giro- und Scheckverkehr bei den Sparkassen. Berlin 1910, S. 13 ff.

[146]) Paul Heidemann, Zur Entwicklung des deutschen Sparkassenwesens. Halle 1907, S. 57.

Erst der Kriegszeit war es vorbehalten, die deutschen Sparkassen zu einem riesigen deutschen Zentralgiroverbande, der Girozahlungen unter den Benutzern fast aller deutschen Sparkassen ermöglicht, zusammenzuschließen. Die Keime dazu waren gelegt in Giroverbänden von Gemeinden einzelner Gebiete. Zuerst wurde ein derartiger Verband 1908 im Königreich Sachsen als „Giroverband Sächsischer Gemeinden" gebildet. Unter der Anteilnahme des deutschen Sparkassen-Verbandes, der eine eigene Girokommission bestellte, und gefördert durch das preußische Zweckverbandsgesetz vom 19. Juli 1911, traten in den nächsten Jahren ähnliche Verbände in verschiedenen preußischen Provinzen, dann auch in Thüringen, Bayern, Württemberg und Baden ins Leben. Nach längeren Vorarbeiten kam es am 6. Oktober 1917 zum Zusammenschluß aller derartigen Organisationen im Deutschen Zentralgiroverband. An seiner Gründung beteiligten sich der deutsche Städtetag, der in der Organisation eine Erweiterung seiner im Herbst 1909 geschaffenen Geldvermittlungsstelle erblicken durfte, ferner der Verband preußischer Landkreise, der Reichsverband deutscher Städte und der Verband größerer deutscher Landgemeinden. Nachträglich trat ihm auch der Verband deutscher öffentlich-rechtlicher Kreditanstalten bei als Vertreter der Landeskreditkassen, von denen einige, wie die Landesbanken in Düsseldorf, Münster i. W. und Wiesbaden, die Landeskreditkasse in Cassel und die Hessische Landeshypothekenbank in Darmstadt, bereits als Girozentralen für entsprechende Verbände ihres Gebietes fungierten. Gleichzeitig schloß sich auch die Interessenvereinigung der Sparkassen, der Deutsche Sparkassen-Verband, an. Für das Ausmaß der Tätigkeit des neuen Verbandes, besonders auch nach der Seite der Mittelverwendung hin, ist diese Zusammensetzung beachtenswert.

Die Zwecke des großen Giroverbandes, dessen Geschäftsstelle die Deutsche Girozentrale in Berlin bildet, erschöpfen sich nicht in der Vermittelung von Zahlungen, die den angeschlossenen Sparkassen im Auftrage ihrer Benutzer obliegen, er soll auch mit Hilfe der provinziellen Girozentralen Überschüsse und Bedarf unter den zugehörigen Sparkassen und andern Gemeindekassen ausgleichen und, wohl als wichtigste Aufgabe, die zu einem mächtigen Bestande vereinigten Geldmittel, soweit sie nicht zu eigenen Darlehnsgeschäften der Sparkassen verwendet werden, in erster Linie dem kommunalen Kreditbedarf nutzbar machen. Die Übernahme von allerlei Bankgeschäften, zu deren Ausführung die meisten Sparkassen nicht fähig sein würden, ergibt sich nebenbei.

Am 31. Dezember 1918 waren im Deutschen Zentralgiroverband vereinigt 20 Girozentralen, 2793 Sparkassen und Ortsgirokassen, 1734 Kommunal-, Kreis-, Kirchenkassen und andere Stellen[147]). Die Girozentralen, die Hauptstelle sowohl wie die provinziellen, betreiben für ihre Mitglieder fast alle Geschäfte der Banken, neben der einfachen Vermittelung des Übertragungs- und Scheckverkehrs der angeschlossenen Kassen aber in der Hauptsache das Kontokorrentgeschäft, die Gewährung kurzfristiger Darlehen an öffentlich-rechtliche Körperschaften und die Emission kommunaler Schuldverschreibungen. Die Gewinnung der Mittel geschieht vornehmlich in den Girostellen der Sparkassen auf dem Wege des Scheck- und Depositengeschäftes. Der Zahlungsverkehr zwischen ihnen und ihren Zentralen wird, soweit er nicht durch einfache Buchüberschreibung erledigt werden kann, weitgehend mit Hilfe von Postscheck-, zum Teil auch von Reichsbankgirokonten ausgeführt. Die Girozentralen unterhalten ausnahmslos Konten sowohl bei der Reichsbank wie auch bei der Post, während die einzelnen Girostellen zwar fast alle mit letzterer, nicht so zahlreich aber mit jener in Beziehung stehen. Etwa neun Zehntel aller Kassen führen die Überweisungen, die von den Kunden der dem Gironetz zugehörenden Stellen veranlaßt werden, an ihrem Orte grundsätzlich kostenfrei aus, selbst wenn der Empfänger bei ihnen kein Konto besitzt. Größtenteils besorgen sie auch die Einlösung aller Sparkassenschecks und für ihre Kunden auch von Bankschecks ohne Berech-

[147]) Nach dem Hand- und Adreßbuch für den deutschen kommunalen Giroverkehr, Ausgabe 1919.

nung irgendwelcher Kosten[148]). Daß diese Bestimmungen neben den übrigen günstigen Bedingungen einerseits geeignet sind, Kunden heranzuziehen, andererseits auch, den bankmäßigen Zahlungsausgleich zu befestigen, liegt auf der Hand. Verstärkt wird die letztere Wirkung aber besonders durch die organisatorisch geschickte Einrichtung, daß jede einzelne Kasse in der Lage ist, aus dem Hand- und Adreßbuch Wohnsitz, Bezeichnung und Kontenanschlüsse sämtlicher mit ihr im kommunalen Gironetz verbundenen Stellen zu ersehen, und wegen der obigen Überweisungsbedingungen auf weitere Kundenverzeichnisse zu verzichten vermag.

Exakte, ziffernmäßige Übersichten über den Umfang des wirklichen Übertragungsverkehrs bei den Giroverbänden sind durchweg nicht zu gewinnen. Obwohl diese doch von Anfang an in öffentlichen Äußerungen, sogar in ihrem Namen, ausgedrückt haben, daß ihre Hauptaufgabe sei, den bankmäßigen Zahlungsausgleich soweit wie möglich an die Stelle des Barverkehrs zu setzen, haben die Girozentralen gar kein Gewicht darauf gelegt, festzustellen, in welchem Maße diese Absicht ihnen gelungen ist[149]). Nur der Giroverband Sächsischer Gemeinden macht eine Ausnahme. Wenigstens für die Zentrale ist die Anwendung der verschiedenen Zahlungswege erkennbar gemacht worden. Im Bezirk des Giroverbandes, d. h. im Königreich Sachsen, wurden Mitte 1920 rund 75 000 Girokonten geführt[150]); die Guthaben auf den Girokonten beliefen sich

im Jahre	1918	auf rund	165	Millionen Mark
„ „	1919	„ „	300	„ „

die Umsätze bei der Zentrale

im Jahre	1918	auf	2 368 945 822	Mark
„ „	1919	„	5 667 217 023	„

[148]) A. a. O. S. 53.

[149]) Auf unsere Anregung hat sich eine Reihe von Giroverbänden in dankenswerter Weise bemüht, die entsprechenden Daten zu sammeln, leider aber blieb ihnen gerade im Hauptpunkte, der Gliederung des Zahlungsverkehrs, der Erfolg versagt.

[150]) Die Ziffern sind teils den Berichten für das 10. und 11. Geschäftsjahr, teils brieflichen Mitteilungen entnommen.

Umgesetzt sind[151])

	von den Belastungen 1918	von den Belastungen 1919	von den Gutschriften 1918	von den Gutschriften 1919
im reinen Überweisungsverkehr	37,8 %	32,8 %	30,4 %	28,4 %
in anderen Girobewegungen	11,2 %	13,1 %	25,4 %	19,7 %
bargeldlos im Bankverkehr	48,3 %	53,3 %	43,0 %	50,9 %
in bar	2,7 %	0,8 %	1,2 %	1,0 %

e) Der bankmäßige Zahlungsausgleich bei den Postscheckämtern

Als eine zweite staatliche Organisation zur Verbesserung des Zahlungswesens neben der Reichsbank trat nach zwei gescheiterten Ansätzen der 70er und 90er Jahre am 1. Januar 1909 der Postscheckverkehr in Tätigkeit[152]). Diese Einrichtung stützt sich jetzt auf zehn Postscheckämter im Gebiet der Reichspost, auf drei bayrische und ein württembergisches. Jedes Konto muß ein Mindestguthaben von 25 Mark aufweisen; verzinst werden die Guthaben nicht. Einzahlungen wie Abhebungen können in bar oder durch Übertragungen vorgenommen werden; für bare Einzahlungen, die jede Postanstalt entgegennimmt, ist eine Zahlkarte, für Verfügungen über das Guthaben in Form von Übertragungen auf andere Postscheckkonten sind Übertragungsformulare, für sonstige Verfügungen Scheckformulare eingeführt. Auszahlungen führen alle Postanstalten nach Anweisung der Postscheckämter an die in den Schecks angegebenen Empfänger aus. Die Tarifsätze sind erheblich niedriger als die der sonstigen Geldvermittlung bei der Post, Übertragungen werden kostenlos ausgeführt, Auftragsbriefe der Konteninhaber sind ebenso wie Sendungen der Postscheckämter und Postanstalten untereinander und an

[151]) Natürlich handelt es sich nicht ausschließlich um eigentliche Zahlungen, dazu vgl. unten S. 102.

[152]) s. Denkschrift aus Anlaß des zehnjährigen Bestehens des Postscheckverkehrs 1909—1919. Berlin 1919.

die Konteninhaber von Porto befreit. Sinnreiche Vordrucke und günstige Bedingungen für Übertragungen zwischen Postscheckamt und Reichsbank, für Zahlungen wegen anderer Postleistungen, für regelmäßig auszuführende Zahlungen, für Benachrichtigungen der Empfänger und anderes erleichtern den Verkehr.

Über den Umfang liegt eine vielgliedrige Statistik vor. Der Umsatz belief sich im Jahre 1918 auf 201 266 578 Stück über 151 162 284 245 Mark, davon wurden 76,4 % ohne Anwendung stofflicher Zahlungsmittel ausgeglichen[153]). Am Ende des Jahres bezifferten sich die gesamten Guthaben auf 1 202 308 390 M, die Anzahl der Konteninhaber auf 300 562. Die Durchschnittshöhe der gesamten Guthaben, berechnet für das Gebiet der Reichspost, betrug im Jahre 1918 rund 794 822 000 M. In der Ausgabe umgesetzt wurden sie rechnungsmäßig 82,3mal.

Über die wirtschaftliche Sphäre, in der sich der Zahlungsverkehr des Postscheckwesens vornehmlich abspielt, lassen die Ziffern des durchschnittlichen Einzelguthabens im Reichspostgebiet, im Jahre 1918 3623 M — des durchschnittlichen Einzelumsatzes, auf seiten der Gutschriften 576 M, auf seiten der Lastschriften 1143 M — und die vorstehende der Umlaufsgeschwindigkeit keine sicheren Schlüsse zu. Sie scheinen, da es sich doch um unverzinsliche Guthaben, also offenbare Kassenbestände, handelt, auf Wirtschaftssubjekte von immerhin nicht unansehnlicher Größe hinzudeuten, wenn auch die Umlaufsgeschwindigkeit für eine rationelle Ausnutzung der Kassenvorräte recht gering erscheint. Die Zusammensetzung der Postscheckkundschaft legt indessen eine andere Auffassung nahe.

Einen verhältnismäßig breiten Raum nehmen die Behörden, öffentlichen Anstalten, Krankenkassen mit 29 417

---

[153]) Die Ziffern beziehen sich auf das ganze Reichsgebiet; sie sind dem Archiv für Post und Telegraphie, 47. Jahrg., Berlin 1919, entnommen, wo die Denkschrift S. 389 ff. mit einer etwas ausführlicheren Darstellung des Verkehrs in Bayern, Württemberg und im gesamten Reich abgedruckt ist. Die Angabe des Umsatzes (S. 433) weicht von der entsprechenden der selbständigen Denkschrift (S. 39) etwas ab.

Konten ein, zählt man ihnen die Banken, Berufsgenossenschaften, Vereine und Körperschaften, Genossenschaften aller Art, Sparkassen, Versicherungsgesellschaften, Zweiggeschäfte u. ähnl. hinzu, in der Hauptsache also die Verbände und Gesellschaften wirtschaftlicher und anderer Art, die 22 816 Konten innehaben, so zeigt sich, daß auf diese Gruppe unpersönlicher Konteninhaber zumeist großen Umfangs 17,4% der gesamten Kontenzahl entfallen, nicht sehr viel weniger als auf die Gruppe der Privatpersonen, Beamten, Militärpersonen usw., der Rechtsanwälte und Ärzte, denen 63 553 Konten = 21,2% der Gesamtzahl zu eigen sind. Den Hauptanteil bestreiten die Vertreter von Handel und Gewerbe, soweit sie in der erstgenannten Gruppe nicht enthalten sind, mit 177 477 Konten = 59,1%, den geringsten die Gruppe Landwirtschaft mit 6875 Konten = 2,3%[154]).

Die Frage, ob der Postscheckverkehr, wie es nach der Art seiner Bedingungen erwartet werden kann und auch wohl seiner Aufgabe entspricht[155]), zur aktiven Beteiligung am Verrechnungswesen wirklich die Kreise herangezogen hat, die vorher ihre Zahlungen fast ausschließlich aus häuslicher Kasse bestritten haben, kann auf Grund jener Unterlagen nur bedingt bejaht werden. Gewiß ist zuzugeben, daß eine ganze Reihe der angeschlossenen Behörden[156]) und wohl auch anderer Konteninhaber ihren Kassenbetrieb vorher in altgewohnter Selbstgenügsamkeit, ohne Benutzung einer Bankverbindung, abgewickelt haben, im allgemeinen liegt aber doch Grund zu der Annahme vor, daß die meisten Kunden neben dem Postscheckkonto noch ein anderes Bankkonto besitzen, das an sich zur Zahlungsüberweisung geeignet ist. Die Zahl der kleinen Geschäftsleute, der Privatpersonen und derjenigen behördlichen

[154]) Archiv für Post und Telegraphie, a. a. O. S. 411, 424 und 430. Die Ziffern gelten für die drei Postgebiete des Reiches zusammen. Die Gesamtsumme stimmt mit der auf S. 432 angegebenen Zahl der Postscheckkunden nicht überein; es fehlen in der Aufstellung des Reichspostgebietes 424.

[155]) s. z. B. die deutschen Abrechnungsstellen im Jahre 1909, S. 1.

[156]) Über die Zahlungsgepflogenheiten von Behörden vor dem Kriege s. Beispiele bei Motschmann, a. a. O. S. 150ff.

Kassen, denen gegenüber man berechtigt sein dürfte anzunehmen, daß sie ohne Bankdienste auskommen, ist unter den Postscheckkunden nicht eben allzu groß. Werden die Hälfte der Behörden, der Rechtsanwälte, der Ärzte und der land- und forstwirtschaftlichen Betriebe, die Gesamtheit der Privatpersonen und von den gewerblichen und kaufmännischen Unternehmern die ganze Klasse der Handwerker und zwei Drittel der Kaufleute anderer Geschäftszweige, die allein fast die Hälfte jener Gruppe umfassen, als frei von geeigneten Verbindungen mit Banken, Kreditgenossenschaften und Sparkassen angesetzt, so bleiben von den 257 389 klassifizierten Konten der Reichspost immer noch rund 140 000, also erheblich mehr als die Hälfte, in den Händen von Kunden, die sehr wahrscheinlich außerdem noch Bankbeziehungen pflegen oder doch vor der Entscheidung für den günstigen Postscheckverkehr gepflegt haben. Dabei bleibt die Frage offen, ob sie ihr Bankkonto wirklich in dem Maße zur Zahlungsvermittlung ausnutzen oder ausgenutzt haben wie das Postscheckkonto. Die festgestellte mäßige Umlaufsgeschwindigkeit der Postscheckguthaben dürfte den Konten zur Last fallen, die in nicht eigentlich geschäftlichen Händen sind, auf denen Guthaben in größerem Umfange stehen bleiben oder seltener Umsätze stattfinden. Vor allem die verhältnismäßig große Anzahl der Behörden, öffentlichen Anstalten, Vereine, Körperschaften, aber auch ein Teil der Gruppe Privatpersonen mag darauf Einfluß ausüben. Es sind größtenteils die Wirtschaftssubjekte, denen das Postscheckkonto als Sammelstelle für einzuziehende Gelder dient[157]).

Im ganzen greift zwar die Postscheckeinrichtung über die sonst an bankmäßigen Zahlungsverkehr gewöhnten Schichten nicht unwesentlich hinaus, hauptsächlich aber hat sie ihr Verdienst in der Heranziehung weiterer, sich vordem fernhaltender Angehöriger dieser selben Schichten und in der Darbietung eines sehr bequemen ergänzenden Verfahrens für die Benutzer der übrigen Zahlungssysteme.

---

[157]) Vgl. Motschmann a. a. O. S. 248.

3. Zusammenfassung

Zusammenfassend überschaut, läßt die lückenhaft und fast regellos sich offenbarende Fülle der Gestaltungen keine Züge erkennen, die ein geschlossenes Bild vom Umfang des bankmäßigen Zahlungsausgleichs in Deutschland zusammenzufügen gestatteten. In der zeitlichen Betrachtung aber treten zwei Tatsachen mit Deutlichkeit hervor, das erhebliche äußere Anwachsen des Scheck- und des Giroverkehrs in den letzten Jahrzehnten[158]) und die Verbesserung der Wege und der Verfahren, die es ermöglichen, Überweisungen auszuführen und Schecks zu verrechnen.

Die Gründe dafür erschöpfend zu entwickeln, ist hier nicht die Aufgabe. Sie liegen ebenso auf seiten der Vermittler dieser Zahlungsarten, wie auf seiten der Benutzer und gehen für beide, die staatlichen Geldanstalten im wesentlichen ausgenommen, auf privatwirtschaftliche Antriebe aus Vorteilserwägungen zurück. Hinter ihnen aber stehen die allgemeinen volkswirtschaftlichen Ursachen, deren stärkste Komponenten zu erblicken sind in der wachsenden Verkehrsverflechtung aller Wirtschaften und, was damit eng zusammenhängt, der Herausbildung einerseits besonderer Verbände von Einzelwirtschaften mit eigenem Geschäftsbetrieb, wie Kartellen, Genossenschaften, Berufsvereinen und sonstigen wirtschaftlichen Vereinigungen, andererseits einer beträchtlichen Anzahl von Großunternehmungen auf den Gebieten des wirtschaftlichen, aber auch des geistigen und öffentlichen Lebens. Diese Elemente der volkswirtschaftlichen Grundstruktur üben auf die Form des Zahlungsverkehrs in zweifacher Hinsicht Einfluß aus. Einmal sind große wirtschaftliche Einheiten, wie sie ja auch die Geschäftsstellen der ersten Gruppe, der Verbände, darstellen, angewiesen auf die Dienste von Bankanstalten wegen der großen Anzahl von vielgestaltigen Umsatzakten mit andern

---

[158]) s. Motschmann, a. a. O. S. 241 ff. Rießer nach Motschmann, a. a. O. S. 111. Die Berichte über die deutschen Abrechnungsstellen 1908 bis 1919, z. B. 1919, S. 11.

Wirtschaften, des wechselnden Bedarfs an größeren Geldmengen im innern Betriebe und, falls sie dezentralisierte Form haben, des Verkehrs mit ihren Zweigstellen. Ferner aber bilden sie — wenigstens zum Teil und vornehmlich die Verbandsstellen — die Stützpunkte von Gefügen, in denen sich die Zusammenhänge des Güterverkehrs ordnen. Mag es sich um die Absatzorganisation eines Industrieverbandes handeln, um eine landwirtschaftliche oder gewerbliche Genossenschaft desselben Zwecks, um einen Konsumverein oder um eine Vereinigung zum Zwecke des Bezugs von Rohstoffen — immer schiebt sich auf dem Wege zwischen zahlreichen Einzelproduzenten und zahlreichen Einzelkonsumenten eine zusammenfassende und verteilende Stelle ein, deren Eigentümlichkeit der Großverkehr ist, die meistens nach der einen oder der andern Richtung Umsätze in größeren Einzelmengen vermittelt[159]), ihren Zahlungsverkehr durch eine Bank leitet und die Tendenz hat, auch nach der Seite des Einzelverkehrs mit kleineren Mengen den Zahlungsmodus der ihr am besten entsprechenden Regelung anzupassen, d. h. möglichst bankmäßig auszugestalten[160]). Auf diese Weise wirkt eine derartige Vereinigung auf alle ihre Mitglieder und die regelmäßig mit ihr verkehrenden Wirtschaften als starke Anregung zur bankmäßigen Zahlungsweise. Derselbe Einfluß geht von den größeren Unternehmungen mit Bankkassenführung in mehr oder minder abgeschwächtem Maße aus, und die Gesamtwirkung ist um so größer, je vielseitiger jede einzelne Wirtschaft in den Verkehr verknüpft ist und je mehr Zahlungsbeziehungen sie zu bankzahlenden Wirtschaften besitzt. Soweit der volkswirtschaftliche Entwicklungsprozeß sich in einer fortschreitenden Verschmelzung kleinerer Unternehmungen zu Großgebilden oder einem Zusammen-

---

[159]) Über die Üblichkeit der Anwendung von Scheck- und Überweisung, wenn häufiger größere Zahlungen zu leisten sind, s. Motschmann, a. a. O. S. 243.

[160]) Beispiele s. bei Oexmann, Barzahlung und Kreditverkehr in Handel und Gewerbe im rheinisch-westfälischen Industriebezirk S. 62. Stuttgart und Berlin 1906.

schluß zu gemeinsam wirtschaftenden Verbänden oder einer Ersetzung kleiner Unternehmungen durch eine geringere Anzahl größerer abspielt, geht der nach außen gerichteten Tendenz zur stärkeren Anwendung des bankmäßigen Zahlungsausgleichs als ähnliches Motiv der Bargeldverdrängung die vergrößerte Wirksamkeit von Abrechnungsakten bei relativ geringerem Barkassenbestand im Innern der Unternehmungen zur Seite: die geldsparenden Zahlmethoden schreiten Hand in Hand mit den geldsparenden Kassenmethoden vor[161]).

In diesem Sinne haben die letzten Kriegsjahre zur Ausdehnung des Bankzahlungswesens beträchtlich beigetragen und der in einem halben Jahrhundert schnellen Aufstrebens entstandenen reichen Zahl von mittleren und größeren Unternehmungen, Kartellen und Genossenschaften eine große Reihe von Kriegsgesellschaften und kartellartigen Produzenten- und Händlerverbänden an die Seite gestellt. Die Versuche von Reich, Staaten und Kommunen, Erzeugung und Verteilung von sich aus zu ordnen, brachten auch die kleinsten Handwerker und Landwirte in regelmäßige Wirtschaftsbeziehungen zu den Abnahme- und Zuteilungseinrichtungen der öffentlichen Gewalt, sowohl unmittelbar wie durch ihre bestehenden oder eigens für den Zweck geschaffenen Vereinigungen. Da nun gleichzeitig mit starken Mitteln von der Obrigkeit und den Bankanstalten auf die Anwendung der Scheck- und Überweisungsformen hingearbeitet wurde[162]), sahen sich die Verbände fast alle, die einzelnen Erwerbswirtschaften selbst in ihren kleinen Vertretern im beachtenswerten Maße in die großen Verrechnungssysteme hineingezogen[163]).

---

[161]) Vgl. Plenge, Von der Diskontpolitik zur Herry'aft über den Geldmarkt, Berlin 1913, S. 129.

[162]) Selbst Prämien wurden für die Vermeidung von Barzahlungen gewährt. Siehe Bekanntmachung des Hannoverschen Viehhandelsverbandes im „Bargeldlosen Verkehr". (Mitteilungen für die Sparkassen des Hannoverschen Sparkassen-Verbandes) Nr. 13 vom 28. 10. 18, S. 8.

[163]) Siehe dazu besonders die Berichte der genossenschaftlichen Zentralkassen, z. B. der Genossenschaftsabteilungen der Dresdner Bank für

Wieweit diese Verhältnisse von Dauer sein werden, ist die Frage. Die Kriegsgesellschaften und die entsprechenden Vereinigungen von Produzenten oder Händlern lösen sich nach dem Aufhören ihrer eigentlichen Aufgaben zu einem großen Teile auf. Bestehen bleiben aber neben den Organisationen der Zahlungsvermittler auf der Seite des Bedarfes die Vertrautheit mit den bargeldlosen Zahlungsformen und bei den verbleibenden großen und kleinen Erwerbswirtschaften mit entsprechenden Konten die Gewohnheit, die Zahlungsdienste der Geldanstalten in Anspruch zu nehmen.

Neben diesem unmittelbar mit dem Warenverkehr verbundenen Zahlungsgebiete ist einer andern, vom Warenumsatz entfernter liegenden Sphäre zu gedenken: des Zahlungsverkehrs der Fondsbörse. Er ist unbedingt Domäne des bankmäßigen Zahlungsausgleichs. Die Börse, das Zentrum des Geld und Kapitalmarktes, der Sammelpunkt des an das Effektenwesen sich knüpfenden Umsatzes, der mit der Zunahme der Unternehmungen in Gesellschaftsform und der wachsenden Tätigkeit öffentlicher Körperschaften allmählich sehr große Maße angenommen hat, gibt Anlaß zu vielen umfangreichen Zahlungen unter Geldinstituten. Solche Zahlungen nehmen ihren Weg teils durch die Reichsbank und ihre Abrechnungsstellen, teils auch direkt von Bank zu Bank. Börsengeld wird fast stets im bankmäßigen Zahlungsausgleich übertragen.

Die Gebiete von Scheck und Überweisung sind, wie die Darstellung der Zusammenhänge schon erwiesen hat, nicht deutlich zu trennen. Fast ausschließlich der Überweisung dient die Giroeinrichtung der Reichsbank, ganz überwiegend — trotz seiner Bezeichnung[164]) — auch der Postscheckverkehr. Diese beiden wohl durchgebildeten und weit aus-

1917, S. 2, Jahresbericht des Anwalts des Reichsverbandes a. a. O. 1917/18, S. 13.

[164]) Zur Gleichsetzung von Scheck- und Überweisungsverkehr, wie sie trotz der wesentlichen Unterschiede selbst in der wissenschaftlichen Literatur üblich ist, hat die unzutreffende Bezeichnung der roten Überweisungszettel der Reichsbank als rote „Schecks“ und der Postgiroeinrichtungen als „Postscheckwesen“ nicht wenig beigetragen.

greifenden Systeme verleihen vornehmlich durch ihre systemverbindende Funktion, indem sie in größter Verhältniszahl Banken, Kreditgenossenschaften samt ihren Zentralkassen, Sparkassen samt ihren Girozentralen umfassen und ihnen bei allen Zahlungen untereinander ein Ausweichen über ihre Kanäle erlauben, dem Überweisungswesen einen entschiedenen Vorsprung gegenüber dem Scheckwesen. Die Banken, soweit sie überhaupt von einiger Bedeutung sind, dürfen als vollzählig in das Gironetz der Reichsbank eingeknüpft angesehen werden, die Kredit-Genossenschaften selbst sind es zum kleineren Teil, ihre Zentralkassen wohl ausnahmslos. Im System der Sparkassen führen alle Girozentralen und etwa 45% der Sparkassen ein Konto bei der Reichsbank[165]). Sehr ähnlich sind die Postscheck-Beziehungen gestaltet, nur dringen sie auch in die Systeme der Genossenschaften und der Sparkassen sehr viel tiefer ein. Von den Sparkassen besitzen 88% ein Postscheckkonto. Auch die übrigen Systeme sind unter sich direkt durch Kontenbeziehungen natürlich vielfältig verbunden, ohne daß allerdings diese Brücken auch nur annähernd von ähnlicher Bedeutung für den Überweisungsverkehr wären.

Trotz der reichen Ausbildung, die der Giroverkehr gerade in Deutschland gefunden hat, kann nicht leichthin gesagt werden, daß dadurch der Scheckverkehr ganz in das Hintertreffen geraten sei. Die reine Überweisung ist doch immer an eine begrenzte Sphäre gebunden, setzt in jedem einzelnen Falle geeignete Konten zugleich von Zahlungsgeber und Zahlungsempfänger und eine entsprechende, zudem bekannte Verbindung zwischen beiden Konten voraus. Neben Reichsbank und Post fanden wir die Bedingungen dazu am weitesten erfüllt im kommunalen Giroverband der Sparkassen, dagegen im beschränkteren Maße in den Systemen der Genossenschaften und der Banken. Die wirkliche Benutzung der entsprechenden Konten aber für den Zahlungsdienst dürfte zunächst bei den Banken doch leb-

---

[165]) Nach dem Hand- und Adreßbuch für den deutschen kommunalen Giroverkehr berechnet.

hafter sein als bei den Sparkassen, weil jene durchschnittlich die wirtschaftlich größeren Kunden, vor allem die mit Kreditbedarf, aufweisen. Die Genossenschaften sind in diesem Punkte den Sparkassen etwa gleichzusetzen[166]).

Gerade bei Banken und Genossenschaften, die ihren Zweck nicht darin sehen, durch besondere Zurichtung ihren Konten den Charakter als Überweisungskonten ausdrücklich aufzuprägen und ihre Benutzbarkeit durch Veröffentlichung von Kontenverzeichnissen aufzuschließen, spielt jedoch die Verwendung von Schecks, wenigstens im kleineren Zahlungsverkehr der Kunden, die Hauptrolle. Hier weiß eben der Scheck die ihm im Vergleich zur Girozahlung eigenen Vorzüge erfolgreich geltend zu machen[167]), vor allem den, daß seine Zahlung nicht zwangsläufig unbedingt an den Bankenkreis gebunden ist, sondern auch unmittelbar an irgendeinen Empfänger außerhalb gerichtet werden kann. Die Hemmungen, welche der Scheckstempel im Jahre 1909 brachte, sind mittlerweile im Jahre 1916 durch seine Aufhebung wieder beseitigt worden. Manche Banken aber halten die Last, die eine weitere Zunahme des Scheckverkehrs ihrem Betriebe auferlegen würde, für so groß, daß sie eine Begünstigung seiner Ausbreitung zu vermeiden suchen[168]). Eine allgemeinere Grenze für den gesamten Zahlungsausgleich legen die Bedingungen und Gebührensätze der Banken fest, die besonders in jüngster Zeit stark erhöht worden sind[169]).

Alles in allem darf in weitesten Umrissen der tatsächliche Bereich bankmäßiger Zahlungsweise in Deutschland folgendermaßen abgesteckt werden:

---

[166]) Das geht auch aus den gegenseitigen Reibungen hervor. S. Jahresbericht d. Anwalts des Reichsverbandes 1917—1918, S. 13. Daß der neuen Organisation der Sparkassen im übrigen auch von den Banken der Vorwurf der Beeinträchtigung ihres Depositen- und Kontokorrentgeschäfts gemacht wird, sei nebenbei erwähnt.

[167]) s. dazu Schmalenbach, Scheck und Giro, in Zeitschrift für handelswissenschaftliche Forschung, 1. Jahrg. 1906/7, S. 401 ff.

[168]) Motschmann, a. a. O. S. 110.

[169]) s. Frankfurter Zeitung vom 17. 1. 20, Abendblatt.

1. Die Anzahl der Konten, die regelmäßig zur Zahlungsvermittlung durch Scheck und Überweisung dienen, ist für den 1. Januar 1919 anzunehmen:

a) bei der Reichsbank . . . . mit 34 222[170])
b) bei den Postscheckämtern . . . . „ 300 562[171])
c) bei den Kreditbanken . . . . „ $2^1/_2$—$3^1/_2$ Mill.[172])

---

170) s. Verwaltungsbericht für 1918, S. 23.

171) Denkschrift, S. 39.

172) Für 1913 liegt eine Schätzung von F. Schmidt vor auf 2—3 Millionen (a. a. O. S. 10). Sie geht aus von der entsprechenden Kontenzahl der Deutschen Bank und deren Durchschnittsguthaben am 31. 12. 1913. Dabei ist aber die Anzahl der nur bei der Zentrale und den Berliner Depositenkassen geführten Kontokorrente für die Gesamtheit genommen worden, infolgedessen das errechnete Durchschnittsguthaben zu hoch geraten. Dieser Mangel wird allerdings dadurch gemildert, daß der Aktivposten „Guthaben bei Banken und Bankiers" nicht berücksichtigt worden ist, was konsequenterweise hätte geschehen müssen, weil der entsprechende Passivposten in den zugrunde gelegten Depositen und Kreditoren mit enthalten ist. In die zweite Auflage des Buches sind die Angaben unverändert übernommen worden und ergänzt durch entsprechende aus dem Jahre 1916, gegen deren Berechnung aber ebenfalls Bedenken zu erheben sind.

Tatsächlich bieten die Berichte der Deutschen Bank keine Möglichkeit, unmittelbar aus ihnen die gewünschten Grundziffern zu entnehmen. Zur Beantwortung der Frage, welche Kontenbasis für den bankmäßigen Zahlungsausgleich in den Banken vorhanden ist, müßte zudem versucht werden, die Anzahl der nicht für den regelmäßigen Zahlungsdienst geeigneten Konten, also der befristeten, auszuscheiden. Dazu bietet nun freilich kein Großbankbericht eine zuverlässige Handhabe. Man kommt aber dem Gesuchten näher, wenn man von der Gesamtsumme der Depositen und sonstigen Kreditoren diejenigen Beträge abzieht, die nicht innerhalb 7 Tagen fällig sind. Eine Schätzung der entsprechenden Kontenzahl erlaubt am ehesten der Bericht der Dresdner Bank für 1913. Darnach sind am Ende 1913 bei dieser Bank die Guthaben, die innerhalb 7 Tagen fällig sind, auf etwa 130 000 der rund 176 000 Kreditoren-Konten verteilt. Betrachten wir jene Konten als regelmäßige Zahlungskonten und berücksichtigen dazu noch die entsprechenden Debitoren, so kommen wir auf etwa 152 000 Zahlungskonten, das sind drei Viertel der gesamten Kontenzahl. Den Anteil der unbefristeten Konten auch bei der Deutschen Bank mit $^3/_4$ der Gesamtzahl von 289 000 angenommen, stellt sich der Durchschnittsbestand (einschließlich der Schuldposten) für jedes dieser Konten auf etwas mehr als 8200 ℳ. Für die Dresdner Bank ergeben sich als durch-

d) bei den Kreditgenossenschaften . . mit 1—$1^{1}/_{2}$ Mill.[173])

e) bei den Sparkassen und kommunalen Girokassen . . . . „ 500—700 000[174])

---

schnittlicher Bestand auf unbefristeten laufenden Konten nicht ganz 8400 ℳ, im Mittel beider Banken also 8300 ℳ. Die im Jahre 1913 vorhandenen Banken mit mehr als einer Million Mark Aktienkapital haben — nach der Aufstellung des Deutschen Ökonomisten, 37. Jahrgang 1919, S. 430/1 — unter Annahme eines solchen Einzelbestandes etwa 1 400 000 kurzfristiger Konten aufzuweisen gehabt. Unter Berücksichtigung des geringen Geschäftsumfanges der übrigen kleinen Banken und der allermeisten Bankierfirmen kommt man für Ende 1913 auf insgesamt $1^{1}/_{2}$ bis 2 Millionen wirklich für den regelmäßigen Verrechnungsverkehr geeigneter Konten. Die Notenbanken fallen nicht wesentlich ins Gewicht.

Für das Jahr 1918 sind die Berichte der Banken in der Angabe entsprechender Ziffern sparsamer. Einige Anhaltpunkte sind indessen geblieben. Bei der Deutschen Bank sind die kurzfristigen Bestände seit 1913 auf mehr als das Dreifache gestiegen, während die gesamte Kontenzahl sich verdoppelt hat. Fast das gleiche Verhältnis weist die Disconto-Gesellschaft auf, bei der die kurzfristigen Bestände auf das Viereinhalbfache, die Konten der Anzahl nach auf das Dreifache angewachsen sind. Die entsprechenden Ziffern der Banken mit mehr als 1 Million Mark Aktienkapital haben sich auf das Zweieinhalbfache gehoben. Demgemäß muß die Anzahl der laufenden Konten ohne Befristung auf $2^{1}/_{2}$—$3^{1}/_{2}$ Millionen geschätzt werden.

[173]) Die Mitteilungen zur deutschen Genossenschaftsstatistik für 1915 und 1916. (Berlin 1919, S. 2 und 3) geben die Mitgliederzahl der Kreditgenossenschaften mit mehr als $2^{1}/_{2}$ Millionen an. Wenn auch auf jedes Mitglied ein Konto zu rechnen ist (Schmidt, a. a. O. S. 9), so darf doch nicht außer acht gelassen werden, daß die eigentlichen Sparkonten mit fester Kündigung überwiegen (als Beispiel siehe die Verhältnisse des Reichsverbandes in „Erläuterungen zur Statistik des Reichsverbandes für 1916“, Berlin 1918, S. 8). Die Annahme der Zahlungskonten auf die Hälfte der Mitgliederzahl mit etwas Spielraum rechtfertigt sich aus der Tatsache, daß auch bei den Zentralkassen und für Außenstehende derartige Konten geführt werden.

[174]) Aus brieflichen Angaben der einzelnen Giroverbände geht hervor, daß die Anzahl der kommunalen Girokonten in den verschiedenen Gegenden Deutschlands im Vergleich zur Bevölkerungszahl sehr verschieden ist. Auf das Königreich Sachsen entfallen z. B. rund 75 000, auf das Großherzogtum Baden nur etwa 17 000. Wenn auch von einer Reihe von Giroverbänden die Unterlagen fehlen, so kann doch die Gesamtzahl der Zahlungskonten bei den Mitgliedern des Deutschen Zentralgiroverbandes auf 500—700 000 beziffert werden. Sparkassenkonten, die nicht dem laufenden Zahlungsverkehr dienen, sind dabei natürlich außer acht geblieben.

2. Der Besitz von Zahlungskonten bei Banken oder ähnlichen Geldinstituten ist nicht auf bestimmte wirtschaftliche Gruppen beschränkt. Selbst die nicht im engern Sinne wirtschaftlichen Kreise, wie Beamte, Rentner und Angehörige freier Berufe, sind daran beteiligt. Von den Erwerbswirtschaften stellen die in Gesellschaftsform die relativ größte Zahl; bei ihnen gehört das Zahlungskonto zur Regel. Je geringer der Umsatz und je kleiner die einzelnen Umsatzmengen bei einer Unternehmung sind, desto weniger findet bankmäßige Zahlung Anwendung, desto seltener ist ein Zahlungskonto vorhanden.

Über die Verteilung der Grupppen auf die einzelnen Zahlungssysteme läßt sich schematisch folgendes sagen. Fabriken und andere größere Unternehmungen führen derartige Konten bei Kreditbanken, der Reichsbank und der Post, das Handwerk und der Kleinhandel unterhalten Kassenverbindungen mit Kreditbanken, Genossenschaften, kommunalen Girokassen und der Post, die Landwirtschaft, mit Ausnahme der Großbetriebe und der Genossenschaften, beschränkt sich im Durchschnitt auf Kassenverbindungen mit landwirtschaftlichen Kreditgenossenschaften und kommunalen Girokassen.

3. Die Benutzung der Zahlungskonten im Vergleich zu der der eigenen Barkassen ist um so stärker je umfangreicher der Zahlungsverkehr der kontenbesitzenden Wirtschaft ist. Das Verhältnis der baren Abhebungen und Einzahlungen des Konteninhabers zu den Zahlungen, die der Kontenführer in seinem Auftrage an Dritte ausführt und für ihn in nicht barer Form empfängt, hängt in erster Linie ab von der Eigenart der kontenbesitzenden Wirtschaft. Für die bare Abhebung ist der unumgängliche Bargeldbedarf, z. B. für Lohnzahlungen, maßgebend, für die bare Einzahlung der Zugang baren Geldes, der im Verkehr mit Kleinkunden, im Ladenverkehr, in Restaurants, Vergnügungslokalen, bei unmittelbarer Einziehung durch Boten usw., am größten zu sein pflegt. Naturgemäß finden sich besonders großer Bedarf an Bargeld und regelmäßiger, zur Abgabe an die

Bank führender Barzufluß vielfach in denselben Arten von Wirtschaften vereinigt[175]).

4. Das Maß der Vermeidung von Barzahlungen bei den Geldinstituten selbst wird objektiv bestimmt von der Anzahl der Konten im eigenen Betrieb sowie der Zahl und der Art der Kontenverbindung mit andern gleichartigen Unternehmungen, mit andern Worten von den Möglichkeiten der internen Buchübertragung und der Übertragung innerhalb von Verrechnungssystemen. Die erstere ist unter den privaten Instituten naturgemäß am größten bei den Großbanken. Wenn beispielsweise die Disconto-Gesellschaft ihren Umsatz im gesamten Verkehr der laufenden Rechnung für 1918 mit rund 148½ Milliarden, hingegen den ihrer Kassen — einschließlich des Giroverkehrs mit der Reichsbank und dem Berliner Kassenverein — mit nicht ganz 59 Milliarden feststellt[176]), so kommt in diesem Verhältnis unmittelbar allerdings nur der negative Umstand zum Ausdruck, daß weitaus die meisten Gutschriften und Belastungen auf den laufenden Rechnungen nicht durch Barzahlungen, Reichsbank-Überweisungen oder Umsätze beim Berliner Kassenverein entstanden sind. Sehen wir von diesen letztgenannten Wegen ab, so bleiben zwar nicht allein die durch interne Übertragung und innerhalb anderer Systeme ausgeglichenen Zahlungen, sondern daneben noch eine Gruppe von Umsatzarten bestehen, die keine eigentlichen Zahlungen sind. Aber auch diese letzteren — auf der Gutschriftsseite vor allem die Buchung von Summen aus Wechseldiskontierung und ähnlichen Kreditgeschäften, Kuponeinlösungen und Effektenverkäufen, auf der Belastungsseite die Einlösung von Schecks, fälligen Domizilwechseln und Akzepten sowie der Ankauf von Effekten — hätten sich größtenteils ebensogut in baren Zahlungen darstellen können, und ein Teil solcher Geschäfte ist auch wirklich im Kassenumsatz enthalten. Insgesamt also bedeutet dieses Verhältnis von

[175]) s. die reiche Anzahl von Beispielen bei Motschmann, a. a. O. S. 245 ff.

[176]) Geschäftsbericht für das Jahr 1918, S. 20, ergänzt durch briefliche Mitteilung.

1 : 2,5 zwischen Kassenumsatz und Kontenumsatz doch einen stark überwiegenden Ersatz von baren Zahlungen durch bankmäßigen Zahlungsausgleich, selbst wenn berücksichtigt wird, daß unter den verrechneten Summen manche Übertragungen sind, die als Umwegszahlungen angesehen werden müssen, also den Zahlungseffekt einer Barzahlung durch mehrere Übertragungen erreichen, wie es z. B. im Verkehr zwischen Filialkonten und Hauptbankkonten der Fall ist. Überhaupt trübt der buchmäßige Umsatz zwischen Hauptbank und Filialen, der in der Regel im Kontokorrent-Umsatz mit enthalten sein dürfte, das Bild nicht unerheblich. Immerhin zeigen die Ausweise aller Großbanken, auch die der Berliner Handels-Gesellschaft, die keine Filialen hat, dieses selbe Bild, daß die Umsätze auf den laufenden Konten die auf den Bankkassen, sogar zuzüglich des Verkehrs mit den Noten- und Abrechnungsbanken, übertreffen. Bei der Berliner Handels-Gesellschaft, der einzigen Großbank ohne Filialen, stellt sich das Verhältnis zwischen Kontokorrentumsatz und Kassenumsatz 1916 auf etwa 5 : 3, 1917: 2 : 1,3, 1918: 4,3 : 3,1. Da die meist dem Kassenumsatz eingerechnete barlose Inanspruchnahme der Reichsbank, des Berliner Kassen-Vereins und der verwandten Abrechnungsbanken sicherlich in jedem Falle die Inanspruchnahme der Barkasse um ein Vielfaches übertrifft, so stellt sich der Anteil des gesamten Zahlungsausgleichs tatsächlich noch sehr viel günstiger als jene Zahlen ausdrücken. Man wird nicht fehlgreifen, wenn man ihn durchgängig weit höher als mit dem Zehnfachen des Barumsatzes ansetzt. Bei der Norddeutschen Bank in Hamburg, die bis 1915 den Umsatz der eigentlichen Barkasse gesondert angibt, macht dieser im letztgenannten Jahr nur etwa 3,6% des Umsatzes der laufenden Rechnungen und Depositen aus und wird vom Umsatz mit der Reichsbank um das Sechsfache übertroffen. Die Hamburger Verhältnisse stehen allerdings, wie bereits dargelegt, in Hinsicht auf den Zahlungsausgleich über dem Normalen. Indessen dürften ihnen die Berliner neuerdings nicht nachstehen. Überhaupt ist das örtliche Moment seit der Aus-

breitung von Reichsbank und Großbanken nicht mehr ausschlaggebend. Wenn auch die große Menge der kleinen Provinzplätze im Zahlungsausgleich zurückbleiben mag, so darf — schon in Anbetracht ihrer verhältnismäßig geringen Bedeutung für den Gesamtverkehr — doch als Durchschnitt für das ganze Reich gelten, daß von allen Zahlungen, die Banken ausführen und erhalten, der Summe nach mehr als neun Zehntel ohne Bargeld und Noten vollzogen werden.

Innerhalb des kommunalen Deutschen Zentralgiroverbandes stellt sich die Summe der Zahlungsausgleiche im Verhältnis zu den gesamten Zahlungen etwa ebenso hoch. Für den Giroverband Sächsischer Gemeinden beläuft sich der Anteil im Jahre 1918 auf 98%[177]), im Jahre 1919 sogar auf mehr als 99%[178]) des Umsatzes. Für die Gesamtheit der Giroverbände ist das allerdings nicht der Durchschnitt; infolge seines längeren Bestehens und vor allem gewisser Eigentümlichkeiten seiner Organisation, die, ähnlich der Reichsbank, kein eigentliches Kontokorrent mit Kredit kennt, für Fernzahlungen nur die reine Überweisung zuläßt und den Scheckgebrauch auf den Ortsverkehr beschränkt, nimmt der sächsische Verband eine Ausnahmestellung ein. Immerhin ist auch für den gesamten Zentralgiroverband der Anteilsatz der Zahlungsausgleiche auf 80 bis 90% zu schätzen.

Wieviel vom Umsatz der Kreditgenossenschaften ohne Geld und Noten erledigt wird, ist nicht festzustellen. Nach allen Anzeichen darf jetzt mit mehr als 50% gerechnet werden, wobei die hohe Verhältniszahl bei den Zentralen stark ins Gewicht fällt[179]). Vom Giroverkehr der Reichsbank entfallen 97,7% auf Übertragungen[180]), vom Gesamtumsatz des Postscheckverkehrs im Reich 77,8%[181]). Unter Berücksichtigung der Bedeutung der einzelnen Gruppen

---

177) Bericht für das 10. Geschäftsjahr, S. 7.

178) Bericht über das 11. Geschäftsjahr, S. 5.

179) s. das Beispiel der Preußischen Zentral-Genossenschaftskasse oben S. 81 ff.

180) Verwaltungsbericht für das Jahr 1919, S. 42/3.

181) Denkschrift S. 39. Die Ziffer gilt für 1918.

ergibt sich im ganzen, daß der durch Geldanstalten vermittelte Zahlungsverkehr wenigstens zu 90% als durch Buchübertragung ohne Verwendung von Geld und Noten vollzogen angesehen werden muß. Nur der Umsatz bei den eigentlichen Sparkassen ist dabei außer acht geblieben.

Bei diesen Feststellungen und Schätzungen darf es sein Bewenden haben. Noch einen Schritt weiter gehen und versuchen, den Anteil des Zahlungsverkehrs der Geldanstalten am gesamten Zahlungsverkehr der Volkswirtschaft abzumessen, hieße die Grenze des Zulässigen in wissenschaftlicher Schätzung überschreiten. Für einen derartigen Versuch reichen die Unterlagen nicht aus. Aber schon die vorliegenden Feststellungen geben einen Eindruck davon, welch ein erheblicher Teil des Zahlungsverkehrs im Deutschen Reich sich von der Bindung an Geldzeichen in Münz- und Notenform gelöst hat, um regelmäßig als eine Kette von Rechnungsvorgängen mit oder ohne die Hilfskonstruktion von Schecks sich allein in den Büchern der Geldanstalten zu bewegen.

III. Abschnitt

Die Stellung von Staat und Öffentlichkeit zum bankmäßigen Zahlungsausgleich

1. Erwartungen, Wünsche und Widerstände in der Zeit des Aufbaus

Die Entwicklung des Zahlungsausgleichsverkehrs bis zur heutigen Ausdehnung konnte nicht vor sich gehen ohne aktive Anteilnahme des Staates, und ohne daß in den einzelnen Phasen die Öffentlichkeit Stellung nahm zu den Fragen, die das vielseitige Wesen des Ganzen jeweils in den Vordergrund treten ließ. So ist der heutige Zustand nicht allein das Werk selbständig tätiger Kräfte der Zahlungsvermittlung und des Zahlungsbedarfs, sondern auch des bewußten Einwirkens von Gesetzgebung und Verwaltung, auf deren Handlungen wieder die jeweiligen Bedürfnisse der wirtschaftlichen Lage und der Wille von politischen und wirtschaftlichen Gruppen Einfluß ausgeübt hat. Alles das erhielt aber seine Richtung angewiesen von dem Stand der Ansichten über Bedingtheiten, Eigenarten und Funktionen des Giro- und Scheckwesens, der mit ihm konkurrierenden übrigen Zahlungsmittel sowie des ihm zugrunde liegenden Kreditbankwesens. Der Grad der Erkenntnis über das Wesen jener Zahlungsformen spiegelt sich darin wider.

Durchaus nicht immer boten das Girowesen und das Scheckwesen an sich Anlaß zu Wünschen, Maßnahmen und Kritiken, noch weniger wurde als ihr Wesenskern der Zahlungsausgleich herausgehoben und zum Mittelpunkt der Erwägungen gemacht; am häufigsten handelte es sich vielmehr um die Verhältnisse der Grundlagen, um das Kredit-, besonders das Depositenwesen und seine Träger, die Geldinstitute.

Aus den vielartigen Mißständen der Zettelwirtschaft um die Mitte des 19. Jahrhunderts erhob sich immer stärker das Verlangen nach einschneidenden Reformen. Man litt unter den Plackereien des buntscheckigen Zahlungsmittelumlaufs und glaubte Ende der fünfziger Jahre einem Übermaß von Noten auch Preissteigerungen und das Abströmen von Silber nach dem Auslande zuschreiben zu müssen[1]. Im ganzen richteten sich die Bestrebungen der Abhilfe allmählich auf zwei Ziele: auf eine andere Ordnung der Notenausgabe und auf eine teilweise Ersetzung des Notengeschäfts durch das Depositengeschäft. Der Streit dreht sich in der ersten Gruppe um die Fragen, ob überhaupt eine besondere Reglementierung der Notenausgabe wünschenswert sei, und ob diese letztere in die Hand einer einzigen Zentralbank gelegt oder einer Vielheit von Banken überlassen werden solle. Daneben war man von der Notwendigkeit überzeugt, daß die Depositenbildung bei den Banken mehr gefördert werden müsse, als es das preußische Gesetz bisher zugelassen hatte. Konnte sich die preußische Regierung in ihrer ängstlichen Reglementierung der Notenbanken auf das englische Beispiel berufen, so suchten auch die Reformer ihre Anregungen aus jenem viel bewunderten Lande des wirtschaftlichen Fortschritts und der wirtschaftlichen Einsicht zu gewinnen. Durch das einflußreiche Werk Adam Smiths war der Typus der schottischen Banken mit Notenausgaberecht und Krediterteilung gegen Bürgschaft im engen örtlichen Wirkungsradius bekannt geworden[2], und an dies Beispiel knüpft ein Teil der Vorschläge an, wie die Friedrich Harkorts, der unermüdlich für Bankfreiheit und die Schaffung kleiner Kreditbanken nach jenem Muster eintritt[3].

Ein noch größeres Gewicht auf die Ausbildung des Depo-

---

[1]) Lotz, Geschichte und Kritik des deutschen Bankgesetzes vom 14. 3. 1875. Leipzig 1888, S. 86/7.

[2]) 2. Buch, 2. Kap. (Ausgabe von H. Schmidt nach der Übersetzung von Max Stirner, Leipzig 1910, Band I), S. 173 ff.

[3]) s. Poschinger, Preußen II, a. a. O. S. 159; s. auch Harkorts Schrift über Volksbanken, Berlin 1851.

sitenwesens legten die Bestrebungen des Kongresses deutscher Volkswirte, der Vereinigung der deutschen Freihandelspolitiker. In den Zusammenkünften der Jahre 1861 und 1863 beschäftigen sie sich ausgiebig mit der Bankfrage und wenden sich bei der Besprechung der preußischen Bankpolitik abgesehen von der Frage der Beschränkungen ganz allgemein gegen die Sonderstellung, die der Notenausgabe in übertriebener Bewertung eingeräumt werde. Hauptaufgabe der Banken sei die Ausbildung des Depositengeschäfts[4]). Von ihm erwarten sie vor allem die Heilung des Kreditübels, das sie im Notendarlehen erblicken. Sie erklären als die Mission des Kredits, die angesammelten Depositen der produktiven Verwendung zuzuführen[5]). Daß übrigens ebenso wie Banknoten auch Depositenguthaben durch Kredit geschaffen werden können, wurde nicht verkannt. Wenigstens Michaelis, wohl der gründlichste unter den Wortführern, zieht auch diesen Umstand in Betracht. Er hält indes die Krediterteilung auf Girokonten für weniger gefährlich als in der Notenform, wie er denn überhaupt geneigt ist, die Gefahren der Notenausgabe zu überschätzen. In den näheren Umständen der Banknotenausgabe glaubt er den Anreiz zu einer übertriebenen Vermehrung solcher Zirkulationsmittel zu erkennen und die Möglichkeit, daß Metallgeld ins Ausland gedrängt wird und das Inland schließlich einen zu geringen Bestand behält, um den Auslandsverkehr damit zu betreiben[6]). Daß auf dem Kreditwege auch eine übergroße Guthabensumme entstehen und ähnliche Schädigungen hervorrufen könnte, sei zwar theoretisch denkbar[7]), tatsächlich aber kaum zu befürchten, da die Depositenform in sich selbst Sicherungen dagegen trage. Die Kräfte, die einem Übermaß der Krediterteilung entgegen-

---

[4]) s. Bericht über die Verhandlungen des sechsten Kongresses deutscher Volkswirte zu Dresden am 14., 15., 16., 17. Sept. 1863, S. 37 (Sonnemann), S. 38 (Michaelis).

[5]) Michaelis, ebenda S. 38.

[6]) Vgl. Noten und Depositen (1865) in Volkswirtschaftliche Schriften, zweiter Band, Berlin 1873, S. 341.

[7]) A. a. O. S. 379.

wirken, sieht Michaelis in der Basierung der Notenausgabe auf kurzfristige Diskontgeschäfte[8]) und in den Motiven, die das Publikum veranlassen, mit dem den Depositen ebenso wie den Noten anhaftenden Versprechen der Bank auf Barzahlung früher oder später die Probe zu machen[9]). Gegenüber den Depositen sind aber die Motive weit wirksamer; hauptsächlich aus zwei Gründen[10]).

1. Kleine Zahlungen können mit Noten ausgeführt werden, wenn diese nur in Stücken von entsprechendem Nennwert ausgegeben werden. Übertragungen in kleinen Summen jedoch sind lästig, daher selten. Ihnen wird Barabhebung in der Regel vorgezogen.

2. Zwar hat auch die Note nur ihren beschränkten Umlaufskreis innerhalb eines Landes, da es Schichten gibt, die Noten nicht gern in Zahlung nehmen, und außerdem, sofern verschiedene Notenbanken bestehen, diese sich gegenseitig die in ihre Kassen gelangenden Noten wieder zuleiten. Besitzt nur eine Bank das Monopol der Notenausgabe, so wird die letztgenannte Beschränkung wegfallen. Auf jeden Fall ist aber die Schranke für den Umlauf der Guthaben als Zahlungsmittel noch enger gezogen, weil sie nur innerhalb der Kundschaft der einzelnen Bank, seltener zwischen verschiedenen Banken, kursieren können. Die Kreise, die kein Bankkonto führen, sind unter allen Umständen zahlreicher als die Kreise, die keine Banknoten annehmen. Deshalb sieht sich die Depositenbank gezwungen, eine größere Barkasse zu halten, oder — was dasselbe ist — sich im Krediterteilen mehr zurückzuhalten als die Notenbank.

Monopolisierung ist für beide Arten verwerflich, da sie die vorerwähnten Begrenzungen zu weit hinausschiebt. Vorbedingung für das richtige Maßhalten ist also die freie Konkurrenz und die unter ihrer Einwirkung von selbst sich herausbildende Lokalisierung des Bankwesens. Das Ziel muß sein, die Banken zu Kasseführern des Wirtschafts-

---

[8]) Vgl. Über papierene Umsatzmittel, ebenda S. 278 ff.

[9]) A. a. O. S. 380.

[10]) A. a. O. S. 381 ff.

körpers auszubilden, zu lokalen Anstalten, die nicht mehr in erster Linie mit Papier, sondern mit wirklichem Kapital wirtschaften, indem sie dieses da aufnehmen, wo es zeitweise beschäftigungslos ist, und dahin führen, wo es zeitweise gesucht wird. Nach englischem Muster müssen die Geldzahlungen durch Scheckverwendung erleichtert werden[11]).

An diesen Forderungen gemessen, war die Erlaubnis für die preußischen Notenbanken, Depositen in doppelter Höhe ihres Grundkapitals anzunehmen, und die Ermöglichung der Gründung von größeren Banken ohne Notenrecht infolge der Befreiung der Aktiengesellschaften vom Konzessionszwang zwar ein Fortschritt, aber keine zulängliche Erfüllung. Zur Reife gediehen die Ideen erst, als in dem neu geeinten Deutschen Reich die Noten- und die Bankfrage im Rahmen der gesamten Währungsaufgabe gelöst werden mußte und fast gleichzeitig die Krisis von 1873 wieder eine Flut von Vorwürfen gegen die Institution der Notenbanken entfesselte. Die Argumentation der Banknotengegner, der Moritz Mohl, Tellkampf, Kämmerer, Geffcken, Siemens u. a., läßt zwar im kritischen Teil vielfach die richtige Einsicht in die Zusammenhänge vermissen, ist indes durchaus nicht gleichmäßig wertlos, da sie nach der positiven Seite hin manche Vorzüge des Scheck- und Übertragungsverkehrs und der damit verbundenen Depositenansammlung klar herausstellt. In dieser Hinsicht haben vor allem die aus praktischer Anschauung entstandenen Schriften von Geffcken[13]), der als Hamburger das dortige Überweisungsverfahren als Ideal hinstellte, und von Siemens[14]), dem Direktor der erst wenige Jahre bestehenden Deutschen Bank, ihre Verdienste.

Die Schwächen dieser Anschauungen, die in mehr oder

---

[11]) Vgl. Volkswirtschaftliche Schriften, S. 375, 303 ff. Bericht a. a. O. S. 38.

[13]) F. Heinrich Geffcken, Das Deutsche Reich und die Bankfrage, Hamburg 1874.

[14]) G. Siemens, Das Zettelbankwesen und der Bankgesetz-Entwurf, Berlin 1874.

minder verstärkter Form auch im Reichstag bei Gelegenheit der Besprechungen des Bankgesetz-Entwurfes von einer Reihe von Rednern, wie v. Unruh, Augspurg, v. Loë, Gerstner, vertreten wurden, lagen zumeist in der Übertreibung der angenommenen Schäden der Notenausgabe, indem Vermögen und Interesse der Banken, Noten in den Verkehr zu pressen, sowie deren Beharrung und die Verdrängung des Metallgeldes überschätzt wurden[15]). Andererseits lassen sie oft das Augenmaß vermissen für die Grenzen, die der Ansammlung von Depositen und ihrer Verwendbarkeit in Scheck- und Überweisungsform für die verschiedensten Zahlungszwecke gesetzt sind. Vor allem fehlte auch die Erkenntnis der Gefahren, die einem höheren Entwicklungsstadium solcher Formen im freien Bankwesen anhaften. Aus der kleinen Zahl der Theoretiker, die diesen Auffassungen entgegentreten, ragen Adolf Wagner[16]) und Erwin Nasse[17]) heraus. Ersterer verficht die selbständige Bedeutung der Banknote gegenüber Scheck und Clearing, die jene weder vollständig ersetzen noch überhaupt auf Kommando eines Gesetzes verdrängen könnten, verneint aber die Frage, ob in der Wirkung sich Banknoten von anderen Geldsurrogaten und Zahlungseinrichtungen grundsätzlich unterscheiden, und führt im übrigen die Behauptungen der Gegner auf die von ihm bekämpfte Currency-Theorie zurück. Während er in scharfer Herausarbeitung seiner grundsätzlichen Kritik geneigt ist, über berechtigte Sätze der Banknotengegner hinwegzusehen, einerseits den größeren Anreiz der Notenform für die Krediterteilung zu verschweigen, andererseits die Labilität der Kassenguthaben als Gefahr für die Banken zu überschätzen, wägt Nasse Vorzüge und Nachteile der beiden Formen mit eindringlicher Sorgfalt gegeneinander ab.

An die Spitze stellt er den Nachweis, daß es ein entscheidender Irrtum ist, wenn das Anweisungssystem als

---

15) s. dazu Lotz, a. a. O. S. 144 ff.

16) Die Zettelbankreform im Deutschen Reiche, Berlin 1875.

17) Bankanweisungen und Banknoten (Zeitschrift für die gesamte Staatswissenschaft, 28. Band 1872, S. 487 ff.).

Wirtschaft mit Kasse dem Banknotensystem als Wirtschaft mit Kredit gegenübergestellt wird. Auch die Bankguthaben können, wie die englischen Verhältnisse beweisen, durch Kreditgeschäfte entstehen, also innerhalb der Grenzen von Bankinteresse und Bedürfnis der Bankkunden beliebig vermehrt werden. Die Vorzüge des Anweisungsverfahrens liegen für die Bank in der besseren Kenntnis der Vertrauenswürdigkeit des kreditsuchenden Kunden, für den letzteren in der Möglichkeit, seine ganze Kassenführung durch die Bank vornehmen zu lassen. Hinsichtlich der Wirkung auf den volkswirtschaftlichen Zahlungsmittelbedarf bemerkt er, daß zur Vermittlung der Wertumsätze eines Landes beim Notensystem eine kleinere Menge von Forderungen an Banken ausreicht als beim Anweisungssystem, weil bei diesem der Bank höhere Verwaltungskosten entstehen und sie daher auf die Haltung verhältnismäßig großer Guthaben bestehen muß. Das ist volkswirtschaftlich günstig, weil die Banken dann besser imstande sind, Kredit zu gewähren, bedenklich indessen wegen des Anreizes zur Festlegung der kurzfristigen Gelder in dauernden Anlagen. Die angeblichen Vorzüge des Scheckwesens, daß dadurch Gelder durch Banken nutzbar gemacht würden, die sonst müßig in Kisten und Kasten blieben, und daß Bankguthaben den vorteilhaften Barkauf statt des Kaufes durch Kredit förderten, will Nasse ebensowenig gelten lassen wie den andern, daß kleine Zahlungen beim Schecksystem mit Bargeld ausgeführt werden müssen und dadurch eine gewisse Menge Bargeld stets im Lande erhalten bleibt. Zur Bewertung des letztgenannten Umstandes sei zu bedenken, daß auf diesen Bestand doch auch dann nicht zurückgegriffen werden könne, wenn — was immer als wichtigster Fall gilt — Bargeld für Zahlungen ans Ausland gebraucht wird. Ein hierfür verfügbarer Vorrat entstehe nur durch Konzentration des Bargeldes bei Banken, und eben das besorge die Ausgabe von Noten, vor allem kleiner Noten, vollkommener als das Scheckwesen. Zuzugeben als ein wesentlicher Vorzug des Schecksystems sei allerdings, daß es mehr Hemmungen als das Notenwesen biete gegen eine ungesunde

Ausdehnung der kreditmäßigen Zahlungen auch im Kleinverkehr, wodurch Überspekulation und Preissteigerungen weitergetrieben werden könnten.

Trotz solcher Stimmen setzte sich im Bankgesetz vom 14. März 1875 die notenfeindliche Richtung im wesentlichen durch[18]). Michaelis, der übrigens der Verfasser des zweiten Gesetzentwurfes war, sah seinen Lieblingsgedanken, das Depositenwesen durch Begrenzung des Notengeschäftes anzuregen, damit in die Tat umgesetzt. In den Motiven und in den Reichstagserklärungen der Regierungsvertreter wurde diese Erziehungsabsicht offen zugegeben.

Der neuen Zentralnotenbank, der aus der Preußischen Bank geschaffenen Reichsbank, wird die Art der Geschäfte vorgeschrieben, ferner die Notenausgabe von bestimmten Deckungsvorschriften abhängig gemacht und durch Einsetzen einer Steuer von 5% bei einer gewissen Umlaufshöhe indirekt begrenzt; die bestehenden andern Notenbanken müssen sich entweder weiteren einengenden Bedingungen unterwerfen oder ihre Niederlassungen und ihren Notenumlauf auf den Staat beschränken, der ihnen die Konzession erteilt hat, wenn sie nicht vorziehen, überhaupt auf ihr Notenrecht zu verzichten. Neue Befugnis zur Ausgabe von Banknoten kann von nun an nur durch Reichsgesetz erteilt werden. Verzinsliche Depositen darf die Reichsbank nur bis zur Höhe des Grundkapitals und des Reservefonds annehmen, die Privatnotenbanken bleiben von dieser Einschränkung frei, soweit das Landesgesetz darüber keine entsprechenden Vorschriften enthält.

Der Zweck wurde erreicht. Die Reichsbank bildete das ihr als Teil ihrer Gesamtaufgabe zugewiesene Girowesen aus, die Privatnotenbanken schmolzen auf eine geringe Zahl zusammen und widmeten sich im engeren Kreise neben ihrem bescheidenen Notengeschäft ebenfalls dem Giro-, dem Scheck- und Depositengeschäft, seit 1883 unter Verzinsung der ihnen überlassenen Gelder. Da nur für die Notenverbindlichkeiten eine bestimmte Bardeckung vorgeschrieben

---

[18]) Vgl. Lotz, a. a. O. S. 199.

war, erschienen die im Giroverkehr einströmenden Gelder doppelt begehrenswert. Bei den übrigen, vom Drucke einer starken Notenkonkurrenz befreiten Banken wurde die Annahme verzinslicher Depositen mehr und mehr zu einem vorteilhaften und als Mittel zur Gewinnung von Betriebskapital sogar notwendigen Geschäftszweig.

Neben der Reichsbank, die als Regulator des gesamten Geldwesens im Reich zum kräftigen Werkzeug staatlicher Währungs- und Kreditpolitik wird, und den weniger bedeutenden übrigen Notenbanken wächst in den freien notenlosen Banken von nun an ungehindert eine zweite, stetig an Stärke zunehmende Gruppe empor. Ihre Mittel, die mit den Depositen ihnen zufließen, wissen die Banken mannigfach durch Krediterteilung anzuwenden, nachdem die lange Depressionszeit seit 1878 einer neuen Aufschwungsperiode gewichen war. Die Reichsbank vermochte mit Notenrecht und Gironetz in leichter und elastischer Anpassung an jede Lage des allgemeinen Geldbedarfes ihre Zwecke zu erfüllen und ihre Geschäfte auszudehnen. Den gewöhnlichen Banken standen derartige selbständige Ergänzungen des Zahlungsverkehrs nicht zur Verfügung. Die Möglichkeit der Notenausgabe fehlte ihnen ganz, damit war auch die der Girozahlungen weit schwieriger als dort zu erfüllen; denn der für sie erforderliche Apparat konnte nicht wie jener der Reichsbank sich mit auf die Gewinne der Notenausgabe stützen, seine Einrichtung war vielmehr an die Bedingung selbständiger Rentabilität geknüpft. Für die anzulockenden Betriebsmittel mußte Verzinsung zugestanden werden, eben weil man die Vorteile der Reichsbank im Überweisungs- und Kreditverkehr nicht zu bieten hatte; der Verzicht auf Befristung konnte nur einem Teil der Konten, der sich mit niedrigerer Verzinsung begnügte, zugestanden werden; die örtliche Ausbreitung der Bankunternehmung hing von den Gewinnaussichten ab. Von der hier allein wirksamen geschäftlichen Seite her war also der Anreiz zur Schaffung der einzelnen Grundelemente für den direkten inneren Übertragungsverkehr nur bedingt vorhanden, lange mußte sich dieser mit einer sehr bescheidenen Rolle begnügen, und nur langsam kam er vorwärts. Soweit aber die Unterlage des geldlosen Zahlungsverkehrs, das gar nicht oder kurz befristete Konto, überhaupt vorhanden war, bestand die Möglichkeit, zur Erleichterung der Benutzung den Scheck zu verwenden. Die Aufmerksamkeit der wirtschaftlichen Kreise richtete sich daher bald auf den Ausbau dieses Zahlungsmittels, vor allem auf die Frage des Scheckrechtes.

Noch am Ausgang der 70er Jahre war indessen die Ausbreitung des Scheckwesens so gering, daß der ständige Ausschuß des deutschen Handelstages sich in der Entschließung vom 21. November 1878 gegen eine gesetzliche Regelung aussprach, weil die Entwicklung selbst erst die Grundlagen schaffen müßte. Auch die erste Konferenz, die wegen Erlaß eines Scheckgesetzes im folgenden Jahre von der Handelskammer in Braunschweig einberufen wurde, war sich über die Zweckmäßigkeit eines Scheckgesetzes durchaus nicht einig[19]). Dort wurde sogar angezweifelt, daß eine entsprechende Entwicklung in Deutschland überhaupt zu erwarten und zu wünschen wäre. Die Skeptiker machten geltend, daß in Deutschland diejenigen Kreise, für die das Scheckwesen geeignet wäre, nämlich die kleinere Geschäftswelt, die Rentner und ähnliche Schichten, unter viel zu beschränkten Vermögensverhältnissen lebten, um Kassenbestände bei Banken halten zu können. Außerdem bestehe auch deshalb kein Bedürfnis für einen Scheckverkehr, weil bei den guten Posteinrichtungen des Reiches im Gegensatz zu England die Versendung von Geld keine Schwierigkeiten mache und schließlich der Giroverkehr der Reichsbank und die ähnlichen Einrichtungen bei Privatbanken an einzelnen großen Plätzen, besonders in Hamburg, vollauf genügten. Große Erwartungen wurden also von diesem Teil der Praxis keineswegs an die Ausbildung des Scheckwesens geknüpft. Die Vermutung, daß der neugeschaffene Reichsbank-Giroverkehr unter derartigen Ein-

---

[19]) Nach den „Mitteilungen des Vereins zur Wahrung der gemeinsamen wirtschaftlichen Interessen in Rheinland und Westfalen". Januar/Februarheft 1880, Düsseldorf 1880.

richtungen bei privaten Banken leiden würde, trat hier und auch sonst als gewichtiger Einwand auf.

Solche Ansichten waren aber in der Minderheit oder gerieten wenigstens mit der Zunahme des Bank- und Zahlungsverkehrs sehr bald in das Hintertreffen. Die Reichsbank selbst war weit davon entfernt, von der Einbürgerung des Schecks eine Beeinträchtigung ihrer Giroeinrichtung zu befürchten, im Gegenteil, ihr späterer Präsident Rudolf Koch stand in der ersten Linie der Sachkenner, die sich für seine Verbreitung einsetzten. Die volkswirtschaftliche Bedeutung des Schecks sieht Koch darin, daß er „dem Publikum das eigene Kassehalten wie die Ausführung der Zahlungs-Geschäfte und damit dem Lande einen sehr beträchtlichen Teil der sonst unentbehrlichen Umlaufsmittel erspart, mittelbar aber die Umsätze vervielfältigt und die Produktivität der Kapitalien fördert“[20]. Im Scheck ein der Banknote ähnliches Geldsurrogat anzuerkennen, lehnt er im übrigen ab. Als entscheidender Unterschied erscheint ihm die Tatsache, daß diese zirkuliert und den Gegenstand ganzer Reihen von Zahlungsgeschäften bildet, während jener, auf das Bedürfnis eines einzelnen Zahlungsgeschäftes zugeschnitten, den Zahlungszweck erst mit der Einlösung erreicht und daher zum Umlaufsmittel nicht geeignet ist[21]. Auch G. Siemens, der auf dem 11. Deutschen Handelstag im Jahre 1882 das Hauptreferat über den Gegenstand der Tagesordnung, die Einführung des Scheckverkehrs, hielt, stellt den Scheck in Gegensatz zur Banknote, erblickt daher in der Förderung des Scheckwesens nicht, wie in der Notenausgabe, die Gefahr einer künstlichen Vermehrung des Geldes, erwartet vielmehr als Hauptergebnis der mit dem Scheckverkehr verbundenen Konzentration zahlreicher Einzelkassen eine wesentliche Stärkung des Handelsverkehrs[22]. In seiner Argumentation kehrt der Gedankengang Michaelis' wieder, die Notenfurcht der Currencylehre ver-

---

[20]) Über Giroverkehr und den Gebrauch von Schecks als Zahlungsmittel. Berlin 1878, S. 6.

[21]) A. a. O. S. 5.

[22]) Verhandlungen des 11. Deutschen Handelstages, S. 18.

bunden mit der Einschätzung des Depositenwesens als gesünderer Kreditbasis.

Die Bankkreise, denen ja auch Siemens angehörte, waren natürlich an der Ausbreitung des Scheckverkehrs am lebhaftesten interessiert. Schon früh gesellen sich ihnen die Sparkassen zu, indem sie in ihrer Verbandszeitung bereits Anfang der 80er Jahre die Einführung des Scheckverkehrs in ihren Betrieben fordern und das Preußische Ministerium des Innern dazu bringen, im Jahre 1885 bei den oberen Verwaltungsbehörden Gutachten über die Zweckmäßigkeit einer solchen Maßnahme einzuziehen. An den Bedenken, daß der eigentliche Zweck der Sparkassen dadurch geschädigt werden könnte, scheitert jedoch das Vorgehen[23]).

Für die breitere Öffentlichkeit treten die Fragen des Giro- und Scheckwesens vom Ende der 80er Jahre an mehr zurück. Die erste Erneuerung des Reichsbank-Privilegs gibt zwar Veranlassung, die Einrichtung und Geschäftsführung des Zentral-Noteninstituts auch in dieser Hinsicht einer Prüfung zu unterziehen, im allgemeinen aber wird das Interesse daran verdrängt durch den Kampf um die Grundlage der Bankverfassung selbst, der durch die Verstaatlichungsbewegung entfesselt wird. Dabei machen sich mit Nachdruck die Sonderbestrebungen landwirtschaftlicher Kreise bemerkbar[24]), die von nun an auch der allgemeinen Depositen- und Giroentwicklung gegenüber oftmals eine von den übrigen Wirtschaftsgruppen abweichende Haltung einnehmen. Der Konjunkturverlauf, der seit Jahren die Landwirtschaft begünstigt, ihr hohe Preise, lebhaften Besitzwechsel, dadurch aber auch hohe Verschuldung beschert hatte, war seit Mitte der 70er Jahre umgeschlagen und ließ bei sinkenden Getreidepreisen die Schwere der Verschuldung, die besonders auf den größeren Gütern lastete, immer drückender fühlen. Zu den Maßnahmen, die

---

[23]) Berthold Michael, Über die Ausdehnung der Tätigkeit der Sparkassen. Berlin o. J. (etwa 1895), S. 27.

[24]) Martin Goldberg, Geschichte der deutschen Bank- und Münzgesetzgebung seit der ersten Erneuerung des Reichsbankprivilegs. Berlin 1913, S. 46.

den interessierten Kreisen als wünschenswert erschienen, um die Landwirtschaft aus der chronischen Krisis herauszuführen, rechnete man auch eine nach Umfang und Art geeignete Kredithilfe, die jedoch in ausreichendem Maße weder bei den Privatbanken noch bei der Reichsbank infolge ihrer formalen Bedingungen gefunden werden konnte. Die Unzufriedenheit über diesen Umstand war um so größer als der bedrängte Agrarbesitz neben sich das Aufblühen von Industrie und Handel wahrnahm und die Einrichtungen der Zentralnotenbank ebenso wie die Gestaltung des freien Bankwesens allein auf deren Bedürfnisse zugeschnitten glaubte[25]). Daher stellte sich die agrarische, d. h. im wesentlichen dem Großgrundbesitz dienende Politik, zu deren Träger sich im parlamentarischen Leben hauptsächlich die konservative Partei machte, hinsichtlich ihrer kreditwirtschaftlichen Forderungen in einen gewissen Gegensatz zu den Anschauungen der großgewerblichen und kaufmännischen Schichten und hatte darüber hinaus die Neigung, die Entwicklung des mobilen Kapitals überhaupt mit allen ihren Nebenerscheinungen zurückhaltend, wenn nicht mißtrauisch und ablehnend, zu beurteilen. Einen Bundesgenossen fand sie, wenigstens für bestimmte Fragen, in mittelständischen Kreisen, die sich ebenfalls von der Entwicklung benachteiligt fühlten.

Für die Ausbildung des bankmäßigen Zahlungsausgleichs konnte eine solche Haltung von Bedeutung werden, sobald das Eingreifen des Staates in die Gestaltung des Giro- und Scheckwesens oder ihrer Grundlagen in Frage kam. Die Bank- und Handelskreise sahen indessen irgendwelche gesetzgeberischen Maßnahmen nicht als wünschenswert an; selbst eine Formulierung des Scheckrechtes, die lange Zeit hindurch gefordert worden war, stieß auf Widerstand, als sie im Jahre 1892 im Entwurf von der Regierung dem Reichstag vorgelegt werden sollte, und kam infolgedessen nicht zur Ausführung. Der Grund der Ablehnung lag in

---

[25]) s. dazu Gamp, Der landwirtschaftliche Kredit und seine Befriedigung. Berlin 1883.

den allzu scharfen Strafbestimmungen, die für Verstöße vorgesehen waren, und in der Befürchtung, daß das Gesetz über kurz oder lang durch die Einführung einer Stempelpflicht ergänzt werden würde. Ebenso entschieden wurde von jenen Kreisen die staatliche Regelung des Depositenwesens zurückgewiesen, die 1895 auf Antrag des konservativen Abgeordneten Grafen Arnim vom Reichstag bei der Regierung angeregt wurde. Weniger glücklich waren die Vertreter des mobilen Kapitals in der Abwehr des konservativ-agrarischen Angriffs, der als Folge der Zusammenbrüche von Banken anfangs der 90er Jahre sich gegen die Spekulation in Börsengeschäften richtete. Die Antragsteller setzten die Ausführung der Börsenenquete von 1893 durch und hatten die Genugtuung, als deren Frucht das Börsengesetz und das Depotgesetz von 1896 zu ernten, Gesetze, die in den Augen der dadurch Betroffenen den Stempel bewußter Hemmung der industriellen Entwicklung an sich trugen[26]).

Indessen nahm die Aufwärtsbewegung des gewerblichen und kommerziellen Lebens nach der Depressionsperiode 1891—1894 aufs neue ihren Gang. In den nun folgenden Jahren setzt die machtvolle Ausbreitung der Großbanken mit Filialgründungen, Fusionen und Konzernbildungen ein, während gleichzeitig die Verbindungen mit der Industrie von den einzelnen Bankgruppen planmäßig ausgebaut werden. Die Depositen wachsen ebenso wie die Umsätze auf den laufenden Konten, und beide Vorgänge werden begleitet von zunehmender Verbreitung des Scheckverkehrs und der Übertragungsform.

Die Stimmen, die sich nach den Bankbrüchen von 1891 warnend gegen die freie Verbindung der Depositen mit jeglichem Aktivgeschäft der Banken erhoben und eine mehr oder minder einschneidende gesetzliche Beschränkung ge-

---

[26]) s. Verhandlungen des zweiten allgemeinen deutschen Bankiertages zu Berlin am 16. und 17. Mai 1904. Berlin/Frankfurt a. M. 1904, besonders die Ausführungen von Schinckel (S. 13) und von Mueller (S. 25).

fordert hatten[27]), waren unter dem Eindruck des folgenden Aufschwungs verhallt, ohne praktische Wirkungen zu hinterlassen. Sie lebten wieder auf und erhielten besonders von wissenschaftlicher Seite Verstärkung, als in der Krisis 1901 wiederum eine Reihe von Banken zusammenbrach und dieses Unglück bis in die kleinsten Sparerschichten hinein seine Kreise zog[28]). Die Frage der Entwicklung des Scheck- und Giroverkehrs wurde aber von dieser Bewegung kaum berührt. Was gefordert wurde, galt im wesentlichen der Sicherung des Einlegers von Depositengeldern und lief auf die alten Zweifel hinaus, ob im Depositengeschäft die schrankenlose Gewerbefreiheit am Platze wäre. An die Unterdrückung des Übertragungsverfahrens dachten auch die Gegner der Bankfreiheit ebensowenig wie an eine Einschränkung der Depositensammlung überhaupt.

2. Die Geldkrisis 1907 und die Frage nach dem Einfluß des Übertragungs- und Scheckwesens auf den Geldmarkt

Das nächste Krisenjahr 1907 eröffnete weitere Ausblicke. Die in der Krisis sich offenbarenden Störungen des Geld- und Kapitalmarktes lenkten die Aufmerksamkeit notwendigerweise auf die gesamte Geldverfassung und die damit zusammenhängenden Seiten des Bankwesens. Neben dem alten Problem der Depositensicherung tauchten vornehmlich die Fragen der Bedeutung von Scheck- und Girowesen für die Währung und als Abschluß die Sonderfrage auf, welche Rolle die Reichsbank in der Entwicklung dieser Situation gespielt hatte, und auf welche Weise von ihr künftig derartige Krisen abgewendet werden könnten. Mit der umfassenden Bankenquete des Jahres 1908 übernahm die Reichsregierung selbst die Führung in der Prüfung

[27]) Caesar Straus, Unser Depositengeldersystem und seine Gefahren. Frankfurt a. M. 1892. — Neumann-Hofer, Depositengeschäfte und Depositenbanken. Leipzig 1894.

[28]) Adolf Wagner, Bankbrüche und Bankkontrollen. Deutsche Monatsschrift für das gesamte Leben der Gegenwart. Berlin 1901. — Otto Warschauer, Das Depositenbankwesen in Deutschland in: Jahrbücher für Nationalökonomie und Statistik. III. F. Band 27, 1904.

der Fragen und beauftragte mit der Durchführung die Verwaltung der Reichsbank, deren Mitglieder auch im literarischen Streit mehrfach das Wort ergriffen. Das Ziel war auf dieser Seite klar und blickt auch aus der Fragestellung der Enquete hervor. Die Reichsbank sollte soweit wie möglich befähigt werden, die Verhältnisse des Geldmarktes nach ihrem Willen zu lenken; das lag auch im Sinne ihrer gesetzlichen Aufgabe. Jene Schwächen, welche die Ereignisse an ihr erwiesen hatten, mußten beseitigt, ihre Ausrüstung und ihre Stellung unter den Marktfaktoren irgendwie verstärkt werden. Vorab mußte geklärt werden, wie die Wirksamkeit der Komponenten des Geldmarktes, der Noten und des Scheck- und Giroverkehrs, anzuschlagen, darnach, was nötigenfalls zu verstärken oder zu hemmen war, und auf welche Weise das geschehen konnte. Maßgebend erschien der Einfluß der Zahlungsformen auf den Diskont, den Ausdruck und zugleich das Ventil der Geldmarktlage. Lag der Ausgang des Notenverkehrs, von den wenigen fest kontingentierten übrigen Notenbanken abgesehen, ausschließlich bei der Reichsbank selbst, so spielte sich im Girowesen neben dem der Reichsbank noch ein Übertragungsverkehr bei den Privatbanken ab, und das Scheckwesen schließlich war fast gänzlich die Domäne der letzteren. Die Probleme spitzten sich daher bezüglich dieser letzten zwei Zahlungsformen auf die Frage zu, ob und wie eine Ausdehnung einerseits des Reichsbankverkehrs, anderseits des übrigen Übertragungs- und des Scheckverkehrs, auf die Stellung der Reichsbank und die Gestaltung des Geldmarktes, insbesondere auch des Diskonts, einwirken würden.

So wenig auch in der literarischen Behandlung eine scharfe Trennung der Scheckzahlungsform von der reinen Übertragungsform sonst üblich war, so ließ doch die besondere währungspolitische Aufgabenstellung den Reichsbank-Giroverkehr in einen gewissen Gegensatz zum Scheckverkehr treten. Daß jener weitgehende Förderung verdiente, darüber waren sich fast alle Sachverständigen in der Literatur wie in der Enquete einig, wenn auch im einzelnen über die Wirkung einer Ausdehnung und über die Mittel dazu die Ansichten auseinandergingen. Ob aber der Scheckverkehr, womit in der Regel der gesamte Scheck- und eigene Übertragungsverkehr der Privatbanken bezeichnet wurde, eine ebenso eifrige Förderung verdiente, wurde scharf umstritten und nicht ohne einseitigen Interesseneinschlag auf seiten der Reichsbank wie auch auf seiten der Bankvertreter beurteilt.

Vergrößerung des Reichsbank-Giroverkehrs konnte unmittelbar als Weg zur Ersparnis von Bargeld und Noten in der Zirkulation, in ihrer mittelbaren Wirkung, soweit damit Anwachsen der gesamten Giroguthaben verbunden war, als Weg zur Aufsaugung von Geldbeständen aus der Zirkulation in die Reichsbank betrachtet werden, und darin mochte man eine günstige Beziehung zur Diskontgestaltung sehen, indem angenommen wurde, daß stärkere Goldansammlung bei der Zentralnotenbank dieser größere Freiheit in der Kreditgewährung und damit in der Festsetzung des Diskonts verleihe[29]). Der Reichsbank selbst war vor allem die auf solche Weise erlangte Stärkung im Verhältnis zu der übrigen Bankwelt ein erwünschtes Ziel. Die Notwendigkeit, für die dem Übertragungsverkehr dienenden Guthaben ebenso hohe Deckung zu halten wie für ausgegebene Noten, was den Vorteil aufgehoben hätte, glaubten ihre Vertreter nach Erfahrung und theoretischer Überlegung verneinen zu können[30]). Im großen und ganzen stimmten Praktiker und Theoretiker mit dieser Auffassung überein. Eine kleine Modifikation nur bringt Schumachers Warnung, den Giroverkehr nicht allzuweit in solche Schichten hineinzutragen, die in kritischen Zeiten den Kopf verlieren und ihre Guthaben plötzlich zurückziehen könnten[31]). Solche Bedenken stehen ziemlich allein, und die entgegengesetzte

---

[29]) Vgl. Referat von Kaemmerer auf dem III. Allg. Deutschen Bankiertag 1907.

[30]) Vgl. Arnold, Die Bedeutung der Giroguthaben für die Bankpolitik. Bankarchiv VI. 1906/7, S. 56.

[31]) Die deutsche Geldverfassung und ihre Reform, in: Weltwirtschaftliche Studien. Leipzig 1911, S 159.

Ansicht, daß die Reichsbank ihren Giroverkehr noch breiter ausbauen und dem Kleinverkehr zugänglich machen sollte, wie es die Resolution des III. Allgemeinen Deutschen Bankiertages zum Ausdruck bringt[32]), entspricht mehr der allgemeinen Auffassung, obwohl die Berechtigung jener Mahnung nach den Vorgängen des Jahres 1907 in den Vereinigten Staaten nicht zu verkennen war.

Auf Widerstand aber stieß das Bestreben der Reichsbank, die Früchte der allgemein gebilligten Giropolitik sich zu sichern durch eine Erhöhung der Mindestguthaben auf den Girokonten, da ihr nur die dauernde Belassung unantastbarer Guthabenbestände von einiger Größe Gewähr dafür zu bieten schien, daß sie einen erheblicheren Goldvorrat werde bewahren können. Die auf eine derartige Bestimmung hinzielende Frage der Bankenquete fand bei den Kommissionsmitgliedern, soweit sie sich darüber äußerten, einmütig Ablehnung, und zwar hauptsächlich unter Hinweis auf jenen in seiner Bewertung strittigen Umstand, daß damit die Beteiligung kleinerer Unternehmungen am Giroverkehr verhindert, sein plutokratischer Charakter verstärkt werden würde[33]). Es mag dahingestellt bleiben, wieweit Motive des eigenen Interesses auf die Urteile der Sachverständigen von Einfluß waren, jedenfalls mußte es den Banken und andern großen Girokunden unerwünscht sein, noch größere Beträge als schon die erste Neuregelung der Mindestguthaben 1906 angeordnet hatte, als Giroguthaben bei der Reichsbank dauernd zinslos festzulegen. Der Streit über diesen Punkt der Giropolitik kommt auch in den nächsten Jahren nicht zur Ruhe, als die Steigerung der Mindestguthaben bereits zur Tatsache geworden war und die Reichsbank in der Sicherung der Geldmarktverhältnisse und ihrer eigenen Lage noch einen Schritt weiter gehen wollte, indem sie die

---

[32]) Verhandlungen des III. Allgemeinen Deutschen Bankiertages.

[33]) Vgl. z. B. Rießer in den Verhandlungen der Gesamtkommission zu den Punkten I—V des Fragebogens, Berlin 1909, S. 219. Dagegen gibt der 4. Allgemeine Deutsche Bankiertag, München 1912, die Notwendigkeit, ebenso wie die, die eigenen Kassenbestände der Banken zu erhöhen, ohne weiteres zu. (Vgl. Verhandlungen S. 101.)

Großbanken zu verpflichten suchte, daß sie neben den Reichsbankguthaben ständig auch größere Barreserven in ihren eigenen Kassen hielten.

Unter dem Gesichtswinkel des Kampfes der Reichsbank mit dem fast übermächtig gewordenen Großbankwesen um die Herrschaft auf dem Geldmarkt kommen nun auch die Verhältnisse des Scheckverkehrs zur Beurteilung. Die Reichsbank war sich darüber klar, daß dieser zusammen mit dem eigenen Übertragungsverkehr der Banken, soweit sich in diesen beiden Formen deren Kreditpolitik auswirkte, die Bedeutung ihrer eigenen Kreditgewährung in Form von Noten und Gutschriften auf Girokonto zu beeinträchtigen drohte. Das Mittel des bankmäßigen Zahlungsausgleichs vermochte die Systeme der Privatbanken während normaler Zeiten jedenfalls weitgehend von der Zentralnoten- und -Girobank zu emanzipieren, und das auf diese Weise zum Teil in sich selbst ruhende Kreditgebäude des privaten Bankwesens erschien ihr als eine ernste Gefahr in mehrfacher Hinsicht. Es mußte in kritischen Zeiten, ja schon zu den regelmäßigen Terminen erhöhten Bedarfs an Zahlungsmitteln doch Unterstützung bei der Reichsbank suchen, während diese, da ihr ein bedeutender Teil des Zirkulationsstroms fehlte, ihre verfügbaren Mittel nicht im normalen Verlauf genügend ausbauen konnte und überhaupt — das war das Bedenklichste — an Einfluß auf das Ausmaß der Krediterteilung zurückstand. Ihre Diskontpolitik mußte unter solchen Umständen an Wirksamkeit einbüßen[34]). Es war die selbstverständliche Folge dieser Auffassung, daß die Reichsbank nach wirksamen Änderungen in den Verhältnissen des Bankwesens strebte. Mit solchen Bemühungen, die nach der negativen Seite ihren schärfsten Ausdruck in der Feststellung fanden, daß die weitere Geldkonzentration in den Banken, die Entwicklung des Depositen- und Scheckwesens, im bisherigen Maße nicht zu wünschen sei[35]),

---

[34]) Vgl. v. Lumm, Die Stellung der Notenbanken in der heutigen Volkswirtschaft. Bankarchiv 1908/9, VIII. Jahrg., S. 213 ff.

[35]) Vgl. Heinemann, Die Scheckfrage und das Trennungsproblem im Bankwesen. Jahrbücher für Nationalökonomie und Statistik, III. Folge,

näherte sich die Partei der Reichsbank der neubelebten auf die Sicherung der Depositengläubiger bedachten Bewegung, die gesetzliche Eingriffe, teilweise die Errichtung besonderer Depositenbanken, zum mindesten die Vorschrift erweiterter Publizität, für alle Banken forderte[36]).

Damit war jedoch keineswegs eine Verurteilung des bankmäßigen Zahlungsausgleichs im allgemeinen ausgesprochen. Wenigstens gewisse technische Vorzüge erfreuten sich durchweg der Anerkennung: Die Erleichterung des Zahlungsverkehrs, sowohl am Platze, wie nach außerhalb, die Verminderung der mit dem Transport, der Aufbewahrung und Handhabung von Geld verbundenen Spesen und Gefahren, wie die des Verzählens, der Unterschlagung, des Diebstahls, der Vernichtung durch Feuer[37]). Indessen enthob man sich in der Regel der Mühe, Bedingungen und Grenzen dieser günstigen Eigenschaften zu untersuchen, wie auch nicht immer erkannt wurde, daß schon für solche einfachste Beurteilung der Gebrauch des Schecks vom reinen Übertragungsverfahren unterschieden werden muß[38]). Zur Erörterung kam ferner die sehr wichtige Frage, in welchem Maße die Zahlungsformen des Schecks und der Giroüberweisung sich dem wechselnden Bedarf an Umlaufsmitteln anzupassen vermögen, wie zum Beispiel ihre Elastizität sich zu der des Notenwesens verhält. Auch diese Erörterung

---

34. Bd. 1907, S. 577 ff. — Lansburgh, Depositen, in „Die Bank" 1908, S. 431 ff., betont die Notwendigkeit einer Regelung in Hinblick auf die Verwendung der Depositengelder, damit die volkswirtschaftlich wichtigsten Kreditbedürfnisse (Staat, Gemeinden usw.) nicht zu kurz kämen. — Ähnlich Obst, Reichsaufsichtsamt für Bankwesen. (Zeitschrift für Handelswissenschaft und Handelspraxis, 1. Jahrg. 1908/9, S. 387 ff.).

[36]) Vgl. Ulrich, Depositenbanken als Grundlage des Scheckverkehrs. Berlin 1908. — Bernhard, Depositengesetz, in „Plutus" 1908, S. 355. — Lexis, Die Bankenquete und die Depositenfrage, im Jahrb. f. Nat-Ök. und Statistik. III. F. 40. Bd. 1910, S. 577 ff.

[37]) Vgl. Otto Warschauer, Die Organisation des Scheckverkehrs in Deutschland. Jahrbuch für Nationalökonomie und Statistik, III. F. 34. Band 1907, S. 594.

[38]) Verdienstlich ist der klare Aufsatz von Schmalenbach, Scheck und Giro, in der Zeitschrift für handelswissenschaftliche Forschung. 1. Jahrg. 1906/7, S. 401 ff.

läßt durchweg ein sorgfältiges Eingehen auf die auch hierin wesentlichen Unterschiede zwischen der Scheckform und der reinen Übertragungsform gänzlich vermissen. Am ausführlichsten spricht Schumacher über die Elastizitätsfrage[39]), leider aber beschränkt er sich auf einen Vergleich zwischen Scheck und Banknote. Das, was er am Scheckwesen mit Recht auszusetzen hat, fällt dem Übertragungsverkehr nur zum geringen Teil zur Last. Seine Beweisführung stützt sich auf die Sätze, daß ein Zahlungswesen nur Elastizität besitzen kann, soweit es auf Kredit beruht, und daß für den Grad der Elastizität letzthin die Güte des Kredits entscheidend ist. In den weiteren Ausführungen legt er das Hauptgewicht auf die Garantien, die den Benutzern von Schecks einerseits, von Banknoten andererseits durch deren Entstehungsbedingungen sichtbar vor Augen geführt werden, und zieht die zutreffende Folgerung, daß in Deutschland die Reichsbank-Noten, der Verpflichtungsausdruck der gesetzlich reglementierten, sorgfältig überwachten und leicht zu übersehenden Zentralnotenbank, eine größere Sicherheit bieten und eine größere Gewähr, ihre Zuverlässigkeit auch in kritischen Zeiten in den Augen des Publikums zu bewahren, als irgendwelche Schecks. Aber das Vertrauen, das der Scheckempfänger dem Scheckaussteller oder der bezogenen Bank wohl versagen mag, wenn er beide nicht kennt, beansprucht beim Übertragungsverfahren nur die vom Zahlungsempfänger selbst gewählte Bank und beim äußeren Giro dazu noch die überweisende Bank von der schließlich empfangenden. Tritt gar — wie es ja zumeist der Fall ist — die Reichsbank oder die Post als Vermittler zwischen sie, so ist diese dem Kontenführer des Zahlungsempfängers gegenüber die Bürgin der Sicherheit, und er bewertet sie doch mindestens ebenso günstig wie der vielfach unwissende, der Panik leichter zugängliche Notenbesitzer. Gewiß, wenn das Vertrauen zu den Kreditbanken erschüttert wird, dann tritt auch die Wahrscheinlichkeit ein, daß der Girokunde sein Guthaben zurück-

---

[39]) Die deutsche Geldverfassung und ihre Reform, a. a. O. S. 116 ff.

zieht, und in solchen Zeiten hört die sichere Funktion des direkten Übertragungsverkehrs innerhalb der Banken auf. Dazu gehört jedoch ein weit höherer Grad wirtschaftlicher Vertrauensstörung als zur Diskreditierung des Scheckwesens. Genügt bei der Scheckform schon das Mißtrauen, das irgendein Empfänger des Schecks gegen dessen Aussteller hegt, so muß bei der direkten Übertragung der empfangende Konteninhaber, als solcher fast stets eine wirtschaftskundige Person, Verdacht gegen die Zuverlässigkeit seiner eigenen Bank schöpfen.

Doch die Vertrauenswürdigkeit ist nur die psychologische Vorbedingung der Elastizität von Zahlungsformen. Maßgebend ist weiter ihre Anpassung an den Bedarf nach Zahlungsmitteln durch leichtes Entstehen und Verschwinden. Hier wäre der Faden wiederaufzunehmen, der von der Kreditbasis an ihrer Qualitätsseite ausgeht. In der Form des Kredits in den Büchern der Banken tritt die Grundlage der Scheck- und Girozahlung ebenso schnell ins Leben wie der Kredit durch Notenausgabe. Es fragt sich nur, wieweit Schecks und Übertragungen ausreichen, ihn durch die Zirkulation zu tragen, und schließlich, ob er ebenso schnell und gewiß erlischt wie der Kredit in Gestalt von Noten. Was den ersten Teil der Frage angeht, so kann wohl nicht daran gezweifelt werden, daß Bankkredit, zunächst in Giro- oder Scheckgestalt in Bewegung gesetzt, an irgendeiner Station des Umlaufs sich in Noten oder Bargeld umwandeln kann. Aber dieselbe Verwandlungsfähigkeit im umgekehrten Sinne ist auch den letzteren Zahlungsmitteln eigen, und man wird sagen können, daß je mehr Schecks oder Überweisungen aus Kredit entstehen, desto mehr gleiche Formen auch zur Kredittilgung dienen. Es ist im Grunde derselbe Vorgang von zwei entgegengesetzten Seiten gesehen, und für den Scheckverkehr kommt diese Tatsache im Abrechnungsvorgang aufs deutlichste zum Ausdruck. Tritt aber jene Vertrauensstörung ein, so ist sofort der Anstoß zum allgemeinen Begehr nach besser beglaubigten Formen gegeben, nach Bargeld und allenfalls nach Banknoten. Auf solche Weise kann der Bestand des gesamten Kreditgebäudes davon abhängen, daß die Banken ebenso vorsichtig im Kreditgeben sind wie die Zentralnotenbank, und wenn sie auch nicht im einzelnen stets dieselben Unterlagen verlangen wie diese, kraft deren sie bei ihr jederzeit ein entsprechendes Notendarlehen erhalten könnten, so dürfen sie sich doch nicht zu weit von dem Grunde entfernen, der jene Bedingungen für Notendarlehen entstehen ließ. Ihre Kredite müssen möglichst denselben Sicherheitsgrad besitzen und sich nach Fälligkeit gleichmäßig verteilen; im übrigen mag ein zur Verpfändung oder schnellen Veräußerung geeigneter eigener Reservebestand als Ergänzung genügen. In normalen Zeiten werden sich indes die Kette der Übertragungen und der Strom der Schecks neben dem der Noten und des Bargelds ohne Unterbrechung in Bewegung halten. Jene werden, ähnlich dem Notenstrom, anschwellen und abebben je nach Termin, Konjunktur, Kredit- und Zahlungsbedarf. Und doch nicht immer ganz in demselben Rhythmus und Ausmaß. Zwei Umstände begründen im wesentlichen die Neigung zur Abweichung von der Bewegung des Notenumlaufs: Zum geringeren Teil die Besonderheit der Bankkonto-Kredite und zum größeren die Enge des Kreises, auf den die Bewegungen von Scheck und Übertragung beschränkt sind. Die Kredite, die auf bankmäßigen Zahlungskonten erteilt und durch Scheck und Übertragung in die Zirkulation gebracht werden, dienen, dem Wirtschaftscharakter der Konteninhaber entsprechend, vielfach den größeren Unternehmungen in Handel, Gewerbe und Landwirtschaft. Weit häufiger als die Notendarlehen, die zwar von der Zentralnotenbank unmittelbar ebenfalls in die Hände von größeren Unternehmungen gehen, von diesen aber, soweit es Bankhäuser sind — und das ist im erheblichen Maße der Fall — nur gewissermaßen vermittelnd aufgenommen werden, um allen möglichen Wirtschaftsständen zuzufließen und schließlich bis in die feinsten Kanäle auch des Konsumtionsverkehrs zu dringen. Scheck und Überweisung dagegen bleiben mit geringen Ausnahmen in einem engern Kreise. In diesem aber vermitteln sie den Übergang von Kaufkraft, ohne sich lange in der Zirkulation aufzuhalten, indem sie sie sehr schnell von einem Konto zum andern, von einer Bank zur andern tragen und so sehr bald für neue Kreditdienste bereitstellen[40]). Für die Elastizität hat das zur Folge, daß Scheck- und Überweisungsverkehr in ihren Schwankungen mehr die Bewegungen des Großverkehrs anzeigen und diesen sich schnell anpassen, während auf die Kurven des Notenumlaufs eine größere Menge von Momenten einwirkt. Je weiter sich allerdings jene Formen im Klein- und im Konsumtionsverkehr einbürgern, desto geringer werden die Unterschiede in dieser Hinsicht.

In der Beurteilung des Scheckwesens, die — bald zusammen mit der Frage der Depositenregelung, bald auch getrennt davon — einen Hauptgegenstand der Literatur und der Sachverständigen-Tagungen bildete, standen die Anschauungen der Bankfachleute und der sonstigen Großunternehmer im gewissen Sinne denen der Reichsbankvertreter entgegen. Von seiten der ersteren vor allem wurden die Vorzüge des privaten Scheck- und Abrechnungsverkehrs stark betont und als das Wichtigste hervorgehoben, daß mit seiner Ausdehnung eine Ersparnis an baren Umlaufsmitteln und eine abschwächende Wirkung auf den Diskont einhergehe[41]). Unter diesem Gesichtspunkt war es auch natürlich, daß man den Giroverkehr gegenüber dem Scheckverkehr für eine höhere Form erklärte und die Bedeutung der Abrechnungsverfahren unterstrich[42]), mit andern Worten, den bankmäßigen Zahlungsausgleich als das Wesentliche an jenen Erscheinungen erkannte. Über den Einfluß auf den Diskont sprachen sich die Redner des

[40]) Vgl. Herbert v. Beckerath, Kapitalmarkt und Geldmarkt. Jena 1916, S. 128.

[41]) Vgl. Rießer auf der Tagung des Mitteleuropäischen Wirtschaftsvereins am 27. 5. 07. (Veröff. IV, Berlin 1907, S. 39.)

[42]) Vgl. Kaempf auf der 34. Vollversammlung des deutschen Handelstages am 20. 3. 08. (Verhandlungen S. 21). Entschließung des III. Allg. Deutschen Bankiertages (Verhandlungen S. 125). Vgl. Neander Müller, Art und wirtschaftliche Bedeutung des Abrechnungsverkehrs. Berlin 1911, S. 3 ff. — Ähnlich Warburg und Kaempf auf dem III. Allgemeinen Deutschen Bankiertag. Hamburg 1907 (Verhandlungen S. 34 und 40).

Bankiertages und der Bankenquete wie auch die meisten Stimmen in der Literatur durchgehends vorsichtig aus. Auf dem Bankiertage wurde beispielsweise darauf aufmerksam gemacht, daß die Entwicklung des bankmäßigen Zahlungsausgleichs nur in begrenztem Umfange und nur solange den Diskontsatz günstig beeinflussen könne, wie der Ausbreitungsvorgang und das erwartete Einströmen entbehrlicher Goldmengen in die Reichsbank andauern[43]). Auch über das Maß der Einwirkungen gab man sich dort keinen übertriebenen Hoffnungen hin[44]). Jedoch fehlte es selbst in den nächstbeteiligten Kreisen vielfach an klaren Vorstellungen über die grundsätzlichen Zusammenhänge. So stellen die Ältesten der Kaufmannschaft von Berlin in einem Rundschreiben, das den Zweck hatte, die Vorzüge des Scheckverkehrs weiten Kreisen vor Augen zu führen, die Dinge so dar, als ob seine geringe Entwicklung an dem hohen Zinsfuß in Deutschland mit die Schuld trüge[45]).

An diese Bemerkung hat von Mises einige Jahre später eine scharfe Kritik geknüpft, die eine nähere Betrachtung verdient, weil sie in Zusammenhang mit der ausführlichsten Untersuchung aller Einzelheiten des Gegenstandes dargeboten wird. Berechtigt wäre es gewesen, zu rügen, daß die Tatsache eines bestimmten Zustandes des Verrechnungsverkehrs als entscheidend für den Stand des Zinsfußes angesehen wird. Aber nicht das bemängelt Mises. Er glaubt vielmehr seinen Finger auf den Ausspruch legen zu müssen, daß je mehr der Scheck- und Überweisungsverkehr zunehme und damit die Ansammlung ersparter Zirkulationsmittel in der Reichsbank, desto geringer der Bedarf an Zirkulationsmitteln, desto stärker der Barbestand der Reichsbank sein würde, was zur Ermäßigung des Zinsfußes bei der Reichsbank und im ganzen Lande erheblich beitragen würde[46]). An dieser Fassung scheint ihm vor allem

---

[43]) Kaemmerer — Hamburg (Verhandlungen S. 46).

[44]) A. a. O. S. 125.

[45]) Berliner Jahrbuch für Handel und Industrie. Jahrg. 1907, Bd. I.

[46]) Theorie des Geldes und der Umlaufsmittel. München und Leipzig 1912. S. 463.

zu mißfallen, daß von den eigentlichen Umständen, die die Zinshöhe bestimmen, nicht die Rede ist, und nebenbei, daß die allgemeine Auffassung in der Frage der Bardeckung die Scheck- und Giroguthaben von den Noten unterscheidet, für diese Deckung fordert, jene freiläßt[47]). Für ihn stehen Kassenführungsguthaben, unter welchem Namen er die Guthaben auf Giro- und Scheckkonten zusammenfaßt, den Noten völlig gleich[48]) und wären demnach auch ebenso zu behandeln. Einwirkungen, und zwar nur geringe, auf die Zinshöhe will er der Neuschaffung von Kassenführungsguthaben insoweit zugestehen als dadurch Gold überflüssig gemacht und zum Bezuge realer Kapitalgüter aus dem Auslande verwendet wird[49]). Im übrigen sind ihm für die Höhe des Kapitalzinses bestimmend die Verhältnisse des Marktes, auf dem gegenwärtige und künftige Güter gegeneinander ausgetauscht werden[50]). Neuausgaben von Umlaufsmitteln beeinflussen die Marktverhältnisse nur auf dem Wege der dadurch hervorgerufenen Verschiebungen der gesellschaftlichen Besitzverteilung zugunsten der Emittenten. Je nachdem diese nämlich den Vermögenszuwachs, sei es unmittelbar, sei es mittelbar, für die Einleitung und Durchführung von Produktionsprozessen oder zu Konsumtionszwecken verwenden, wirken sie auf die Senkung oder Steigerung des Kapitalzinses hin. Wenn die Ausgabe der Umlaufsmittel in bankmäßiger Weise erfolgt, so ist die Vermögensverschiebung der Kapitalbildung besonders günstig, weil die Bank, sofern sie sich nicht selbst schon an der Produktion beteiligt, doch gewöhnlich ihre Darlehen an Produzenten erteilt[51]).

Bis soweit handelt es sich um die Einwirkungen, die von Veränderungen der Umlaufsmittelmengen, also auch der Giro- und Scheckkontenguthaben, ausgehen, und bis zu

---

47) A. a. O. S. 464.
48) A. a. O. S. 440.
49) A. a. O. S. 464.
50) A. a. O. S. 417.
51) A. a. O. S. 415.

diesem Punkte mag man der Lehre von Mises' folgen. Zum Widerspruch aber fordert die Darstellung heraus, die er über die Bestimmungsgründe der eigentlichen Diskontpolitik gibt, über das, was zur Einschränkung oder Vermehrung von Umlaufsmitteln den Anlaß und die Mittel bietet. Im einfachsten Fall — so erwägt er — wenn in einer geschlossenen Volkswirtschaft nur eine einzige Umlaufsmittelbank bestände, der keine gesetzlichen Schranken auferlegt wären, und deren Umlaufsmittel allgemeines Vertrauen genössen und im Verkehr anstandslos als Geldsurrogate verwendet würden — in solchem Falle könnte der Bankdiskont herabgesetzt werden bis an die Grenze, die von den Betriebskosten der Bank gesetzt wird. Die Kreditansprüche des Publikums könnten durch die Verbilligung bis ins Ungemessene gesteigert, die Umlaufsmittelemissionen beliebig erweitert werden[52]). Dasselbe wäre der Fall, wenn an Stelle der einen Bank mehrere einheitlich vorgehende Umlaufsmittelbanken ständen[53]). Aber die Voraussetzungen sind in der Wirklichkeit nicht gegeben. Was veranlaßt nun tatsächlich die Banken, die Ausgabe ihrer Umlaufsmittel in Grenzen zu halten, und wodurch erreichen sie dies Ziel? Die Antwort lautet: Das entscheidende Hemmnis der grenzenlosen Ausdehnung bildet der Wettbewerb, die Uneinheitlichkeit des Vorgehens bei den Umlaufsmittelbanken, das Mittel die Diskontpolitik[54]). „Jede Umlaufsmittelbank ist genötigt, den Zinssatz ihrer Aktivgeschäfte in eine gewisse Übereinstimmung zu dem der andern Umlaufsmittelbanken zu setzen. Er darf nicht unter jenen sinken, da sonst die Geldbeträge, welche von der freilich wachsenden Zahl ihrer Kunden für Zahlungen an Kunden der andern Banken benötigt werden, derart zunehmen, daß ihre Solvenz gefährdet wird. Indem die Bank den Diskontsatz erhöht, schützt sie ihre eigene Zahlungsfähigkeit“[55]). Damit ist die Kausalkette vollendet. Die Bewegung des Diskonts reguliert die Ab- und Zunahme

[52]) A. a. O. S. 420 f.
[53]) A. a. O. S. 425.
[54]) A. a. O. S. 444.
[55]) A. a. O. S. 445.

der Umlaufsmittel, diese wieder wirkt auf den allgemeinen Kapitalzins.

Um nun auf den Ausgangspunkt dieses Exkurses zurückzukommen, werfen wir jetzt die Frage auf, ob von Mises nach diesen Anschauungen berechtigt war, der Ausbreitung des Überweisungs- und Scheckverkehrs jeden Einfluß auf die Ermäßigung des Diskontsatzes abzustreiten. Die Antwort kann kaum zweifelhaft sein. Wenn es Aufgabe des Diskonts ist, die Solvenz der Banken zu schützen, dann hängt seine Höhe ab von dem Grade der Gefahr, daß die Ansprüche der Umlaufsmittelinhaber auf Bargeld oder Banknoten höher sind, als der Bestand der Bank an solchen oder ihre Fähigkeit, sie sich zu verschaffen, zulassen. Diese Gefahr wird aber gemindert in dem Maße, wie die Anwendung des bankmäßigen Zahlungsausgleichs zunimmt. Solange seine Ausdehnung andauert, muß bei gleichbleibender Krediterteilung der Bedarf an Bargeld und Noten sich verringern, darf der Diskontsatz nachgeben. Und das ist der Sinn des Rufes nach „Ausdehnung des Scheckverkehrs". Allerdings darf die Grenze nicht verkannt werden. Die Herabsetzung des Diskonts steigert im Normalfalle die Kreditnachfrage, also auch die absolute Menge der Umlaufsmittel. Im Wachsen des Anteils des bankmäßigen Zahlungsausgleichs aber wird an irgendeinem Punkte die Sättigung erreicht, wobei maßgebend sind der Stand der Organisation und der Charakter des Teilnehmerkreises einerseits, die psychologische Disposition und die Konjunkturlage andererseits.

Ein wesentlicher Zug des Überweisungswesens ist dabei noch nicht betrachtet worden, seine Voraussetzung nämlich, die Ansammlung von Depositen bei den Banken — und zwar sowohl als Kassenguthaben, die unmittelbar dem Zahlungszwecke dienen sollen, wie auch als befristete Gelder, die der Bank eine Grundlage zur Darlehnserteilung geben. Sind denn die Depositenguthaben ohne Einfluß auf die Fähigkeit der Bank zur Emission von Umlaufsmitteln? Bilden sie nicht vielmehr die Grundlage der Liquidität, die ja für die Abmessung der auszugebenden Menge entscheidend sein soll, und deren Schutz die für die Begrenzungsaufgabe einzustellende Diskonthöhe bestimmt? Die Stellung von Mises' zu diesen Fragen ist nicht konsequent. Daß die Depositen zunächst den Boden für die Ausgabe der Umlaufsmittel abgeben, leugnet er nicht[56]), wichtig scheint ihm daran aber nur der Umstand zu sein, daß durch Depositenbesitz der Bank die nötige Vertrauensgrundlage verliehen wird, die für die ungestörte Zirkulation ihrer Umlaufsmittel erforderlich ist[57]). Das Charakteristikum der Umlaufsmittelemission in jenem Zusammenhang erblickt er in der Möglichkeit für die Banken, die Kassenführungsguthaben annehmen, ihre Emission über deren Betrag hinaus auszudehnen, während er den befristeten Sparguthaben keine andere Bedeutung beimißt als die, daß für sie gemeinsam mit den Kassenführungsguthaben eine Barreserve von beschränkterem Umfange ausreicht. Und so wichtig dieser Umstand banktechnisch sei, so wenig Belang habe er für die theoretische Untersuchung der Probleme[58]). Die grundsätzliche Bedeutung eines durch die Depositen ermöglichten Barbestandes für das Ausmaß der Umlaufsmittelemission übersieht er geflissentlich. An ihre Stelle setzt er als Sicherung die Rücksicht auf den Bedarf der Bankkunden für den Verkehr innerhalb ihres Kreises, ein Kriterium, von dem er selbst zugibt, daß es kaum zu erfassen sei[59]). Trotzdem legt er Gewicht auf die Erwägung, daß es unter vielen Voraussetzungen denkbar ist, einen gewissen Gesamtbetrag von Geld und Umlaufsmitteln als notwendigen Bedarf der Zirkulation anzunehmen, woraus sich ihm der Schluß ergibt, daß die Bank, falls sie sich darauf beschränkt, nur den adäquaten Anteil an diesem Gesamtbedarf in die Zirkulation zu geben, auf die Ansammlung eines Einlösungsfonds ganz verzichten könnte. Und das liefert ihm den Ausgangspunkt für seine Betrachtungen über die Grundsätze der Deckung[60]).

---

[56]) A. a. O. S. 306 ff.

[57]) A. a. O. S. 308.

[58]) A. a. O. S. 310.

[59]) A. a. O. S. 380 ff.

[60]) A. a. O. S. 384 f.

Mit solchen Konstruktionen entfernt sich Mises in verhängnisvollem Maße von den wirklichen Zusammenhängen, die er theoretisch zu erforschen sich vornimmt. Freilich kann es nicht bestritten werden, daß die Gesamtmenge der von einer Bank als Noten, Schecks, Überweisungen usw. in Umlauf gesetzten Forderungsrechte, die wir mit Mises Umlaufsmittel genannt haben, nie von ihr auf einmal in Bargeld oder Noten der Zentralnotenbank eingelöst werden könnte, und ebensowenig, daß die Größe des zur Einlösung der normalerweise präsentierten Forderungsrechte ausreichenden Barbestandes nicht nach logischen Regeln, sondern nur empirisch bemessen werden kann[61]). Aber dennoch geht von der Tatsache, daß ein nach Wahrscheinlichkeitsregeln der Erfahrung bemessener Teil der Verpflichtungen in barem Gelde vorrätig gehalten werden muß, eine regulierende Kraft aus, welche die Kreditentstehung in dem Sinne zu begrenzen strebt, daß sie das grundsätzlich sehr weit gespannte Kreditbedürfnis in die Lage der Marktverhältnisse, von der eben der Barbestand ein Ausdruck ist, einzupassen und damit ein gewisses Maß zu erzwingen sucht zwischen dem Produktionsaufwand für künftige Bedarfsdeckung und dem gegenwärtigem Gütervorrat, dem jener mittels des Kredites entnommen wird.

In der Bardeckung steckt eine enge Beziehung zur Güterwelt. Es ist das Geheimnis der Bedeutung des Währungsmetalls Gold, daß sein Nominalpreis in den verschiedenen Einheiten der Goldwährungsländer international festgelegt ist, und daß seine Einführung von allen Volkswirtschaften, die dies Metall nicht selbst hervorbringen, mit entsprechenden Mengen von andern Gütern, seien es Waren oder Dienste, real oder in Form rechtlicher Ansprüche, vergolten werden muß. Der erstgenannte Umstand macht Gold zum stets verwendbaren und — in Anbetracht der Stabilität des Nominalpreises — relativ gleichmäßig zahlungswirksamen Tauschmittel im weltwirtschaftlichen Verkehr. Der zweite Umstand läßt die Größe des Goldbestandes in

[61]) Vgl. a. a. O. S. 386.

einem Lande von den weltwirtschaftlichen Austauschnotwendigkeiten abhängen, die sich aus der regionalen Verteilung der weltwirtschaftlichen Gesamtgüterproduktion und des weltwirtschaftlichen Gesamtbedarfs ergeben. Denn die Volkswirtschaft, die Gold heranziehen will, muß — wenn von Kreditgeschäften abgesehen wird[62]) — einen Überschuß ihrer Güterausfuhr über ihre Gütereinfuhr schaffen, und dessen Umfang ist von jenen Tatsachen der Weltwirtschaft bedingt, zugleich aber auch von der Produktionskraft der betreffenden Volkswirtschaft. Deren gesamter sachlicher Apparat, ihre Arbeitskraft und das Zusammenwirken beider müssen einen ausreichenden Entwicklungsstand erreicht haben. Damit erscheint der Goldbestand organisch verknüpft mit der weltwirtschaftlich gemessenen Leistungskapazität der betreffenden Volkswirtschaft und die Legitimation von Gold als Tauschvermittler auf eine fest verankerte Basis gegründet. Von dieser entlehnen alle Umlaufsmittel insofern ihr Maß an Kraft, als sie, grundsätzlich in Währungsgeld umtauschbar, mit Rücksicht auf den vorhandenen oder beschaffbaren Deckungsbestand nur in beschränkten Mengen ausgegeben werden können. Solchen Metallgeldfonds zu liefern sind die Depositen imstande, wenn auch nur ein Teil der Gutschriften auf wirklichen Einzahlungen von Metallgeld beruht. Ein anderer, erheblicherer Teil gründet sich irgendwie auf Forderungsrechte, wie an die Bank verkaufte Schuldverschreibungen oder Wechsel, an dieselbe durch eine andere Bank gerichtete Übertragungen u. ä., kurz auf Formen, die dem dagegen von der Bank in ihren Umlaufsmitteln ausgegebenen Kredit insofern entsprechen, als sie, in der Gesamtheit betrachtet, ebenso kontinuierlich fällig werden, d. h. nach und nach sich in Bargeld

[62]) Die weltwirtschaftlichen Kreditbeziehungen können hier außer Betracht bleiben. Sie gestalten zwar das Bild der konkreten Wirklichkeit von Grund auf anders, ändern am Prinzipiellen aber nichts, da sie nur eine Verschiebung und zeitliche Verteilung der Leistungsverpflichtungen bedeuten. Im übrigen sei noch einmal darauf hingewiesen, daß der Betrachtung die Währungsverhältnisse der Zeit vor dem Kriege zugrunde gelegt sind, nicht die in der Umbildung begriffenen der Gegenwart.

oder in neue Forderungsrechte umwandeln. Auf diese Weise kann der nicht bar gedeckte Teil der ausgegebenen Umlaufsmittel durch entsprechende Depositen gewissermaßen neutralisiert werden. Darin liegt der Sinn der betreffenden Vorschriften für die Aktivgeschäfte der Notenbanken, der Bevorzugung des Wechseldiskontgeschäftes beispielsweise, aber auch die allgemeine Notwendigkeit der Bindung der Umlaufsmittelausgabe an den Depositenbestand.

Was die Depositenbildung fördert, trägt bei zur Erleichterung und Sicherung der Krediterteilung. Und da der Aufbau des Giro- und Scheckwesens diese Tatsache der Sammlung fremder Gelder bei Banken mit sich führt, hat jenes neben seinem formalen Vorzug der Beweglichkeit noch die bedeutsame Wirkung, erheblich zur Schaffung der Kreditgrundlage beizutragen. Es ist seine Nebenfunktion, vorhandenes Geld aus allen möglichen Winkeln herauszuholen, bei den Banken zu vereinigen und so verleihbar zu machen, ihm jene Verwendbarkeit zu geben, die Bagehot als die Stärke der englischen Geldmarktverfassung rühmte[63]). Sollten aber diese konstitutionellen Eigentümlichkeiten des Giro- und Scheckwesens, deren Zusammenwirken allerdings bei den Banken eine ständig sich bewegende und in dieser Bewegung ständig sich erneuernde Kreditbasis baut, ausreichen, um den Landeszinsfuß dauernd niedrig zu halten? Diese Frage im bejahenden Sinne zu beantworten, scheint v. Schulze-Gaevernitz geneigt zu sein. In Gestalt der Depositen wird den Banken die Macht verliehen, über das Geldkapital, d. h. die beweglichen Realgüter, der Nation zu verfügen. Und indem sie es vermittels des Kredites in diejenigen Hände bringen, die darüber mit Vorteil zu verfügen wissen, bewirken sie die intensivste Ausnutzung des Kapitals. „Je weiter sich das System der ‚fremden Gelder‘ entwickelt, um so niederer wird unter sonst gleichen Verhältnissen der Landeszinsfuß, zunächst der Diskont, stehen“[64]). Daß hiermit die Tendenz richtig aufgewiesen

---

[63]) Lombardstreet, New edition. London 1912, S. 5.

[64]) Grundriß der Sozialökonomik. V. Abteilung. II. Teil: Bankwesen. Tübingen 1915, S. 46.

ist, muß rückhaltlos zugegeben werden. Indessen ist daran zu erinnern, daß zwischen Diskontänderung und Kreditnachfrage eine Wechselwirkung besteht, die jene Tendenz aufzuheben trachtet. Es liegt im Wesen der Zinsänderung, daß sie — von selbstständig auftretenden Gegenkräften abgesehen — das Gegenspiel der Änderung des Kreditbegehrs auslöst. Während des Fortschreitens der Depositenansammlung und der Ausbreitung von Scheck und Übertragung wird die Kreditnachfrage allerdings kaum die Tendenz zur Diskontsenkung einholen und ausgleichen können, da diese von zwei Seiten gleichzeitig ihren Anstoß erhält, von dem Wachsen der Grundlage für die Krediterteilung und von der Abnahme des Deckungsbedürfnisses. Solange jene Bewegung dauert, wird also die Neigung zur Ermäßigung des Diskontsatzes bestehen bleiben. Tritt Stillstand ein, so ist der Depositenumfang gegen früher gewachsen, auch der Übertragungsverkehr mehr in Anwendung gekommen, und das Maß der Krediterteilung kann dementsprechend seitens der Banken ausgedehnt werden. Gleichzeitig hat der Diskontsatz einen niedrigeren Stand erreicht. Ob sich dieser aber auf die Dauer aufrechterhalten läßt, das heißt, ob sich der Begehr nach kurzfristigem Leihkapital bei dem ihm nun entsprechenden größeren Kreditausmaß gesättigt fühlt, das hängt wieder ganz wie früher davon ab, wie die allgemeinen wirtschaftlichen Verhältnisse sich gestalten und auf ihren Verlauf hin beurteilt werden.

So war denn trotz aller Schwächen der Argumente die Annahme richtig, daß die Ausbreitung des Scheck- und Übertragungswesens die Krediterteilung fördert und den Diskont zu senken trachtet. Andererseits war es natürlich, daß die Reichsbank, so hoch sie auch den allgemeinen Nutzen anschlagen mochte, nicht die Gefahren gering einschätzte, die ihr für die Durchführung ihrer Währungsaufgaben aus der zunehmenden Bedeutung der den Banken möglichen selbständigen Kredit- und Diskontpolitik zu erwachsen drohten[65].

[65]) Lexis (Allgemeine Volkswirtschaftslehre, 2. Aufl. Leipzig 1913, S. 123/4) macht darauf aufmerksam, daß die erheblichen Steigerungen des

Was in der Folgezeit entstand oder wenigstens angestrebt wurde, zielte daher wohl mit Entschiedenheit auf Ausbreitung des bankmäßigen Zahlungsausgleichs hin, jedoch unter Einfügen von Sicherungen, die der Reichsbank erlauben sollten, die zunehmende Macht und Selbständigkeit der Privatbanken in der Kreditpolitik mit Ruhe anzusehen. Das Wesen der Sicherungen lag in der gesteigerten allgemeinen Liquidität und ihrer besseren Erkennbarkeit. Der Ausbreitung und Vervollkommnung des bankmäßigen Zahlungsausgleichs dienten an öffentlichen Maßnahmen der Erlaß eines Scheckgesetzes und die Einführung des Postscheckverkehrs. Mit jenem war endlich die rechtliche Regelung des Scheckwesens getroffen worden, die zu fordern die wirtschaftlichen Kreise nicht müde geworden waren. Da das Gesetz die Mängel der älteren Entwürfe vermied, wurde es einmütig begrüßt. Ein Hauptpunkt aber, den man schon früher als Bedingung der Zweckmäßigkeit angesehen hatte, die Stempelfreiheit, sollte nicht lange Bestand haben. Die Reichsfinanzreform von 1909 beseitigte sie, und erst in der Kriegszeit wurde die Stempelpflicht wieder aufgehoben, die der frisch einsetzenden Entwicklung des Scheckverkehrs rasch einen Hemmschuh angelegt hatte und daher im allgemeinen verurteilt wurde, wenn sie auch manchen Banken wegen der Arbeitslast und der Kosten, welche die Zunahme besonders der kleinen Schecks mit sich brachte, nicht ganz unerwünscht gekommen war. Neben diesen größeren Maßnahmen ging die Einrichtung einer Hypothekenabrechnungsstelle (1. April 1909)[66], eines Scheckausgleichs bei der Reichsbank und allgemeine Propaganda für die Anwendung der bargeldlosen Zahlungsformen[67]) ein-

Diskontsatzes, die die Bank von England in kritischen Zeiten vorzunehmen pflegt, mit hervorgerufen werden durch die Vorherrschaft des Schecksystems, da dieses die Banken zum Halten eines sehr geringen Kassenbestandes ermutige, zu dessen Schutz dann in schwierigen Zeiten derartige starke Zinserhöhungen nötig würden.

[66]) Vgl. Immerwahr, Die Organisation des Hypotheken-Abrechnungsverkehrs. Bankarchiv IX. Jahrg. S. 33 ff.

[67]) Vgl. z. B. die Anweisung des Preußischen Finanz-Ministeriums vom 30. 1. 08 an die Behörden, sich mehr des Überweisungsverkehrs

her. In der Richtung der Sicherung eines größeren Geldbestandes für die Reichsbank lag neben der Ausgabe kleiner Noten, der Verleihung gesetzlicher Zahlkraft an die Reichsbanknoten, sowie einer zweckentsprechenden Zahlungspolitik gegenüber dem Auslande auch das Hinarbeiten auf die Erhöhung der Mindestguthaben auf den Reichsbank-Girokonten, in jener der Entlastung der Reichsbank von übermäßigen Deckungsansprüchen das Hinwirken auf Erhöhung der eigenen Kassenbestände bei den einzelnen Banken. Alle die Bestrebungen, die den Privatbanken größere Verpflichtungen auferlegten, wurden im Grundsätzlichen von ihnen gebilligt[68]). Von 1912 ab veröffentlichten die Großbanken überdies ihre Bilanzen regelmäßig alle zwei Monate nach einem einheitlichen genaueren Schema.

Indessen interessieren uns diese praktischen Ergebnisse hier weniger als die Tatsache, daß die Schwierigkeiten des Geldmarktes zu vielseitiger und vorsichtiger Prüfung seiner Eigenarten Veranlassung gaben. Das schloß die Aufgabe ein, die Wirkung des Giro- und Scheckverkehrs auf den Geldmarkt zu prüfen, eine Betrachtung, die in der Untersuchung des Zusammenhangs mit dem Zins, besonders dem Diskontsatz, gipfeln mußte. An die zweite große Problemgruppe des bankmäßigen Zahlungsausgleichs, die Frage seiner Einwirkung auf die Güterpreise, rührten die wirtschaftlichen Nöte des Weltkrieges.

3. Die Geldentwertung im Weltkriege und die Frage nach dem Einfluß des Übertragungs- und Scheckwesens auf Wechselkurse und Preisbildung

Die grundstürzenden Änderungen, denen die Wirtschaft im Kriege unterworfen wurde, mußten auch auf den monetären Zustand des Reiches revolutionierend einwirken.

zu bedienen, angeführt bei v. Wagner, Der Giroverkehr der deutschen Sparkassen. Leipzig 1916, S. 20/21.

[68]) Vgl. Resolution des IV. allgemeinen Deutschen Bankiertages am 17. und 18. September 1912. Gruppe II (Verhandlungen S. 101). — Andererseits vgl. Rießer, Zur Frage der Barreserven der Banken. Bankarchiv, XIII. Jahrg. 1914, S. 333 ff.

Auf seiten des Güterbedarfs trat ein riesenhafter Umschwung ein. Als neuer Faktor erstand auf der Nachfrageseite der Bedarf des Heeres und beanspruchte in allem den Vorrang. Der Art nach war er zum sehr erheblichen Teil anders als der Normalbedarf einer Volkswirtschaft im Frieden; er erzwang eine gewaltige Umordnung der Produktion. Der Menge nach war er nicht nur ungeheuer in Hinsicht auf die Kriegsmittel im engeren Sinne, sondern auch gesteigert hinsichtlich der allgemeinen Lebensbedürfnisse, wie Nahrungs- und Kleidungsmittel. Der Fiskus sah sich plötzlich zum Konsumenten größten Umfangs und höchster Dringlichkeit erhoben. Seine Nachfrage richtete sich, wenigstens in den Grundstoffen, auf die gleichen Güter, die für das Leben der Volksgesamtheit notwendig waren, und suchte sich, vielfach ohne die der schwierigen Aufgabe angemessenen Geschicklichkeit, im Wettbewerb mit diesem verbleibenden Kulturbedarf durchzusetzen. Dabei war die Einfuhr stark beschnitten, wurden die Arbeitskräfte mehr und mehr vermindert. Wenn auch der Staat zu den Mitteln des Zwanges griff und einerseits für sich vieles durch Beschlagnahme vorwegzunehmen strebte, andererseits die Härten der Verknappung durch Rationierung und Preisvorschriften zu mildern suchte, — den starken Tendenzen des freien wirtschaftlichen Getriebes gegenüber vermochte sich die obrigkeitliche Regelung auf die Dauer nicht vollkommen durchzusetzen. Je knappper die Güter wurden, desto mehr wuchs die Notwendigkeit, die Produktion zu steigern und den Verteilungsplan aufs genaueste durchzuführen, desto unwirksamer für diese Zwecke erwies sich aber der Zwang, Preiserhöhungen waren nicht zu vermeiden. Indessen wurde für die Ernährung und Bekleidung des Volks neben dem öffentlichen Weg der geregelten Zuteilung, deren Unzulänglichkeit mit der Zeit immer fühlbarer wurde, mehr und mehr der geheime Weg des sogenannten Schleichhandels von Bedeutung. Hier war die Brutstätte jener Preise, die vom Risiko der Ungesetzlichkeit, von der Knappheit der Waren, der Unübersichtlichkeit des Marktes und den Machenschaften geschickter Zwischenhändler in die Höhe getrieben, zwar allgemein als ungeheuerlich angesehen wurden, im großen und ganzen aber doch unvermeidlich schienen. Daß diese Form der Bedürfnisbefriedigung auf die Durchführung der staatlichen Zuteilungspolitik aufs ungünstigste einwirkte, und daß auch die Preise für entbehrlichere Güter und Luxuswaren in früher unbekannte Höhen stiegen, kann hier nur berichtend vermerkt werden.

Hand in Hand mit diesen Preisentwicklungen und in verhängnisvoller Wechselwirkung mit ihnen ging eine starke Steigerung und eine veränderte Verteilung der nominalen Einkommen vor sich sowie — nach außen hin besonders sichtbar — ein beständiges Anschwellen der umlaufenden Zahlungsmittel. Ihr Ausgangspunkt lag bei der Reichsbank und den ihr angeschlossenen Reichsdarlehnskassen. Das Metallgeld verschwand allmählich ganz aus dem Verkehr. Namentlich das kaum zu sättigende Kreditbedürfnis des Reiches, das im wachsenden Maße Geldmittel für Kriegslieferungen und -leistungen, für Unterstützungen, Entschädigungen und ähnliches aufzubringen hatte, ließ die Notenpresse nicht zur Ruhe kommen. Mit der Zeit schwoll die Zahl der Reichsbanknoten und der Darlehnskassenscheine zu solchem Umfange an, daß Besorgnisse um die Währung nicht zu unterdrücken waren; sie verdichteten sich schließlich zu dem Bestreben, diese Flut nach Kräften einzudämmen. Das wirksamste Mittel glaubte man in dem energischen Ausbau des Überweisungs- und Abrechnungswesens zu erblicken.

Im Mai 1918 begann die Reichsbank eine eindringliche und ausgedehnte Tätigkeit zur Förderung des „bargeldlosen Zahlungsverkehrs". Mit Hilfe eines über das ganze Reich ausgebreiteten Netzes von Werbestellen suchte sie durch Vorträge, Anschläge, Flugschriften und Aufsätze die Vorteile der Kassenhaltung bei einer Bank oder einer ähnlichen Einrichtung gegenüber der häuslichen Barkasse ins hellste Licht zu rücken und die Benutzung des Überweisungsweges bei Zahlungen möglichst weit zu verbreiten. Überdies wurden neue Einrichtungen getroffen, die eine solche Zahlungsart ermöglichten oder erleichterten, und bestehende wurden unterstützt[69]).

Alle Vorzüge, die man schon früher im Scheck- und Girowesen erkannt hatte, mußten gewiß in der jetzigen Notlage doppelt willkommen geheißen werden. Die knappen amtlichen Äußerungen über die volkswirtschaftliche Bedeutung der angestrebten Änderung der Zahlungsverfahren erwähnen denn auch die Verbilligung und Vereinfachung des Geldverkehrs sowie die Verbesserung der Notendeckung[70]). Diese letztere konnte — unter Voraussetzung des Gelingens — mit Sicherheit auch nur auf dem indirekten Wege der Notenabnahme erwartet werden, jedoch kaum mehr von der goldsammelnden Kraft des Zahlungsausgleichs, da der Verkehr inzwischen bereits vom Golde fast ganz entblößt war. Im Grunde aber kam es doch darauf an, ob die schlechten Wirkungen, die dem Notenübermaß zugeschrieben wurden, durch die neue Regelung ausgeglichen und vermieden würden. Und gerade nach dieser Seite lassen die öffentlichen Erklärungen viel zu wünschen übrig. Nur über den erwarteten Einfluß auf die auswärtigen Wechselkurse sprechen sie sich deutlich aus und lassen dies Motiv in den Vordergrund treten. In einer Denkschrift für den Reichstag findet sich beispielsweise darüber die Bemerkung, daß „ohne Zweifel die normale Bewertung unserer Währung im Auslande um so schneller wieder hergestellt werden wird, je rascher der Notenumlauf der Reichsbank, deren Stand in der ganzen Welt als Gradmesser der wirtschaftlichen Lage Deutschlands gilt, in normale Grenzen zurückgeführt und somit das Deckungsverhältnis der Noten durch den Barvorrat günstiger gestaltet werden kann“[71]). Man hoffte also durch die Besserung der Noten-

69) Vgl. Neunter Nachtrag zur Denkschrift über wirtschaftliche Maßnahmen aus Anlaß des Krieges. Reichstag 13. Legislaturperiode, II. Session 1914/16, Drucksache Nr. 403 S. 161 ff.; Zehnter Nachtrag usw. Drucksache Nr. 650 S. 133 f.; Elfter Nachtrag usw. Drucksache Nr. 1214 S. 180 ff., 212 f.

70) Reichstagsdrucksache Nr. 1214 S. 180.

71) Reichstagsdrucksache Nr. 403 S. 161.

deckung das Vertrauen des neutralen Auslandes und damit die Markkurse an den ausländischen Börsen zu heben[72]). Ob diese Rechnung wirklich stimmte, läßt sich nicht nachweisen, wohl aber mit einigem Grunde bezweifeln, da sie doch voraussetzte, daß dem Auslande die Ablenkung des Kreditstroms auf einen andern Weg entweder verborgen bleiben oder von ihm höher als die Notenausgabe bewertet werden würde. War das erstere kaum möglich, so bestand hinsichtlich des zweiten ebenfalls Ursache zum Zweifel; denn die Tatsache, daß sich im Scheck- und Giroverkehr der Umfang der laufenden Kredite viel schwerer überblicken läßt, konnte im Gegenteil dem Ausland eher Grund zur Zurückhaltung geben. In einer Hinsicht aber darf eine günstige Wirkung auf die Meinung des Auslandes unbedenklich zugegeben werden, insofern nämlich als mit der Ausbreitung des Bankzahlungsverkehrs das Feld für das Thesaurieren, das Verbergen von Zahlungsmitteln, eingeengt und jenes falsche Urteil unmöglich gemacht wird, das sich auf die solcherweise vergrößerte Notenausgabe stützt. Wie dem auch sei, jedenfalls überwog das Steigen der Notenausgabe die abschwächende Wirkung der neuen Bestrebungen. Der Notenumlauf nahm weiter zu. Auch die Wechselkurse gestalteten sich immer ungünstiger.

In der Öffentlichkeit nahmen inzwischen die erschreckend in die Höhe steigenden Preise mehr und mehr die Aufmerksamkeit in Anspruch, und es fehlte nicht an Nachweisen, daß dem unaufhaltsam anschwellenden Notenumlauf ein guter Teil Schuld daran beigemessen werden müsse[73]). Was lag näher als auch die Heilung dieses Übels bei dem bargeldlosen Zahlungsverkehr zu suchen. Tageszeitungen

---

[72]) Diesem Sinne entsprechen auch die Reden des Reichsbankpräsidenten anläßlich der Eröffnung der Zentralstelle für bargeldlosen Zahlungsverkehr am 2. Mai 1918 und des Vizepräsidenten des Reichsbank-Direktoriums, von Glasenapp, anläßlich der Gründung der Provinzialstelle für Berlin und Brandenburg zur Förderung des bargeldlosen Zahlungsverkehrs am 10. Mai 1918.

[73]) Vgl. Pohle, Das Problem der Valuta-Entwertung. Leipzig und Dresden 1919, S. 14.

wie Fachzeitschriften sprachen sich in diesem Sinne aus, auch die Werbeschriften der Reichsbank machten sich die Auffassung zu eigen[74]). Aber eine klare Ausbreitung der Zusammenhänge, welche die Annahme einwandfrei zu begründen vermocht hätte, wurde nirgends geboten. Es blieb bei unzulänglichen Versuchen. Der damalige Leiter der mehrfach erwähnten Reichsbank-Abteilung veröffentlicht in der ersten Nummer der von dieser begründeten Zeitschrift einen kurzen Aufsatz über die volkswirtschaftliche Bedeutung des bargeldlosen Zahlungsverkehrs, beschränkt sich indes auf kurze Thesen und muß gerade zur Frage des Einflusses auf die Geldentwertung gestehen, daß hier noch die wissenschaftliche Klärung fehle[75]).

Einen Ansatz zur Lösung macht Dr. Fritz Huber in dem Aufsatz „Geldtheorie und Bankverfassung“[76]). Im Rahmen einer kritischen Besprechung der neueren Ansichten über das Geldwesen, besonders in Hinsicht auf die Frage der Golddeckung bei der Reichsbank, verbreitet er sich des näheren über die Frage, ob von den Giroguthaben bei der Reichsbank inflatorische Wirkungen ausgehen können. Er lehnt die Möglichkeit im wesentlichen ab oder will ihr im Vergleich zur Gefährlichkeit der Notenausgabe nur einen geringen Spielraum zuerkennen. Seine Beweisführung stützt sich auf zwei Sätze. Zum ersten auf die Behauptung, daß die Art der Entstehung der Giroguthaben die Inflationsgefahr fast ausschlösse, zum andern auf die These, daß die Inflationswirkungen „nicht nur von der Höhe der jeweiligen Ausgabe und der Umlaufsgeschwindigkeit der einzelnen Geldart abhängen, sondern auch von ihrer „Lebensdauer,“ d. h. von derjenigen Zeitspanne, die zwischen der Ausgabe der Geldart und ihrer Rückkehr zu der geldschaffenden Stelle liegt,“ und auch dieser Umstand liege bei der Girozahlung günstig. Betrachten wir genauer, wie Huber seine Gründe entwickelt.

[74]) Vgl.: Bargeldloser Zahlungsverkehr für alle. Reichsbank, Abteilung für bargeldlosen Zahlungsverkehr. Werbeschrift Nr. 26 S. 2.

[75]) Der bargeldlose Zahlungsverkehr. 1. Jahrg., 2. Mai 1919, S. 5.

[76]) Bankarchiv. XVI. Jahrg. 1916/17, S. 275 ff.

1. Die Giroguthaben entstehen in der Hauptsache aus Wechseldiskontierungen, ihre Veränderungen hängen von der Wirtschaftslage ab, da sich danach die Häufigkeit der Verfügungen über die Guthaben, also auch die Zeitspanne, während deren die einzelnen Beträge bei der Reichsbank bleiben, richtet. Die Reichsbank hat einen Einfluß auf die Guthabenhöhe, von der Festsetzung von Mindestguthaben abgesehen, nur mittelst der Regulierung der Wechseleingänge durch den Diskont. Es sind also keineswegs immer besondere Maßnahmen der Bank, sondern in der Hauptsache Einwirkungen der Wirtschaftslage, worauf Erhöhungen der Girokonten zurückzuführen sind. Mit diesem Gedankengang vermischt sich ein anderer und sucht die Unterschiede heranzuziehen, die in den Bewegungen der Giroguthabenhöhe einerseits, der Notenumlaufsmenge andererseits zu beobachten sind. Der Verfasser übersieht hierbei, daß diese Art Verschiedenheiten mit der grundsätzlichen Frage des Einflusses von Girozahlungen und Noten auf den Geldwert nichts zu tun haben. Sie würden nur dann in Betracht kommen, wenn es sich darum handelte, das Maß der beiderseitigen Einwirkungen miteinander zu vergleichen auf der Grundlage von Guthabenhöhe und Menge der umlaufenden Noten. Daß übrigens eine solche Vergleichung wegen der Heterogenität der Grundlagen unmöglich ist, wurde bereits festgestellt[77]). Dennoch scheinen derartige Gedanken mitzusprechen in der Erklärung, daß in einer plötzlichen Vermehrung der Giroguthaben nicht ein Vorgang erblickt werden könne, der in seinen Ursachen und Wirkungen dem einer Notenvermehrung an die Seite zu stellen wäre.

Der entscheidende Punkt liegt indes offenbar in der Annahme, daß die Gutschriften sich überwiegend aus Elementen zusammensetzen, die dem normalen Geldbedarf bei der bestehenden Preishöhe entsprechen, so daß also die aus ihnen entspringende Vermehrung der im Giroguthaben ausgedrückten Kaufkraft, wenn sie zur Anwendung kommt,

---

[77]) Vgl. oben S. 45ff.

keine Preiserhöhung hervorruft. Als derartige reguläre Quellen der Guthaben erscheinen ihm Diskontierungen guter Warenwechsel, Einzahlungen und Überweisungen. Inflatorische Einwirkungen sind Huber nur denkbar, „wenn die Bank unter Außerachtlassung der bisherigen Grundsätze dazu übergehen würde, Guthaben ...... auch auf Grund anderer Unterlagen, z. B. uneingeschränkten Lombardverkehrs oder Personalkredites einzuräumen“[78]).

Letzten Endes gehen also die Anschauungen zurück auf den neuerdings von Bendixen besonders herausgearbeiteten Gedanken, daß die Diskontierung von Warenwechseln der Weg ist, um „klassisches“ Geld zu schaffen[79]), d. h. Geld, „das keinen Wertänderungen unterliegt, daher auch die Preise nicht beeinflußt“[80]). Huber selbst aber erhebt gegen Bendixens Geldschöpfungslehre in Ablehnung seiner Ansicht, daß auf Golddeckung verzichtet werden könne, den Einwand, daß die legitimen Warenwechsel nicht zweifelsfrei erkannt, z. B. nicht immer von Finanzwechseln unterschieden werden können[81]). Dieses gleiche Argument richtet sich jedoch auch gegen seine eigene Darlegung; denn er wird nicht bestreiten wollen, daß Wechsel ohne Warengrundlage, wie eigentliche Finanzwechsel, selbst wenn sie von erstklassigen Bankhäusern akzeptiert worden sind, auch dann auf Geldvermehrung im Sinne einer Kaufkraftminderung hinwirken, wenn ihre Beträge auf Reichsbank-Girokonto gelangen und von da durch Überweisung in die Zirkulation kommen. Wenn auch die Vorschriften der Reichsbank reine Finanzwechsel vom Diskontieren ausschließen, so bleibt es doch zweifelhaft, ob die Aussonderung immer gelingt. Der Haupteinwand aber gegen die konstruierte Unterscheidung der Giroguthaben- und der Notenentstehung ist doch aus dem Umstand herzuleiten, daß für die Gutschriften auf Girokonto und für die Ausgabe von Noten genau dieselben Bedingungen gelten,

78) A. a. O. S. 282.

79) Friedrich Bendixen, Das Wesen des Geldes. Leipzig 1908, S. 36 ff.

80) Ebenda S. 19.

81) A. a. O. S. 281.

abgesehen von den Deckungs- und Begrenzungsvorschriften, die, nur für die Notenausgabe erlassen, sogar zu deren Gunsten sprechen, was Huber übrigens auch zugibt[82]). Folgerichtigerweise ist zudem auch die Umwandlung von Noten in Giroguthaben und von Giroguthaben in Noten ohne weiteres möglich. In Besonderheiten der Genesis beider Formen kann demnach ein Grund zur günstigeren Bewertung der Giroüberweisung hinsichtlich der Inflationsgefahr nicht gefunden werden.

2. Die zweite Behauptung heftet sich an Bewegungserscheinungen. Selbst wenn die Reichsbank weniger strenge Bedingungen für Gutschriften auf Girokonto gelten ließe, „würden die Gefahren inflatorischer Einwirkungen durch das Girogeld nur gering sein. Denn die inflatorische Wirkung des Girogeldes darf mit der des Bar- bzw. Notengeldes keineswegs identifiziert werden"[83]). Was zur Erhärtung dieser Aussage angeführt wird, ist gänzlich unzureichend. Vorangestellt wird die Behauptung, daß es bei der Inflationswirkung einzelner Geldarten, wie Goldgeld, Noten und „Giralgeld", auf deren Menge, Umlaufsgeschwindigkeit und Lebensdauer ankomme; inflatorische Einwirkungen erfolgten durch Warenumsätze, und je länger, je schneller und je häufiger eine Geldart Warenumsätze vermittle, um so eindringlicher seien ihre Wirkungen der gedachten Art. Das was Menge und Umlaufszeit zu begrenzen vermöge, nämlich beim Goldgeld — das schon wegen seiner auch in Normalzeiten geringen Menge kaum solche Einflüsse ausüben könne — der Abfluß ins Ausland bei höherem Preisstand des Inlandes, bei den Noten die Bindung der Höhe durch indirekte Kontingentierung und die Verknüpfung mit dem Warenwechsel, das fehle zwar beim Giralgeld, und insofern besitze es die Möglichkeit inflatorischer Wirkung in höherem Maße. „Diese Möglichkeit wird indes durch andere Faktoren erheblich eingeschränkt, denn der Umlaufskreis, die Umlaufsgeschwindig-

82) A. a. O. S. 282.
83) A. a. O. S. 282.

keit und die Umlaufsdauer ist wesentlich anders als beim Notengeld. Es zirkuliert zunächst nur in einem ganz bestimmten engen Kreis von Interessenten, nämlich nur in dem dem Giroverkehr der Reichsbank angeschlossenen Personenkreis; zum zweiten nimmt jede Übertragung von einem Konto auf ein anderes etwa einen Tag in Anspruch, und drittens bleibt das Giralgeld nur etwa zwei Tage überhaupt im Besitz der Bank, alsdann verschwindet es entweder völlig oder es wird, indem es abgehoben wird, zu Noten, welche den gewöhnlichen Deckungsvorschriften unterliegen. Tatsächlich ist ja auch die durchschnittliche Höhe der privaten Guthaben, durch welche die großen Umsätze des Girokontos erzielt werden, relativ sehr gering"[84]).

Die letzten Sätze leiten schon zur Verteidigung der Dekkungspolitik der Reichsbank über, und die Beweisführung bricht somit ab. Man wird nicht sagen können, daß sie irgendeinen Grad von Evidenz für die Annahme der verschwindend geringen Inflationsmöglichkeit des Giroverfahrens erreicht habe. Sehen wir zunächst ganz von der Frage ab, welcher Wert einer derartigen Betrachtungsart überhaupt zukommt, und unterziehen erst einmal den Begriff der Lebensdauer einer genaueren Prüfung, so erweist sich, daß die Feststellung, jene umfasse beim Reichsbank-Giroguthaben durchschnittlich nur etwa zwei Tage, alles andere als die Ungefährlichkeit der Giroübertragungen für den Geldwert bezeugt. Hinter dem Begriff der Lebensdauer verbirgt sich die Häufigkeit, mit der die Substanz der Giroguthaben ihre Besitzer wechselt. Dem fortwährenden Zufluß von Gutschriftselementen zu den Konten, wie Barzahlungen, Überweisungen, diskontierten Wechseln usw., steht ein Abfluß von den Konten in solchem Umfange gegenüber, daß nur verhältnismäßig wenig im Tagesdurchschnitt auf den Konten haftet, ein erheblicher Teil dagegen ständig in der Überweisungsbewegung zwischen den Konten schwebt — auf den Zahlerkonten bereits belastet,

[84]) A. a. O. S. 282.

auf den Empfängerkonten infolge der Benachrichtigungsdauer noch nicht gutgeschrieben. Im Vergleich zum Strom der Zu- und Abflüsse, der während eines Jahres durch die Konten geht, erscheint der ruhende Kern der Guthaben im Jahresdurchschnitt auf den Tag berechnet gering. Während des Jahres 1917 machen beispielsweise die gesamten Einnahmen auf den privaten Girokonten das Hundertneunzigfache des Durchschnittsguthabens aus, was der Verwaltungsbericht in Hinsicht auf den betrachteten Zeitraum der 365 Tage des Jahres mit den Worten ausdrückt, die ‚vereinnahmten Beträge seien durchschnittlich 1,91 Tage auf den betreffenden Konten belassen worden[85]). Für die andern Jahre ergeben sich ähnliche Ziffern.

So sieht die geringe „Lebensdauer" des Giralgeldes von etwa zwei Tagen in der Nähe aus. Je höher der Umsatz auf den Girokonten im Verhältnis zu den Guthaben ist, je mehr Zahlungen sie also ausführen und Waren umsetzen, desto kürzer erscheint einerseits die Lebensdauer, desto größer muß andererseits aber nach den eigenen Worten Hubers die Inflationsgefahr sein.

Mit diesen Einwänden gegen einzelne Irrtümer ist noch nicht genug getan; auch die Methode der Betrachtung muß beanstandet werden. Begriffe wie Inflation, Giralgeld, Umlaufsmenge, sind nicht genügend klargelegt und nur oberflächlich gehandhabt. Ohne begriffliche Schärfe und tiefe Verankerung der Ausgangspunkte ist aber dem Problem nicht beizukommen.

Nach alledem wäre es kaum angebracht gewesen, gerade diese Untersuchung so ausführlich zu behandeln, wenn es nicht fast die einzige der Zeitliteratur überhaupt wäre, die es unternimmt, die weit verbreitete Anschauung, daß der Giroverkehr der allgemeinen Geldentwertung zu steuern vermöge, wenigstens für den begrenzten Bezirk des Reichsbankgiroverkehrs wissenschaftlich zu begründen. Mit der Hinfälligkeit ihrer Beweise verliert ein in gleicher Richtung unternommener zweiter Versuch, der sich in der Haupt-

---

[85]) A. a. O. S. 22.

sache auf den angeführten stützt und eine selbständige Prüfung der Grundlagen unterläßt[86]), ebenfalls seine Bedeutung.

Die entgegengesetzte Meinung, daß die Wirkung des Übertragungsverkehrs auf die Preisbildung nicht anders zu beurteilen sei als die der Notenausgabe, kommt hingegen, je länger die Propagierung jener Form dauert, desto häufiger in wissenschaftlichen und wirtschaftlichen Fachzeitschriften zum Ausdruck[87]). Andererseits wird vielfach die Wichtigkeit der Kapitalsammlung bei Banken, die der bankmäßige Zahlungsausgleich mit sich führt, als erheblich anerkannt[88]) und zwar besonders im Hinblick auf die Erleichterung der Kriegsfinanzierung[89]).

In früheren Jahren, als dieses Interesse noch nicht bestand, konnte derselbe Umstand eine andere Beurteilung finden. Der gleiche Schriftsteller, der die Nützlichkeit für die Aufgaben der Kriegsführung betont, bezeichnet in normalen Zeiten den starken Depositenzufluß zu den Großbanken als bedenklich, weil letztere in ihrer Kreditpolitik einseitig die Interessen der Industrie begünstigten[90]). Weiter greift der ähnliche Vorwurf, daß die Banken die ihnen dauernd in großer Menge kurzfristig zur Verfügung gestellten Gelder zu einem zu großen Teile in langfristige Anlagen hineinsteckten. Diese Bemängelungen haben sich die Sparkassen zu eigen gemacht in der Verteidigung ihres eigenen Überweisungssystems[91]), als es von den Banken als Einbruch in ihr Sondergebiet der Sammlung kurz-

---

[86]) Justizrat Richard Meyer, Berlin, Zur Frage des qualitativen Unterschiedes zwischen Banknoten und Giroguthaben. Bankarchiv, XIX. Jahrg. 1919/20, S. 189.

[87]) Vgl. z. B. Weill in „Die Zukunft" 1918, S. 257. — Dalberg, Warum bargeldloser Zahlungsverkehr? Die Bank 1918, S. 566 ff.

[88]) Vgl. Richard Meyer, a. a. O. S. 191. — Federn, Krieg und Geldlehre VIII. Abrechnungsmethoden und Papiergeld, Österr. Volkswirt 1917 bis 1918, S. 2.

[89]) Lansburgh, Die Bank 1918, S. 570.

[90]) Lansburgh, vgl. oben S. 125, Fußnote 35.

[91]) Vgl. Eberle-Nossen, Die geldlose Zahlung und die Sparkassen. Leipzig o. J. (1911), S. 18 ff.

fristigen Kapitals scharf bekämpft wurde. Als Beweise für die Nachteiligkeit jener Nebenfunktion des Scheck- und Girowesens können solche Urteile, wieviel Berechtigung man ihnen auch zusprechen mag, übrigens kaum angesehen werden; sie richten sich nicht gegen den Kern sondern nur gegen Eigenarten der Modalitäten, die, wie die Entwickelung des Ausgleichsverkehrs bei den Sparkassen und den Genossenschaften beweist, sich verändern können. Eine andere Folgeerscheinung der Kassenführung durch Banken, die Tatsache, daß es dabei überflüssige Bestände an Geldzeichen nicht gibt, also auch insoweit ein Übermaß an Notenkredit vermieden wird, hat neben der allgemeinen Billigung ebenfalls Beanstandung gefunden.

Selbst die am meisten anerkannte Seite des bankmäßigen Zahlungsausgleichs, die Ersetzung des Notenumlaufs, ist nicht ungetadelt geblieben. In seiner Schrift über die Grundlagen des Geldwertes[92]) verficht Rudolf Kaulla die Ansicht, daß der Staat gegen sein finanzielles Interesse handelt, wenn er die Verdrängung des Barverkehrs fördert[93]); denn die Umlaufsmittel seien öffentliche Schulden und zwar zinslose, und dem Zinsverlust des Besitzers der Geldzeichen stehe der Zinsgewinn des Emittenten gegenüber. Es komme darauf an zu erreichen, daß möglichst viel Umlaufsmittel in der billigen Form der Noten im Verkehr bleiben, und zu verhindern, daß sie in die kostspieligere des Metallgeldes umgetauscht werden. Ihren Hauptzweck, den Goldumlauf entbehrlich zu machen und für die Dritteldeckung sowie für Ankäufe im Ausland Gold bei der Reichsbank anzuhäufen, hätten die Bestrebungen zur Ausdehnung des Giro- und Scheckverkehrs indes verloren, da der Grundsatz der metallenen Dritteldeckung durch die Zulassung von Reichskassenscheinen und neuerdings insbesondere von Darlehnskassenscheinen als Deckungsmittel durchbrochen worden sei. Dem ist, ganz abgesehen von der Grundauffassung, die hier nicht erörtert werden

---

92) Stuttgart und Berlin 1920.

93) A. a. O. S. 74.

soll, doch einiges entgegenzuhalten. Der überwiegende Teil der papierenen Umlaufsmittel wird nicht vom Reich sondern von der Reichsbank ausgegeben, und ersteres bezieht daraus Einkünfte insofern, als es einen Anteil am Geschäftsgewinn der Reichsbank und den Betrag der Notensteuer erhält, soweit das gesetzliche Kontingent überschritten wird. Aber nur der letztgenannte Steuerertrag zeichnet die Notenausgabe vor dem Giroverfahren aus; zum Gewinn trägt dieses — wenn auch nur indirekt — ebenfalls bei. Auf der andern Seite aber ist doch zu bedenken, daß der Staat nicht nur seine unmittelbaren finanziellen Interessen zu beachten hat, sondern auch die wirtschaftlichen Interessen seiner Bürger; mittelbar decken sich diese zudem mit seinen fiskalischen. Die volkswirtschaftlichen Wirkungen sind demnach auch in dieser Hinsicht maßgebend, ihre Prüfung muß voranstehen. Daran läßt es der Verfasser jedoch fehlen. Hingegen erkennt er an — allerdings ohne nähere Erläuterung —, daß der bankmäßige Zahlungssausgleich an der Förderung des Bankverkehrs seine großen Verdienste habe. Überhaupt kommt es kaum vor, so verschieden auch die Angriffspunkte gewählt werden, daß ein Kritiker dem bankmäßigen Zahlungsausgleich jedweden Vorzug abspricht[94]).

4. Zusammenfassung.

Die wechselnden Beschwerden, die das deutsche Wirtschaftsleben im Laufe der letzten fünfzig Jahre von der Seite des Geldverkehrs her gedrückt haben, ließen stets den Ruf nach dem Überweisungs- und Scheckwesen als dem Retter laut werden. Seine Einführung sollte in den siebziger Jahren von einer vermeintlichen Gefahr der Notenüberflutung befreien und so einer unbegrenzten Kredit-

[94]) Das scheint der Fall zu sein bei A. Hahn, Volkswirtschaftliche Theorie des Bankkredits (Tübingen 1920), S. 89 ff. Indessen befaßt sich Hahn gar nicht mit einer allseitigen Prüfung unseres Gegenstandes. Seine Bemerkungen darüber sind nur locker eingefügt in eine Kredittheorie, die auf ganz andere Gesichtspunkte eingestellt ist, wenn sie auch von der Fiktion einer „bargeldlosen Wirtschaft“ ausgeht.

erteilung der Banken Schranken setzen. In einem weiter fortgeschrittenen Stadium seiner Entwicklung glaubte man, als der Geldmarkt 1907 eine krisenhafte Hochspannung aufwies, in seiner Förderung das Mittel zur Beseitigung auch solcher Nöte, teils sogar das Mittel zur dauernden Ermäßigung des Diskontsatzes, zu erblicken. Die Preis- und Valutamisere des Weltkrieges endlich gab wiederum den Anlaß, seine Ausbildung, und zwar bis an die Grenze des Möglichen, zu fordern, weil von seinem Wesen die Heilung der Geldentwertung im inneren wie im Auslandsverkehr erwartet wurde. In allen Perioden gibt das gerade vorliegende praktische Problem fast allein die Richtung an, in der die Erscheinung geprüft wird. Zu einer aus einheitlicher Grundauffassung heraufsteigenden Erklärung ihrer Wesensgesamtheit ist es daher in der praktischen Polemik nicht gekommen, wie weit auch die Erörterung im Für und Wider ausgriff. Und nicht immer kann im einzelnen die herrschende Ansicht als zutreffend anerkannt werden. Soweit sie aber das Richtige trifft, scheint stets eine oft erst in zweiter Linie genannte Seite ihres Wesens eine bedeutsame Rolle zu spielen: Die Verbindung mit der Ansammlung von Geld in Banken. Diese Beziehung zum Depositenwesen erschien schon den Schöpfern des Bankgesetzes als dasjenige, was der Überweisungsform als Kreditvermittlerin den Vorzug vor dem Notendarlehn verleihe. Man hielt vielfach dieses nur für abhängig von dem freien Belieben der emittierenden Banken, jene Form jedoch für unbedingt gebunden an eben das Ausmaß des Depositenbestandes. Daß beides in der absoluten Auffassung eine Übertreibung ist, wurde damals bereits von Kritikern ausgesprochen und ist seitdem oft wiederholt worden. Dennoch erscheinen solche Irrtümer in dem neuesten Abschnitt seiner Begünstigung wieder von Einfluß zu sein. Als richtiger Kern bleibt indes die Tatsache, daß das Scheck- und Giroverfahren im Unterschied von der Notenausgabe die Eigenschaft der Zuführung von Geldeinlagen zu den Banken besitzt; denn da jenes sich als Ausdruck einer mehr oder minder vollständigen Kassenführung seitens der Banken abspielt, fließen ihr natürlich Kassenelemente in Gestalt von Bargeld, Noten und allerlei sicheren, in derartige Zahlungsmittel umtauschbaren Forderungsrechten zu. Das aber ist nicht die einzige depositenbildende Wirkung des Scheck- und Giroverkehrs. An sich kann zwar Note wie Scheck oder Überweisung einer baren Depositenbasis entbehren — auf dem Kreditwege, etwa durch Wechseldiskontierung, vermag ebenso die Grundlage für ein Notendarlehn zu entstehen wie ein Guthaben, über das durch Überweisungen oder Schecks verfügt wird. Während aber das von der Bank in Form von Noten emittierte Forderungsrecht für den Fall, daß es als Anspruch für andere Zahlungsmittel bei ihr geltend gemacht wird, Deckungsaufwand nur für die eine Form des gesetzlichen Bargeldes erfordert, bleibt bei Scheck oder Überweisung die Möglichkeit der Nachfrage nach beiden Hauptzahlungsmitteln des Kleinverkehrs, nach Noten und Bargeld, offen. Die nicht zur Notenausgabe berechtigte Bank kann also die Pflege des Überweisungs- und Scheckverkehrs nur zu beginnen wagen, wenn sie Geschäfte betreibt, die sie in den Stand setzen, beide Zahlungsmittel in gehörigem Maße zu erhalten. Unter Berücksichtigung aller Bedingungen, die im übrigen mit den verschiedenen Geschäften verknüpft sind, erscheint hierzu vor allem geeignet das Depositengeschäft im weiteren Sinne, das heißt die Annahme sowohl von kurzfristigen Einlagen wie auch von Spargeldern. So hängt Scheck- und Überweisungsverkehr im doppelten Sinne mit der Depositenbildung zusammen, in der Voraussetzung und in der Wirkung.

Diese selbe Verbindung, die im allgemeinen als der große Vorzug des Scheck- und Überweisungswesens angesehen wird, gibt bald Anlaß zu ernsthaften Bedenken. Einerseits muß die Ausdehnung jener Form des Zahlungsverkehrs den Banken immer mehr Depositen zuführen und die Frage ihrer Sicherung immer dringender werden lassen, andererseits nimmt mit der Ausdehnung die Wahrscheinlichkeit ab, daß unter normalen Verhältnissen Bar- und Notenreserven in altem Maße in Anspruch genommen werden: die Banken können in die Versuchung geraten, sich von der Rücksicht auf Beschaffung derartiger Reserven mehr zu lösen als das im Falle einer Krisis verbleibende Minimum an Zahlungsausgleichen rechtfertigt, eine kühnere Kreditpolitik zu treiben, die Regeln der Zentralnotenbank zu wenig zu beachten, damit könnten sie dieser zugleich Herrschaft und Übersicht über den Geldmarkt nehmen und doch ihr die Verpflichtung lassen, in ungewöhnlichen Lagen und in Krisenzeiten etwaige Sünden auszugleichen. Das ist die große Sorge der Reichsbank um 1907. An die Möglichkeit, das Ausmaß des Kredits unberechenbar weit zu spannen, heften sich überhaupt die größten praktischen Bedenken, die der Fortschritt des Scheck- und Girowesens erweckt[95]). Und diese Möglichkeit ist begründet in der Eigenart seiner Zahlungsfunktion, in dem bankmäßigen Zahlungsausgleich; denn nur soweit auch der Scheckverkehr durch Verrechnung in den bankmäßigen Zahlungsausgleich übergeführt wird, enthebt er die Bank der Deckungsnotwendigkeit. Zu diesem Gefahrmoment gesellt sich ein geringerer Mangel organisatorischer Art, der freilich in extremen Fällen die Wirtschaftlichkeit des bankmäßigen Zahlungsausgleichs in Frage zu stellen vermag[96]).

Die Menge der schwebenden Einzelübertragungen ist ebensowenig gleich der Menge eigentlicher Zahlungsakte wie die Zahl der umlaufenden Schecks derjenigen der durch sie vermittelten Zahlungen. Während nämlich unter jenen eine Reihe von Umwegsübertragungen zwischen eingeschobenen Stationen des Weges vom Zahlerkonto zum Empfängerkonto enthalten sind, fehlt an dieser die Zahl der Zahlungsakte, die durch mehrmalige Verwendung von einem und demselben Scheck vollzogen worden sind. Außerdem kommt auch bei den Schecks durch die Einrichtung von Inkassoverbänden und Abrechnungsstellen die Bildung von Verrechnungsketten, die den Zwischenstellen im Übertragungsverkehr entsprechen, in Betracht. Je mehr der Über-

[95]) Vgl. von Schulze-Gaevernitz, a. a. O. S. 148/9.

[96]) Vgl. Kaulla, a. a. O. S. 77.

Bericht über die Entwicklung des Giroverbandes (der Dresdner Bank Genossenschafts-Abteilung) in den Jahren 1918 und 1919, S. 2.

weisungsverkehr einerseits, die Verrechnungseinrichtungen des Scheckverkehrs andererseits ausgebildet werden, desto größer gestaltet sich das Verhältnis solcher über Hilfswege geleiteten Schecks und Übertragungen zu dem der direkt verrechneten.

Derartige Weitläufigkeiten des bankmäßigen Zahlungsausgleichs gelten indes als überwogen von dem Umstand, daß auf solche Weise ein immer größerer Anteil von Zahlungen ohne Bargeld und Noten abgewickelt werden kann. Eine absolute Abgrenzung der auf diesem Wege auszuführenden Zahlungen scheint nicht gegeben werden zu können, zumal die Möglichkeit erwiesen ist, daß das Scheck- und Giroverfahren bis tief in den Zahlungsverkehr des Haushalts eindringt. Der Charakter der im Zahlungsausgleich bewegten Gelder ist also nicht als einheitlich zu bezeichnen. Solange nur der Giroverkehr der Reichsbank wirkliche Bedeutung hatte, durfte behauptet werden, daß eigentlich nur „Produzentengeld"[97]) davon betroffen werde. Mit dem Ausbau des Ausgleichsverkehrs in andern Systemen, besonders den der Genossenschaften, der Sparkassen und der Post, wurde das anders. Gerade aber, weil der große Kreis nicht aus gleichartigen Einzelgliedern besteht, ist für die von diesen zu leistenden Zahlungen unter der Voraussetzung genügender Ausbildung der Verbindungstechnik der Ausgleich möglich, soweit nur das Zahlerguthaben und die Verbindungsguthaben bis zum Empfänger ausreichen und nicht Zweck und Größe der betreffenden Zahlung, unverhältnismäßige Kosten sowie besondere Interessen der vermittelnden Banken dagegen stehen. Tatsächlich nehmen natürlich eine Reihe Zahlungen auch unter den Gliedern des Gesamtsystems ihren Weg außerhalb des Systems, noch mehr müssen aus dem Kreis heraus an Außenstehende geleistet werden. Das sind die Fälle der Zahlungen, deren Mittel in Bargeld und Noten bestehen. Wenn ihr Umfang mit dem Ausbau der Ausgleichssysteme

---

[97]) Adolf Wagner, Theoretische Sozialökonomik. II. Abteil. II. Band: Geld und Geldwesen. Leipzig 1909, S. 161 ff.

abnimmt, der des Zahlungsausgleichsverkehrs zunimmt und diese Verschiebung auf die Politik der kontenführenden Geldinstitute in der Weise wirkt, daß auf die als Niederschlag der einströmenden Geldeinlagen gewissermaßen fest gegebene Barkasse ein immer größerer Kontenoberbau von Kredit aufgeführt wird — dann drängt sich vom volkswirtschaftlichen Standpunkt aus die Gruppe von Fragen auf, die der praktische Ausdruck sind für das Hauptproblem des bankmäßigen Zahlungsausgleichs in seiner Beziehung zum Geldwesen. Die Fragen lauten im einzelnen: Welche volkswirtschaftlichen Wirkungen hat solche relative Kreditsteigerung? Ist es mit Rücksicht auf die Wirkungen geboten, ihr Grenzen zu setzen? Wo und auf welche Weise ist die Grenze zu ziehen? Gibt es etwa eine natürliche Grenze, ein Kreditmaximum des bankmäßigen Zahlungsausgleichs? Auf das Allgemeine zurückgeführt, richten sich die Fragen auf das Verhältnis der durch bankmäßigen Zahlungsausgleich in Wirksamkeit tretenden Kreditmenge zum Barbestand, und dahinter steht die Frage nach dem Einfluß auf den Geldwert, gemessen an den Güterpreisen, das Problem der Quantitätstheorie.

IV. Abschnitt

Der bankmäßige Zahlungsausgleich in der deutschen Geldtheorie

1. Der bankmäßige Zahlungsausgleich im statischen Geldproblem

Die Schwierigkeiten, die sich einer dogmenvergleichenden Betrachtung eines Einzelelementes aus dem Geldwesen immer entgegenstellen in der allzu reichen Verschiedenartigkeit der Systeme, werden für die Untersuchung des Übertragungs- und Scheckwesens gesteigert durch den Umstand, daß diese Frage, soweit sie überhaupt behandelt wird, ihren Platz zumeist am Ende des logischen Aufbaus findet, sei es als selbständigen Schlußstein, sei es als einschränkende Modifikation des gesamten Aufrisses. Eigentlich müßte daher der Darlegung über die Auffassungen seiner Bedeutung eine vollständige Beschreibung des ganzen Aufbaus jeder Lehre vorangehen, was ein Bild von verwirrender Fülle ergeben und den Vergleich der uns allein interessierenden Seiten unmöglich machen würde. Also ist Einschränkung geboten. Zunächst, indem versucht wird, die Theorien nach entsprechenden Grundkriterien in eine typische Reihe zu ordnen, welche die wesentlichen Variationen der Auffassungen zu erkennen und zu entwickeln erlaubt.

Eine zweite Rücksicht macht eine weitere Einengung des zu behandelnden Kreises wünschenswert, und zwar eine Beschränkung auf d e u t s c h e Theoretiker. Denn es läßt sich nicht verkennen, daß die Entwicklung der Geldtheorie in Deutschland, wenigstens in der neuesten Zeit, zwiefach von ihrem Ursprungsland das Gepräge erhalten hat. Einmal durch den Einfluß, den die konkrete Gestaltung des deutschen Geldwesens auf sie ausgeübt hat, zum andern durch die Tatsache, daß einige wenige leitende Ideen immer wieder zum Mittelpunkt der Kontroverse gemacht worden sind und auf diese Weise der Weiterbildung der Theorie einen gewissen Zusammenhang verliehen haben. Natürlich ist auch das Ausland, sind vor allem englische, amerikanische und skandinavische Theorien nicht ohne Einwirkung geblieben. Aber an der Grundrichtung haben sie nicht viel geändert; deren Bestimmung haben sie jenen Momenten überlassen müssen und sind selbst als außerhalb der Reihe stehend erkennbar.

In dem so abgegrenzten Felde ist zu untersuchen, in welchem Verhältnis zum Gelde die Theorien das Übertragungs- und Scheckwesen erblicken. Diese Aufgabe hat es von vornherein mit zwei Unbekannten zu tun, und die ersten Feststellungen scheinen sich auf die Fragen beziehen zu müssen, einerseits was jedesmal unter Geld verstanden wird, andererseits welcher Ausdruck des Übertragungs- und Scheckwesens als dem Geldbegriff irgendwie entsprechend oder ähnlich gilt. Ist es das Guthaben oder der Scheck oder etwa der Vorgang des bankmäßigen Zahlungsausgleichs, weil er allein ohne Geldzeichen auskommt? Die theoretischen Systeme geben darauf durchaus nicht immer eine klare Antwort. Letzthin entscheidend aber ist für ihre Stellungnahme, welchen Inhalt sie ihrem Geldbegriff selbst geben. Je nach den gewählten Kriterien stellt sich ein weiterer oder engerer Kreis von eigentlichen Geldformen dar, um die sich die übrigen Erscheinungen des Zahlungsverkehrs in einer entsprechenden Folge von Beziehungen gruppieren. Die Kennzeichen knüpfen sich an Stoffe und Formen, in denen „Geld“ auftreten soll, sowie an die Dienste, die ihm zugeschrieben werden. Daneben pflegt auch die Voraussetzung geltend gemacht zu werden, daß seine Erscheinungform selbständig besteht und nicht von einer andern ähnlicher Art irgendwie abhängt. Aus der verschiedenen Einzelbestimmung dieser Momente und ihren Kombinationen ergibt sich die Mannigfaltigkeit der Geldbegriffe. Aber nicht alle Faktoren sind für jede Begriffsbestimmung erforderlich. Es ist möglich, daß Stoffe und

Formen ebenso als unerheblich betrachtet werden wie die Bedingung der Selbständigkeit. Nur ein Kriterium kann bei der Begriffsbildung niemals fehlen: der Charakter der Wirksamkeit, die als dem Gelde eigentümlich erkannt wird. Die Frage, was als Funktion des Geldes gilt, ist letzten Endes auch entscheidend für die Abgrenzung des Begriffs nach der stofflichen Seite, sofern überhaupt die spezifischen Dienste des Geldes als an einen bestimmt gearteten Stoff gebunden angesehen werden.

Auch die sogenannte metallistische Theorie hat ihren Grund in der Annahme, daß nur das Metallgeld alle Geldfunktionen zu versehen vermöge, sei es unmittelbar im eigenen Gebrauch, sei es als Grundlage für ergänzende Formen. Hier wird eine bestimmte stoffliche Erscheinung aus dem doppelten Grunde für Geld erklärt, weil sie allein den ganzen geforderten Funktionskreis erfüllt und zugleich die Ursache jeder einzelnen Auswirkungsart, den „Wert", in sich trägt. Der Geldwert, der aus dem Metallkörper resultiert, offenbart sich eben in der vollkommenen Funktionserfüllung. Darin sind sich die Metallisten einig, wenn sie auch einmal in der Erklärung des Wertes, zum andern in der Bestimmung der Art und der Rangordnung der Funktionen voneinander abweichen. Die ältere Auffassung, daß das Metallgeld seine Leistung im wirtschaftlichen Verkehr aus dem Gebrauchswert seines Stoffes für unmittelbare Bedürfnisbefriedigung herleite[1]), aus seiner industriellen Verwendbarkeit, darf als durchweg überwunden bezeichnet werden[2]). Diese Wertbegründung, die eng im Zusammenhang steht mit der Annahme, daß Geld, ein allgemeiner Wertmesser, für solche Funktion selbst Substanzwert besitzen müsse[3]), ist abgelöst worden von einer stärkeren Betonung des Einflusses, der von der Verwendung des Geldmetalls eben in der Form

[1]) Vgl. Knies, Das Geld. Berlin 1873, S. 140.

[2]) Vgl. jedoch Diehl, Deutschland als geschlossener Handelsstaat im Weltkriege. Stuttgart-Berlin 1916, S. 19, 21.

[3]) Vgl. Knies, a. a. O. S. 113. — Nasse, Geld- und Münzwesen in Schönebergs Handbuch der politischen Ökonomie. 3. Aufl. 1. Bd. Tübingen 1890, S. 316.

des Geldes ausgeht. Die Geldeigenschaft selbst wird als wertbildend anerkannt. Dem Substanzwert tritt der Funktionswert gleichgeordnet zur Seite[4]).

Den nächsten Schritt in dieser Richtung tut Helfferich, indem er den Funktionswert als das eigentlich Notwendige am Geldcharakter dem Substanzwert überordnet: „Der Wert des Geldes muß nicht unbedingt ein ‚Substanzwert', sondern er kann ein bloßer ‚Funktionswert' sein"[5]). Damit nimmt der genannte Theoretiker seinen Platz an der Grenze metallistischer Anschauungsweise ein; er versteht unter Geld „die Gesamtheit derjenigen Objekte, welche in einem gegebenen Wirtschaftsgebiete und in einer gegebenen Wirtschaftsauffassung die ordentliche Bestimmung haben, den Verkehr (oder die Übertragung von Werten) zwischen den wirtschaftlichen Individuen zu vermitteln"[6]). Folgerichtig gibt er zu, daß auch Forderungen und Anweisungen irgendwelcher Art als Geld fungieren können[7]), wenn sie nur in entsprechender Knappheit gehalten werden. Dazu ist der Staat als der monopolistische Emittent des Geldes in der Lage, indem er sein Monopol dazu benutzt, die Beschaffung des Geldes an Arbeit und Opfer zu knüpfen. Schwierigkeit der Erlangung und Nützlichkeit sind die zwei kardinalen Voraussetzungen jedes wirtschaftlichen Wertes. Im richtig verstandenen Sinne finden sie sich auch als Vorbedingungen des Geldes und statten es mit eigenem Werte aus[8]). Die Eigenart des Edelmetallgeldes hinsichtlich seiner Wertbegründung sieht er darin, daß seine Substanz einerseits von natürlicher Seltenheit ist, andererseits auch den Gegenstand einer erheblichen Nachfrage zu andern als zu Geldzwecken bildet[9]). Im Verein mit den Bedingungen der Geldausprägung enthebt sie den Staat

4) Vgl. Adolf Wagner, Sozialökonomische Theorie des Geldes und Geldwesens. Leipzig 1909, S. 198 ff.

5) Das Geld. 2. Aufl. Leipzig 1910, S. 536.

6) A. a. O. S. 220.

7) A. a. O. S. 228.

8) A. a. O. S. 538 ff., ebenso schon Otto Heyn, Irrtümer auf dem Gebiete des Geldwesens. Berlin 1900, S. 8/9.

9) A. a. O. S. 537.

der Schwierigkeit, geeignete Normen für die selbständige Geldschöpfung aus geringwertigen Stoffen aufzufinden[10]. Auch Helfferich will den Geldcharakter nur stofflichen Objekten beilegen[11], und damit scheidet das Girowesen, ebenso wie bei den übrigen angeführten Theorien, von vornherein aus. Aber auch der Scheck ist für ihn nicht Geld, weil er lediglich ein Zahlungsmandat an eine Bank darstelle, nicht selbst ein Zahlungsmittel sei. Er könne wohl die Funktion als Umsatz- und Zahlungsmittel erfüllen, habe darin aber nicht — wie Helfferich es für seine Geldobjekte fordert — seine ordentliche Bestimmung; denn die Verkehrsgewohnheit und das Scheckrecht der meisten Staaten verlangten die Präsentation des Schecks innerhalb weniger Tage nach der Ausstellung[12].

Der Geldbegriff der Theorien, die der bis hierher geführten Reihe angehören, verweist den Scheck- und Giroverkehr in eine Abhängigkeit vom Gelde, die ihn in diesem entweder fast verschwinden läßt oder ihm doch nur eine geringe Selbständigkeit zugesteht. Wo der Substanzwert als bestimmend für die Abgrenzung des Geldbegriffs betrachtet wird oder auch nur eine wesentliche Rolle spielt, ist eine solche Stellungnahme von selbst gegeben. Soweit jene Erscheinung überhaupt Beachtung findet, kann sie nur im Lichte des eigentlichen Geldes gesehen werden, nur von ihm ihre Kraft entlehnt haben.. Der klassische Vertreter des Metallismus, Knies, betont, daß der Scheck kein Zahlungsmittel ist, sondern nur eine Geldforderung; seine Übergabe bewirkt im Unterschied vom Gebrauch der Banknote keine definitive Zahlung[13]. Sie wird erst effektiv mit der Einlösung durch die bezogene Bank. Soweit durch Scheckverwendung überhaupt Geldbenutzung erspart wird — was nur bei Zirkulation des Schecks durch mehrere Hände, bei Gutschrift statt Barzahlung seitens der bezogenen Bank und bei gegenseitigem Ausgleich von Schecks auf

[10] A. a. O. S. 589 ff.
[11] A. a. O. S. 225 ff.
[12] A. a. O. S. 229/230.
[13] Der Kredit. Berlin 1876, 1. Hälfte, S. 281.

verschiedene Bezogene im Clearinghaus der Fall ist — in allen solchen Fällen handelt es sich um die Ersparung im Tauschmittel- und Zahlungsmittel-, im Werttransport- und Wertaufbewahrungsdienst[14]). Dieselbe Wirkung kann durch bloßes Überschreiben erzielt werden[15]). Derartige geldsparende Zahlungsvorgänge setzen aber doch das eigentliche Geldgut als allgemeines Wertmaß und allgemeinen Preismaßstab voraus. Das kommt darin zum Ausdruck, daß eine Geldsumme der Gegenstand bleibt, der den Vorgängen zu Grunde liegt. Es handelt sich um die Erscheinung eines „geldwirtschaftlichen Tauschverkehrs", um dasselbe Bild, das im Warenverkehr sich als ein direkter Austausch ohne Geldmedium, nur auf der Grundlage einer Bewertung in Geld, darstellt[16]).

Damit ist die Auffassung, daß dem Scheck- und Girowesen keinerlei selbständige Geldbedeutung zukommt, aufs schärfste gekennzeichnet. Entsprechend ergänzt wird sie durch die Beurteilung, die dem Scheck, dem stofflichen Mittel eines solchen Zahlungsverkehrs, im Gegensatz zur Banknote zuteil wird. Während jener bei Knies nur als eine nicht eigentlich für die Zirkulation bestimmte Geldforderung gilt, sieht er in dieser, die ganz wie das gemünzte Geld in bestimmter Stückelung ausgegeben wird, den Zweck und die Befähigung, allgemein an Zahlungsstatt im Inlande verwendbar zu sein, auch definitive Zahlung zu bewirken, und bezeichnet sie daher nicht allein als Geldforderung, sondern zugleich auch als Barzahlungsmittel[17]).

Mit der weniger absoluten Stellung, die die Substanz des Geldes als Bedingung des Geldwerts bei Adolf Wagner einnimmt, stimmt der höhere Grad von Selbständigkeit überein, der dem Scheck- und Überweisungswesen in dessen System eingeräumt wird. Banknoten, Schecks, Giroverkehr, Abrechnungs- und Ausgleichseinrichtungen der

---

14) Ebenda S. 263, 268.

15) Ebenda S. 280/1, 264.

16) A. a. O. S. 263, 282.

17) A. a. O. S. 286. Das Geld, a. a. O. S. 206.

Banken stehen grundsätzlich einander gleich; sie alle erfüllen die Funktion des Tausch- und Umlaufsmittels, aber nur diese eine. Dabei werden die erstgenannten Formen immer mehr durch den bankmäßigen Zahlungsausgleich verdrängt, immer vollständiger geht im Inlande der Übergang von der Geldwirtschaft zur Kreditwirtschaft vor sich. Es entsteht eine „großartige Ökonomie des Zahlungswesens", aber auch ein System von großer Künstlichkeit und Gefährlichkeit[18]). Denn alle Formen begründen einen Anspruch auf „Geld", dessen Bestehen vorausgesetzt wird, und das allein als Wertmaß und allgemeines gesetzliches Zahlungsmittel zu dienen vermag[19]). Geld, der Träger der drei Funktionen, muß in der Regel stofflichen Wert aufweisen; denn der ist durchweg erforderlich als Stütze des Vertrauensmomentes, auf dem die Funktionen zum wesentlichen Teil beruhen. Die in dem Gebrauchswert des Geldstoffes liegende reale Sicherheit ist ursprünglich die Grundlage des Vertrauens, mit der Dauer der Geldverwendung büßt sie allmählich an Bedeutung ein, ist aber offenbar zunächst nicht ganz entbehrlich[20]).

Karl Helfferich bezieht den Giroverkehr in seine Geldlehre nicht ein. Er befaßt sich nur mit stofflichen Objekten, wenn er auch den Substanzwert als nicht wesentlich für den Geldbegriff dem Funktionswert unterordnet. Aus den oben angeführten Gründen zählt er auch den Scheck nicht zum Gelde, wohl aber die Banknote[21]). Während er also in betreff der letzteren über Wagner hinausgeht, weist er dem Scheck eine ähnliche Stellung an wie Knies und folgt dabei den gleichen Erwägungen, die in der Hauptsache juristischer Art sind, nämlich auf der rechtlichen Beschränkung der Umlaufsfähigkeit und der Ablehnung der Solutionskraft fußen[22]).

---

[18]) Der Kredit und das Bankwesen. Schönbergs Handbuch der politischen Ökonomie. 3. Aufl. 1. Bd. Tübingen 1890. S. 427.

[19]) Sozialökonomische Theorie des Geldes und Geldwesens, S. 134.

[20]) A. a. O. S. 118.

[21]) Das Geld, S. 227 ff.

[22]) A. a. O. S. 229.

Die Behauptung, daß die Geldfunktion sich allein oder auch nur vorzugsweise an einen Stoff bestimmter Art knüpfe, läßt die Lehre Georg Friedrich Knapps fehlen, sie will aber ebenfalls die Bezeichnung als Geld solchen stofflichen Erscheinungen vorbehalten wissen, die Träger des eigentlichen Geldwerts, das bedeutet in ihrem Sinne: der staatlichen Wertstempelung, sind. Der dem Gelde übergeordnete Begriff ist das Zahlungsmittel. Es kann in drei Formen auftreten: als pensatorisches, wenn die Zahlung sich durch Zuwägen bestimmter Substanzmengen vollzieht, als chartales, wenn sie durch Zuzählen in vom Staate begültigten Stücken, als girales, wenn sie durch Zuschreiben im Wege der Buchübertragung geleistet wird. Geld sind allein chartale Zahlungsmittel[23]). Es ist also für ein Zahlungsmittel nicht stoffliche Erscheinungsform erforderlich, jedoch wird die Bezeichnung als Geld nur stofflichen Objekten zugestanden und auch nur einer Auswahl von bestimmtem Charakter. Diese Beschränkung ist ein Ausfluß des Gedankens der „Chartalität", der einen stofflichen Träger fordert.

Unter dem beherrschenden Gesichtspunkt des staatlichen Willens, — der durch seine Proklamation dem gewählten Geldobjekte die Chartalität verleiht, durch seine Vorschriften über die Schöpfungen der einzelnen Gattungen, über ihr Verhältnis zueinander und zu früheren Geldarten, ihre Verwendbarkeit zu Zahlungen an den Staat und von ihm, ihrer Begrenzung nach Annahmezwang im freien Verkehr und durch ähnliche Vorschriften über andere Zahlungsmittel den Zahlungsverkehr regelt und für alle seine Erscheinungen die letzte Ursache bildet, — schließt sich die Knappsche Lehre zu einem eindrucksvollen System zusammen, dessen klar gegliederter Bau auf demselben Grunde der Einseitigkeit beruht, die auch seine theoretische Schwäche ausmacht. In dieses System sorgfältiger Abstufung ist auch das Girowesen eingepaßt, während der Scheck als äußer-

---

[23]) Knapp, Staatliche Theorie des Geldes. 2. Aufl. München und Leipzig 1918, S. 31.

liches Mittel der Übertragung keine Berücksichtigung findet. Die Girozahlung, die Übertragung zwischen zwei Konten, gibt der Reihe der Zahlungsarten die Vollendung[24]. Ihr Bestehen zwingt dazu, den Begriff der Zahlung über die bisherige Fassung als Übertragung von Sachen auszudehnen. So kommt Knapp dazu, als Zahlung zu bezeichnen die „juristische Übertragung von Gegenforderungen in Werteinheiten und zwar von Gegenforderungen, die an die Zentralstelle gerichtet sind"[25]. Eine gewisse Mitwirkung der letzteren ist immer vorhanden. Sie rückt auch bei der Definition des Begriffs Zahlungsmittel in den Mittelpunkt. „In einem Zahlverbande ist jede übertragbare Verfügung über Werteinheiten dann Zahlungsmittel, wenn der Inhaber durch Übertragung an die Zentralstelle eine mindestens eventuale Gegenforderung an diese Stelle begründen kann"[26]. Die Girozahlung tritt in einem unstaatlichen Zahlverbande auf, in dem Kundenkreis einer Bank oder einer Gemeinschaft von Banken. Jeder Zahlverband kann, wie das Beispiel der Hamburger Girobank zeigt, sich eine eigene Werteinheit schaffen[27]. In neuerer Zeit ist es unterblieben, und alle Zahlgemeinschaften lehnen sich an das staatliche Geld an. Damit aber wird die Abgrenzung ihres Sonderbereiches neben der staatlichen Zahlgemeinschaft nicht beseitigt. Zu Zahlungsmitteln in dieser weitesten Gemeinschaft können Banknoten und Girozahlungen erst erhoben werden durch „Akzeptation", indem der Staat zuläßt, daß Zahlungen an ihn durch diese Formen geleistet werden[28]. Wenn nun der Staat dazu übergehen würde, die Giroeinrichtungen selbst zu verwalten, so würde aus praktischen Gründen der Gebrauch von eigentlichem Geld, d. h. von staatlich begültigten Stücken, doch nicht ganz aufhören; denn für viele Fälle von Zahlungen wäre der Giroweg zu unbequem. Denkt man sich auch diese

[24] A. a. O. S. 144.
[25] A. a. O. S. 140.
[26] A. a. O. S. 143.
[27] A. a. O. S. 137.
[28] A. a. O. S. 143.

Schwierigkeit überwunden, so könnte allerdings das Geld verschwinden. Es bliebe dann immer noch die Zahlung. An ihr, nicht eigentlich am Gelde, hängt unsere wirtschaftliche Verfassung. „Das Wesentliche ist die auf Werteinheiten lautende Verpflichtung: diese aber würde mit der Abschaffung des Geldes nicht mit abgeschafft, sondern beibehalten und giromäßig behandelt werden"[29]). In der Entwicklung der Zahlungsarten stellt die Girozahlung die letzte Form dar. Es gibt Zahlungsmittel, die noch nicht Geld sind — die pensatorischen, später solche, die Geld sind — die chartalen, noch später solche, die nicht mehr Geld sind — die giralen[30]).

In der modernen Ausgestaltung bietet der Giroverkehr in erster Linie den Banken Vorteile; sie können ihre Geschäfte ausdehnen, ohne ihr ursprüngliches Betriebskapital vergrößert zu haben, erzielen somit eine ganz ähnliche Wirkung wie durch die Ausgabe von Banknoten. Der Girokunde erspart nur die Mühe, die mit dem Empfang und der Ausgabe von stofflichem Gelde verbunden ist. Im Vergleich zur Banknotenverwendung scheint er davor geschützt zu sein, daß die Einlösbarkeit der Zahlungsmittelart aufgehoben wird[31]). Andererseits aber ist er — im Gegensatz zu den Teilnehmern am alten Hamburger Giroverfahren — keineswegs sicher, daß er bei Aufhebung des Kontos sein Guthaben in der Form zurückerhält, wie er es eingezahlt hat, — wenn nämlich inzwischen die Geldverfassung des Staates geändert worden ist[31]).

Die vollständige Trennung des Geldbegriffs von der Vorstellung körperlicher Wertträger wird bei einer Reihe neuerer Geldtheoretiker durchgeführt, die an Knapp anknüpfen und seine Theorie zu ergänzen suchen, indem sie die rein wirtschaftlichen Zusammenhänge neben den von staatlichen Einflüssen beherrschten zur Geltung bringen wollen, teils sogar sie allein als maßgebend hinstellen. Ihr gemeinsamer Untergrund ist die von Knapp neu belebte

[29]) A. a. O. S. 144.
[30]) A. a. O. S. 2 und S. 144.
[31]) A. a. O. S. 169.

Auffassung des Geldes als einer Art Anweisung, eines bloßen Wertzeichens, zu dessen Wesen selbständiger Wert nicht gehört, — und das sich dadurch grundsätzlich von der Masse der den menschlichen Bedürfnissen unmittelbar dienenden, in diesem Sinne Gebrauchswert tragenden Verkehrsgüter unterscheidet.

Friedrich Bendixen, der hier an erster Stelle zu nennen ist, sieht Geld ebensowenig wie Knapp als ein Ding an, das mit den übrigen Verkehrsobjekten in gleicher Reihe steht, es ist vielmehr für ihn nur Mittel, um sie im Übergang von einer Hand zur andern umzusetzen. Durch diesen Dienst bekommt es ein doppeltes Gesicht, gleichsam zwei Gestalten: Es ist gleichzeitig Generalnenner der Werte aller Gegenstände des Verkehrs, also Werteinheit, und konkretes Kauf- und Zahlungsmittel[32]). Daß es als abstrakter Wertnenner nicht selbst Wert hat, ist selbstverständlich, die Werteinheit muß immer nominal sein[33]). Das konkrete Geld aber, „ein durch Vorleistungen erworbenes Anrecht an der verkaufsreifen konsumtiblen Produktion"[34]), hat keinen andern Wert als den Wert alles dessen, was man dafür kaufen kann[35]). Von einem eigenen Werte des Geldes kann nicht die Rede sein[36]). Nur auf die gegenseitigen Leistungen, die es vermittelt, bezieht sich seine Wertung. Die Form, in die sich die Legitimation zum Empfang von Gegenleistungen kleidet, ist gleichgültig. Gutschrift von Forderungen tut dieselbe Wirkung wie die Marke, die aus einer Hand in die andere geht[37]). Daher ist auch das Giroguthaben nichts anderes als eine Geldart, ihm wird die Bezeichnung Giralgeld beigelegt. Der Scheck als solcher kann daneben naturgemäß nicht noch eine besondere Rolle spielen. Diejenigen Theorien, die den Giroverkehr lediglich als Mittel zur Beschleunigung der Um-

---

32) Geld und Kapital. 2. Aufl. Jena 1920, S. 18.
33) Das Wesen des Geldes. Leipzig 1908, S. 4.
34) Ebenda S. 23.
35) Geld und Kapital, S. 19.
36) Ebenda S. 30.
37) Geld und Kapital, S. 31.

laufsgeschwindigkeit des Geldes auffassen, können keine Zustimmung finden, „schon deshalb nicht, weil das Geld, das angeblich durch die verschiedenen Hände läuft, gar nicht körperlich bei der Bank vorhanden zu sein braucht, was doch wohl die Voraussetzung wäre, wenn man von Umlauf und Umlaufsgeschwindigkeit baren Geldes spricht"[38]). Giralgeld ist eben eine besondere Geldart neben dem körperlichen Gelde. Ob eine Girozahlung oder eine Barzahlung angewendet wird, hängt von den Umständen ab; sie haben beide ihren eigenen Verwendungskreis. Beide Geldarten sind sich privatwirtschaftlich gleich; beide bedeuten in der Hand ihres Besitzers zurückbehaltene Kaufkraft, unerhobene Gegenleistung.

Man könnte glauben, daß mit dieser Auffassung der Höhepunkt in der theoretischen Bewertung des Giroverkehrs erreicht ist; die Gleichartigkeit der Giroform mit dem Gelde hinsichtlich ihrer Wirksamkeit im Tauschverkehr wird zum Anlaß für ihre unbedingte Gleichstellung. Soweit gehen weder Knapp noch Wagner und Helfferich, obwohl auch die letzteren, besonders Helfferich, dem Moment der gleichartigen Tauschmittelfunktion verschiedener Erscheinungsformen von Geld für die konstitutive Bewertung eine größere Bedeutung beimessen als es die absoluten Metallisten Kniesscher Observanz tun, bei denen die Frage der gegenseitigen Bedingtheit der Formen, genauer: ihrer Abhängigkeit vom wertgebenden Metallgeld, alle andern überschattet. Immerhin räumen auch Wagner und Helfferich dem Edelmetall, das in der Wirklichkeit der Geldzusammenhänge seine Kraft offenbart, einen wichtigen Platz als Element ihrer theoretischen Erklärungen ein und sind infolgedessen geneigt, alle andern Erscheinungsformen dagegen zurücktreten zu lassen.

Noch über Bendixen hinaus geht Robert Liefmann. Er greift das von Bendixen gegenüber dem konkreten Gelde verselbständigte Abstraktum Werteinheit auf, um es zum Angelpunkt seiner Geldlehre zu machen. Die Funktion als „allgemeines Rechnungsmittel", als „Kosteneinheit", ist

[38]) Ebenda S. 60.

für ihn die wesentlichste des Geldes[39]). Er sieht die Grundlage aller Geldbeziehungen in der Schätzung, die der einzelne wirtschaftende Mensch an den wirtschaftlichen Gütern in der Weise vornimmt, daß er mit Hilfe der Rechnungseinheit die aufzuwendenden Kosten gegen den zu erwartenden Nutzen abwägt, wobei auch Nutzen und Kosten als psychische Begriffe gemeint sind. „Geld ist Vergleichsmittel von Nutzen und Kosten"[40]). Diese Funktion wirkt sich unmittelbar in der Einzelwirtschaft aus und findet ihr Maß in dem Einkommen des Wirtschaftenden. Was die Güter wirklich kauft, ist nicht das „Geld", sondern dies Einkommen, das durchaus nicht immer Geldform hat[41]). Sachlich läßt sich Geld ebensowenig bestimmen wie das „wirtschaftliche Gut"[42]).

Liefmann bemüht sich, die ganze Geldlehre als ein psychisches Problem zu entwickeln und beim Begriff Geld das Hauptgewicht auf die abstrakte Seite zu legen. Schon aus diesem Grunde zieht der bankmäßige Zahlungsausgleich seine Aufmerksamkeit auf sich; in ihm sieht er die immer wichtiger werdende Zahlungsart, die Zahlung in der abstrakten Rechnungseinheit, „in der heute schon alle Einkommen kalkuliert werden und auf der in Wahrheit alle Preise beruhen"[43]). In immer stärkerem Maße werden die realen staatlichen Umsatzmittel durch abstrakte private Umschreibungs- und Abrechnungsmethoden verdrängt. Dadurch wird die abstrakte Rechnungseinheit im Tauschverkehr öfter zugrunde gelegt, diese immer mehr in den Mittelpunkt geschoben. „Je mehr sich aber die bloße Rechnungseinheit als abstrakter Vermittler aller Umsätze durchsetzt, je geringere Rolle das reale »Geld«, einerlei in welcher Form, dabei spielt, um so unabhängiger wird der ganze Tauschverkehr von ihm, seinem Stoff und seiner Deckung"[44]).

---

[39]) Geld und Gold. Stuttgart und Berlin 1916, S. 42.
[40]) A. a. O. S. 102.
[41]) A. a. O. S. 87.
[42]) A. a. O. S. 101.
[43]) A. a. O. S. 97.
[44]) A. a. O. S. 195.

Die bisher angeführte Reihe von Bewertungen des Scheck- und Girowesens in Hinsicht auf dessen Verhältnis zum jeweils konstituierten Geldbegriff macht natürlich keinerlei Anspruch auf Vollständigkeit. Sie will nur insofern als einigermaßen geschlossen angesehen werden, als sie einer geordneten Stufenfolge von Theorien entspringt, die mit abnehmender Einschätzung der Geld**substanz** immer mehr die Geld**funktion** als wesentlich hervorheben und diese damit auch gewissermaßen entmechanisieren, indem sie ihre Ursache nicht mehr so sehr in Stoff und Gestalt des Geldes sehen können, sondern weiter auf die Momente zurückgehen müssen, die außerhalb dieser Rücksichten auf die Entschlüsse und Handlungen der wirtschaftenden Menschen im Geldgebrauch einwirken. Die Scheidung zwischen Geld und Geldsurrogaten verliert an Gewicht, die Frage der genetischen Beziehungen unter den Trägern der Geldfunktion tritt erst in zweiter Linie auf, und das Gemeinschaftliche der Wirksamkeit, die Tauschvermittlung, wird maßgebend. Der Weg führt von der Bewertung des Geldes als eines den gewöhnlichen Wert- und Preisgesetzen unterworfenen Gutes zu seiner Bewertung als formalen Mittels des Güterumlaufs. Bei einer solchen Betrachtungsweise muß das Scheck- und Girowesen schon wegen seiner quantitativen Bedeutung in den Vordergrund rücken.

Wesentlich anders als die genannten Theorien gliedert **Ludwig von Mises** die Geldformen in seiner „Theorie des Geldes und der Umlaufsmittel". Als Grenznutzen-Theoretiker spricht er, ebenso wie **Karl Menger**[45]), dem Gelde die Wertmesser-Funktion ab, da — wie Menger es ausdrückt — das Werturteil keineswegs den Vergleich zweier Wertgrößen zum Inhalt habe, sondern nichts anderes sei, als der Vergleich zweier Gefühle[46]). In der Hauptfunktion ist für Mises das Geld Tauschmittel. Daher wird als Kern der theoretischen Aufgabe die Entwicklung der Ge-

---

[45]) Art. Geld im Handwörterbuch der Staatswissenschaften. 3. Aufl. Jena 1909, IV. Bd., S. 582 ff.

[46]) A. a. O. S. 29.

setze angesehen, „die das zwischen dem Gelde und den übrigen wirtschaftlichen Gütern bestehende Austauschverhältnis bestimmen“[47]). Mit Rücksicht auf sein Untersuchungsziel teilt er aus der Menge der fraglichen Objekte diejenigen ab, die sich als jederzeit fällige, sichere Anweisungen auf Geld und andere Geldforderungen darstellen, und nennt sie Geldsurrogate[48]). Alle übrigen derartigen Objekte, die im Unterschied zu jenen Gegenstand selbständiger Bewertung sind, werden als Geld bezeichnet und gegliedert in Sachgeld, sofern sie den Charakter von Waren im Sinne der Warenkunde tragen, Zeichengeld, sofern sie aus juristisch besonders qualifizierten Stücken hergestellt werden, und Kreditgeld, sofern sie ein Forderungsrecht gegen irgendeine physische oder juristische Person zum Inhalt haben, jedoch nicht jederzeit fällig und sicher sind[49]). Das Giro- und Scheckwesen wird zum Teil den Geldsurrogaten zugerechnet, nämlich die gleich den ungedeckten Noten als Umlaufsmittel bezeichneten „Kassenführungsguthaben“, d. h. die Guthaben auf Giro- und Scheckkonten, soweit sie nicht durch Bargeld gedeckt sind. Teils wieder, soweit sie gedeckt sind, gelten sie als Geldzertifikate[50]), während schließlich das Abrechnungsverfahren nur als Modifikation des Gebrauchs von Geld- und Umlaufsmitteln, also als Mittel zur Verminderung des Geldbedarfs im weiteren Sinne, angesehen wird[51]).

Diese ungewöhnliche Zerlegung rechtfertigt der Verfasser mit der Bemerkung, daß ihm die Festlegung der Begriffe nicht Selbstzweck sei, sondern nur Hilfsmittel für seine eigentliche Aufgabe, die er darin sieht, die Gesetze zu entwickeln, „die das zwischen dem Gelde und den übrigen wirtschaftlichen Gütern bestehende Austauschverhältnis bestimmen“[52]). Seine Ansicht über das Wesen des Scheck-

---

[47]) A. a. O. S. 33.
[48]) A. a. O. S. 33, 36.
[49]) A. a. O. S. 45.
[50]) A. a. O. S. 144, 306.
[51]) A. a. O. S. 341.
[52]) A. a. O. S. 33.

und Übertragungsverkehrs in seinem Verhältnis zum Gelde kann daher erst erkannt werden aus der Darstellung der Tauschfunktion des Geldes. Aber jene Erklärung bedeutet mehr. Wir dürfen sie uns als grundsätzlichen Hinweis auf die begrenzte Wichtigkeit aller der behandelten Lehrmeinungen über den Geldbegriff dienen lassen. Erklärt doch in der Tat gerade beim Gelde die Darlegung, woher das Geld die Kraft zu seiner Funktion nimmt, und wie der weitere Begriff Geld unter diesem Gesichtspunkt als abgestuft nach voneinander abhängigen Teilen vorgestellt wird, nicht gerade viel. Daher beschäftigt auch die meisten übrigen Geldtheorien die Frage der Wirksamkeit des Geldes im einzelnen als wichtigste Aufgabe, und erst in diesem Zusammenhang bekommt ihre begriffliche Einteilung Leben und Bedeutung. Für die Erkenntnis der Lehrmeinungen über das Giro- und Scheckwesen folgt daraus, daß nur eine Vorstufe erreicht ist mit der Feststellung, welchen Platz jene Erscheinung in den verschiedenartig aufgebauten Begriffssystemen des Geldwesens erhalten hat. Der statische Teil der Lehre bedarf der Ergänzung durch den dynamischen. Und dieser letztere ist der aufschlußreichere. Während jener nur allgemeine Richtlinien über die Anschauungsweise der Theorien zu erkennen geben soll, hat dieser zu betrachten, wie Art und Maß der gegenseitigen Beeinflussung einerseits der als Geld wirksamen Zahlungsmittel, andererseits von Geldkomplex und Wirtschaftsgesamtheit vorgestellt werden. Erst die entsprechenden zwei Fragen, welche Einwirkung der Giro- und Scheckverkehr auf den Zinsfuß der Banken für die darlehnsmäßige Ausgabe von Zahlungsmitteln als kurzfristigem Kapital, also den Diskontsatz, hat, und welche auf die Preisbildung des allgemeinen Gütermarktes, die Kaufkraft des Geldes, führen auf die Erkenntnis, wie das Giro- und Scheckwesen von den Geldtheorien eingeschätzt wird. Die erstgenannte Frage, ein praktisches Problem des Krisenjahres 1907, ist nur vereinzelt eingehender Ausführungen innerhalb der theoretischen Systeme gewürdigt worden. Ihre Behandlung hat bereits im Zusammenhang mit den Erscheinungen jener

Zeit Darstellung gefunden[53]). Die zweite Frage, die höchste praktische Bedeutung in der jüngsten Zeit erlangt hat, ohne befriedigende Erklärung zu finden, gehört einem Bezirke der Geldtheorie an, dessen Bearbeitung sie zu ihren dringlichsten Aufgaben zählt.

2. Der bankmäßige Zahlungsausgleich im dynamischen Geldproblem

Für diejenigen Theorien, die im Geldstoff, dem Edelmetall, das eigentlich Wertbildende sehen und damit den historisch begründeten Charakter des Geldes als eines Gutes in der Reihe der Verkehrsgüter betonen, ist es gegeben, den Tauschwert des Geldes als einen Preis zu definieren, der sich wie der irgendeiner andern Ware durch Angebot und Nachfrage bildet, wobei dann allerdings zumeist anerkannt wird, daß die Tatsache der Verwendung als Geld erheblich auf der Nachfrageseite mitwirkt und dadurch die Preisbildung beeinflußt[54]). Gegenüber denjenigen Zahlungsmitteln, die nicht den Geldstoffkörper haben, betont diese Anschauung die Sonderstellung des „Geldes“, von dem jene ihre Kraft zu Geldfunktionen entlehnen. Die eingehendste Darstellung dieser Auffassung gibt Karl Knies. Die Verwendung der vom Gelde scharf unterschiedenen, aber als Ersatz in einem Teil seiner Funktionen, zum mindesten der Tauschmittelfunktion, anerkannten Geldsurrogate wird in ihrer Wirkung vorgestellt als Verminderung der Nachfrage nach Geld für jene Gebrauchszwecke, wodurch sie die Tendenz erhält, den Tauschwert des Geldes zu senken[55]). Die Wirkung geht demnach nur mittelbar von den Surrogaten aus, nicht etwa in der Weise, daß ihre Menge

---

53) Vgl. oben S. 129 ff.

54) Vgl. Nasse, Das Geld- und Münzwesen. Schönbergs Handbuch der politischen Ökonomie. 1. Band, 3. Aufl. Tübingen 1890, S. 328, 350 f. — Knies, Das Geld. S. 141 ff.; Der Kredit. I. S. 260. — Roscher, System der Volkswirtschaft. 12. Aufl. 1. Band. § 122. Stuttgart 1875.

55) Vgl. Knies, Der Kredit. I. S. 261.

zu der des Geldes hinzutritt und damit das Geldangebot vermehrt[56]).

Knies deduziert, daß in der Tauschmittel- und Zahlungsmittelfunktion eine Ersparung von Geldgebrauch nur eintreten kann, wenn andere, „gewöhnliche" Güter statt des Geldes gegeben werden, der Gütertausch also wieder unmittelbar, ohne Dazwischentreten eines Tauschmittels, vor sich geht[57]). Das braucht nun nicht einen Rückfall in naturalwirtschaftliche Verkehrsformen zu bedeuten; der Unterschied ist darin gegeben, daß das „in anderweitigem Gebrauch immerhin doch verhandene" Geldgut als allgemeines Wert- und Preismaß fortbesteht, so daß die direkten Tauschvorgänge auf Grund von Einschätzungen in Geld vorgenommen werden. Es handelt sich um den „geldwirtschaftlichen Tauschverkehr", der sich sowohl Zug um Zug wie auch unter Hinausschiebung der einen Leistung, im Kreditverkehr, abwickeln kann. Der einfachste Fall hierbei ist der Buchkredit, der sich bei zwei durch gegenseitige Güterübertragungen in Verbindung stehenden Kaufleuten herausbildet. Eine höhere Stufe ergibt sich, wenn derartige Beziehungen zwischen einer beliebig großen Mehrzahl von Kaufleuten entstehen und es üblich wird, daß die Buchschulden des einen mit seiner Forderung an einen andern beglichen werden. „Wenn an einer einzelnen Stelle eine gemeinsame Buchführung für alle Beteiligten sich vollzöge — was unschwer zu beschaffen ist, wenn sie an demselben Orte wohnen (Giro) —, so würden bloße Umschreibungen genügen"[58]). Im Fernverkehr könnte dieselbe Wirkung dadurch erzielt werden, daß die Geldforderung in einen Schein — etwa einen Wechsel — inkorporiert wird, der von Hand zu Hand geht und schließlich ohne Geldgebrauch zwischen dem letzten Inhaber und dem ursprünglichen Schuldner ausgeglichen wird[59]). Zwar wird

---

56) A. a. O. S. 294.

57) A. a. O. S. 263.

58) A. a. O. S. 264.

59) Daß der reine Übertragungsverkehr eigentlich nur als hypothetischer Fall dargestellt und dann auch nur auf den lokalen An-

hierdurch der Gebrauch von Bargeld vermindert, aber doch nicht in dem Maße wie vielfach angenommen wird, da doch auch die Geldstücke rasch von einer Hand in die andere gehen. Einrichtungen wie die des Clearinghauses ermöglichen allerdings sehr weitgehende Ersparungen von Geldgebrauch, dennoch aber wäre es grundfalsch, den Kredit als eine besondere Art von Geld zu bezeichnen. In dieser These läßt Knies auch seine Ausführungen über die Einwirkung des Kredits auf den Geldwert wieder gipfeln, nachdem er bereits im ersten Teil seines Werks mit ganz ähnlichen Deduktionen dasselbe zu erweisen gesucht hat[60]). Die darauf folgenden Darlegungen, daß durch Kreditformen Geldverwendung ebenfalls in den Funktionen der Wertaufbewahrung und des Werttransportes erspart wird, laufen auf dasselbe hinaus. Als eine Folge des Bestrebens, die Last der Aufbewahrung von Bargeld von sich abzuwälzen, deutet Knies auch den Scheck. Sein Zweck ist, die Barzahlung durch die Bank an die Stelle der Barzahlung durch den Bankkunden zu setzen; im Grunde handelt es sich für den Empfänger des Schecks um nichts weiter als um eine örtliche Verschiebung des Zahlungsempfanges[61]). Die zeitliche Verschiebung ist nebensächlich; für den Umlauf ist der Scheck weder bestimmt noch dienlich. Gewiß tritt eine Ersparnis an Geldgebrauch ein, wenn der Scheck mehrmals hintereinander zur Zahlung dient oder vom Scheckempfänger nicht bar erhoben wird oder — was die größte Bedeutung hat — im Austauschverfahren mit zahlreichen anderen Geldforderungsscheinen zur Verrechnung kommt. Jedoch ist auch der Scheck nicht ein Zirkulations-

---

wendungskreis beschränkt wird, während für einen räumlich weiteren Zahlungsverkehr irgendein stoffliches Geldzeichen als Vehikel notwendig sein soll — das entspricht ganz dem in Deutschland vor Gründung der Reichsbank bestehenden Zustand (vgl. oben S. 20 ff.). Wie sich weiter zeigen wird, geht Knies auf die Übertragungsmittel für Überweisungen, besonders auf den Scheck, näher ein und ergänzt somit die den deutschen Verhältnissen entnommene empirische Grundlage aus dem Beispiel der englischen Zahlungsverhältnisse

[60]) Das Geld, S. 149 ff.

[61]) Der Kredit. I. S. 277.

mittel wie das Geld, sondern nur ein Zirkulationsmittel für Geldforderungen[62]).

Auf die eigentliche Frage, in welchem Maße die Geldkreditpapiere auf den Tauschwert des Geldes wirken, geht Knies nicht ein[63]). Ihn interessiert nur das Wesen der Ersparung von Geld durch Kreditzeichen im Zahlungsverkehr. Mit dieser Feststellung hat er auch nach seiner Grundauffassung über die Preisbildung des Geldes analog der Warenpreisbildung in Angebot und Nachfrage genug getan, um die Annahme als irrig abweisen zu können, daß der Kredit überhaupt keinen Einfluß auf den Geldwert habe[64]). Macht das Eintreten von Kreditzeichen doch den Geldgebrauch an einigen Stellen überflüssig, vermindert hier den Bedarf an Geld, vermehrt also relativ dessen Angebot und wirkt dadurch auf die Verminderung des Geldwertes hin.

Wenn auch bei Knies die Banknoten eine ausführlichere Behandlung finden als die übrigen zur Zahlungsvermittlung verwendeten Kreditformen, so ist doch mit genügender Deutlichkeit ausgesprochen, daß in Hinsicht auf die Beeinflussung des allgemeinen Preisniveaus sich die andern „Geldkreditpapiere“ nicht wesentlich von ihnen unterscheiden. Noch nachdrücklicher spricht das Adolf Wagner in Beziehung auf den bankmäßigen Zahlungsausgleich aus, leider aber in einem Zusammenhang, der wiederum die Betrachtung der Noten soweit in den Vordergrund treten läßt, daß die Bedingungen der sonstigen Kreditformen nicht mit gleicher Deutlichkeit zum Vorschein kommen.

Adolf Wagner beteiligt sich von allen deutschen Theoretikern am gründlichsten an dem in England entstandenen Streit über die Einwirkung der Notenausgabe auf die Güterpreise und die Notwendigkeit der Bardeckung. In diesem Streit stellt sich Wagner mit Entschiedenheit auf die Seite derer, die nicht zugeben wollen, daß von einem bestimmten Punkte an durch die Ausgabe ungedeckter Banknoten eine

---

[62]) A. a. O. S. 281.

[63]) Vgl. a. a. O. S. 293 f.

[64]) A. a. O. S. 294.

entsprechende Erhöhung der allgemeinen Güterpreise hervorgerufen werden kann, und weist im Anschluß an Tooke die Fehler dieser Annahme nach[65]). Dazu rechnet er auch den Umstand, daß die Gegner weder die Banknoten vom Geld scharf unterscheiden, noch die Gleichartigkeit von Banknoten und andern Geldsurrogaten berücksichtigen[66]). Zwar unterläßt er es dabei, die in diesem Begriffe zusammengefaßten Formen einzeln aufzuzählen, indessen setzt er ihnen die Depositen ausdrücklich gleich[67]). Seine Ablehnung der Quantitätstheorie, wie sie die Currency-Theoretiker vertreten, ist durchaus nicht gleichbedeutend mit einer Leugnung des kausalen Zusammenhangs zwischen Geldmenge und Preis überhaupt. Er will auseinandergehalten wissen, daß Geld und Banknoten sowohl als Umlaufsmittel zu Vermögensübertragungen dienen können wie auch als Kapital zur Versinnlichung der Kaufbefähigung[68]). Von der Kaufbefähigung hängen die Preise der Waren im Großhandel ab. Durch künstliche Einschränkung der Notenausgabe ist kein Einfluß auf die Kaufbefähigung und somit auf die Warenpreise zu gewinnen. Denn für Noten kann irgendeine andere beliebige Kreditform eintreten. Eine Verhinderung, den Kredit in Notenform zu kleiden, wird dahin führen, daß er in andern Formen erscheint.

Der unmittelbare Zweck dieser Ausführungen liegt darin, die einseitige Beschränkung gerade der Notenausgabe als sinnlos hinzustellen. Tatsächlich führen sie aber auch nahe heran an das Zugeständnis, daß durch Vermehrung des Kredits in irgendeiner Form, also auch als Depositen, Kaufbefähigung geschaffen werden kann, die auf die allgemeinen Warenpreise einzuwirken vermag. In seinen frühen Schriften über den Gegenstand läßt sich Wagner allerdings vollkommen von Tooke leiten und übernimmt dessen Fundamentalsatz, daß die Warenpreise nicht von

[65]) Beiträge zur Lehre von den Banken. Leipzig 1857. Die Geld- und Kredittheorie der Peelschen Bankakte. Wien 1862.

[66]) Die Geld- und Kredittheorie der Peelschen Bankakte, S. 67/68.

[67]) Vgl. Beiträge zur Lehre von den Banken. S. 114.

[68]) Ebenda S. 144.

der Menge des Geldes, oder genauer des „gesamten zirkulierenden Mediums“, abhängen, sondern daß umgekehrt diese von jenen abhängig ist[69]). Später verläßt er jedoch diesen Standpunkt und setzt in eindringlicher Analyse auseinander, daß nur die ältere, mechanistische Form der Quantitätstheorie zu verwerfen sei, während diese unter einzeln zu bezeichnenden Bedingungen ihre Berechtigung habe. Zu diesen Bedingungen gehört auch die Berücksichtigung des Scheck- und Girowesens als Ergänzung des Geldsurrogatwesens in der Position der zirkulierenden Geldmenge[70]). Das Geldsurrogatwesen verleiht durch seine schnelle Anpassung an den schwankenden Bedarf an Umlaufsmitteln dem Geldwert eine größere Gleichmäßigkeit. Im ganzen hält es durch seine Entwicklung den letzteren niedriger, als er sonst sein würde[71]).

Von der Auffassung Knies' unterscheidet sich die Wagners hauptsächlich durch die Art der Betrachtung, indem sie in der aus Angebot und Nachfrage erklärten Tauschwertbildung die zahlreichen erheblichen Sonderzüge, die sie von der Warenpreisbildung unterscheiden, schärfer nachweist und dem eigenartigen, mehr formalen Charakter des Geldes besser gerecht wird. Obwohl auch Wagner die Einflüsse des Übertragungswesens nur durch die Vermittlung des eigentlichen Geldes auf das allgemeine Preisniveau wirken sieht, tritt jene Form nicht mehr rein negativ auf, als Möglichkeit, den Gebrauch des Geldes fehlen zu lassen, sondern erhält als beachtenswerter Faktor in der quantitätstheoretischen Formulierung ein eigenes, positives Gewicht.

Wohl die weitestgehende Verselbständigung des Scheck- und Übertragungswesens, die vom Boden metallistischer Auffassung aus möglich ist, weist die Anschauung von Wilhelm Lexis auf. Auch hier ist Metallgeld das eigent-

[69]) Vgl. Beiträge zur Lehre von den Banken, S. 143. Geld- und Kredittheorie der Peelschen Bankakte, S. 52 ff.

[70]) Sozialökonomische Theorie des Geldes und Geldwesens, S. 211, 781, 789.

[71]) Ebenda S. 789 ff.

liche Geld und bleibt trotz der Masse der Geldersatzmittel allein das Wertmaß[72]). Indessen ist seine Bedeutung als Umlaufsmittel nur noch gering, ebenso der Einfluß seiner Mengenschwankungen auf die Veränderung des Preisniveaus. Die Tauschwertbildung des Währungsmetalles Gold zeigt von der der gewöhnlichen Waren einen bedeutungsvollen Unterschied: diese werden regelmäßig verbraucht und erscheinen auf der Angebotsseite durchweg nur in der Menge, wie sie neu produziert worden sind — bei jenen dagegen tritt der neu produzierte Zuwachs in einen großen, dauernden Bestand ein, macht nur einen Bruchteil vom letzteren aus und vermag den Wert des Ganzen kaum zu beeinflussen. Ist die Nachfrage nach Gold als Geld jederzeit grundsätzlich unbegrenzt, so ist es das Angebot nicht weniger; denn jeder Empfänger von Gold als Geld will es wieder zu Käufen verwenden oder stellt es andern zur Verfügung, die ihrerseits als Käufer auftreten. „So wird das Verhältnis von Nachfrage und Angebot für das Gold gewissermaßen $= \infty/\infty$“ [73]). Die hinzutretenden oder verschwindenden Einheiten üben infolgedessen keine merkliche akute Wirkung aus. Entscheidend sind vielmehr die auf das Währungsmetallgeld als Wertmaß und Sicherheitsfonds bezogenen anderen Umlaufsmittel und unter ihnen vornehmlich die Masse der Geldersatzmittel im weitesten Sinne des Wortes, die Banknoten und die neuerdings sie mehr und mehr verdrängenden Schecks[74]). Der Scheck ist das formale Mittel zur Betätigung der in Giro-, Kontokorrent- und besonderen Scheckdepositen bereitstehenden Kaufkraft[75]). Wichtig als Geldersatz wird er eigentlich erst, wenn er zur Verrechnung kommt. Da unter Scheckverkehr auch der Giroverkehr mit verstanden wird, ist es also der bankmäßige Zahlungsausgleich, dessen Bedeutung hier in Frage steht.

---

72) Allgemeine Volkswirtschaftslehre. 2. Aufl. Leipzig und Berlin 1913, S. 115.

73) A. a. O. S. 101.

74) A. a. O. S. 115.

75) A. a. O. S. 118.

Zu Grunde gelegt wird der theoretisch mögliche Fall, daß der Barverkehr völlig wegfällt, alle Warenumsätze von Überschreibungen auf Depositenkonten begleitet werden. Dann würde „das Geldkapital als bloß abstrakte, formale Kaufkraft den Waren gegenüberstehen, und der Sache nach würden wieder Waren gegen Waren eingetauscht, aber mit völliger Überwindung der rohen Schwerfälligkeit des primitiven Naturaltausches"[76]). Die Höhe der einzelnen Konten würde sich fortwährend ändern; jede einzelne Bank hätte für die Übertragungen von andern Banken Unterlagen in Form von Schecks oder Wechseln auf die überweisenden Banken in Händen. Sie könnte, da die Konteninhaber nie über das Gesamtguthaben zugunsten der anderen Banken verfügen, neben der Umlaufsvermittlung auch Kreditvermittlung weiter betreiben. Die Gesamtsumme der Depositen aller Banken würde nur geringen periodischen Schwankungen unterworfen sein und im allgemeinen nur mit der Zunahme des Güterumsatzes wachsen[77]).

In der Wirklichkeit eines Landes mit entwickeltem Schecksystem sind die Verhältnisse insofern ähnlich, als die Guthaben auf den Scheckkonten und Kontokorrenten — die Lexis in diesem Falle allein, von den kurzfristigen Spardepositen gesondert, betrachtet wissen will — zur Hauptsache nicht durch Einzahlungen von Geld und Banknoten, sondern durch Einlieferungen von Schecks, durch Wechseldiskontierungen, Kredite auf Grund von Buchforderungen und Gutschriften übertragener Forderungsrechte gebildet werden, im gewöhnlichen Geschäftsverkehr also durchweg auf Eigentumsübergängen von Waren oder andern Tauschobjekten, wie Wertpapieren, und auf Dienstleistungen unmittelbar beruhen. Die Hilfsmittel des Umlaufs werden demnach durch die umzusetzenden Waren selbst geliefert, zum Teil auch ohne Mitwirkung der Banken im gegenseitigen Buchkredit der Kaufleute. „Die Werteinheit prägt sich gleichsam in den Waren selbst aus, und bei einem

---

[76]) A. a. O. S. 121.
[77]) A. a. O. S. 120.

Güteraustausch nach den aus dem Verkehr sich ergebenden Wertverhältnissen hat die Einheit, in der diese Verhältnisse ausgedrückt werden, für sich gar keinen Einfluß auf die Wertbestimmung"[78]). Eine derartige, allein nach den Verhältnissen des unmittelbaren Gütertausches sich richtende Preisbildung aufrechtzuerhalten, hat jeder einzelne ein Interesse, der abwechselnd bald als Käufer, bald als Verkäufer auftritt.

Diese Harmonie wird jedoch gestört durch die Schaffung formaler Kaufkraft, die im Gegensatz zum aktiven, auf Grund des Güterumlaufs gewährten Kredit im Dienst der Spekulation als passiver Kredit entsteht. Auch diese Kaufkraft, die unabhängig ist vom Metallgelde, wird zum großen Teil in Buchkrediten und Bankguthaben dargestellt. Ihrer Entstehungsursache entsprechend äußert sie sich in der Richtung auf Preisänderung, indem sie auf Steigen der Preise, namentlich der Rohstoffe und Produktionsmittel, hinzielt. Doch braucht die Tendenz nicht immer wirksam zu werden; soweit nämlich eine Summe derartiger Kredite ständig in der Schwebe ist und für einen getilgten Kredit dieser Art irgendwo ein anderer entsteht, ist keine Einwirkung auf die Preise wahrzunehmen. Sobald aber solche eingeschobene Kaufkraft im Fortschreiten der Wirtschaftsentwicklung das Übergewicht erlangt, was in Zeiten des Aufschwungs und lebhafter Spekulation der Fall ist, dann vergrößert dieser formale Teil einseitig die Gesamtheit der wirksamen Kaufkraft und ruft eine Preissteigerung hervor, „die als eine Verminderung des Wertes der in den Waren selbst ausgeprägten, zugleich aber auch durch ein Goldquantum dargestellten Geldeinheit anzusehen ist"[79]). Der Ausgleich setzt in der Regel bald ein: die Kredite können nicht unbegrenzt gesteigert werden, in allen Metallwährungsländern muß ein Mindestverhältnis zwischen Währungsmetallvorrat und Kreditzahlungsmitteln innegehalten werden, und schließlich sind auch die mit Kredit arbeitenden speku-

[78]) A. a. O. S. 126.

[79]) A. a. O. S. 133.

lativen Unternehmer einmal gezwungen, als Verkäufer aufzutreten. Die Preise fallen, die Kredite werden beschränkt, die überschüssige formale Kaufkraft verschwindet.

Bei dieser Anschauungsart schiebt sich die Tatsache in den Vordergrund, daß die Einwirkung auf das Preisniveau von betätigter Kaufkraft schlechthin ausgeht und diese sich in mancherlei Formen manifestiert, die in Hinsicht auf die Wirkung gleichwertig sind. In Hinsicht auf quantitative Bedeutung aber und zugleich als erkenntnistheoretische Ausgangsform hebt sich der bankmäßige Zahlungsausgleich, gesehen in der Erscheinung des Verrechnungsschecks, über die andern Formen, auch die der Banknoten, empor. Das Guthaben auf Giro-, Scheck- und Kontokorrent-Konto ist die wichtigste Verkörperung der Kaufkraft. Das Gold erhält nur mittelbare Bedeutung. Da alle Geldforderungen auf Verlangen in Währungsgeld — Goldgeld — zahlbar sind, ein Teil tatsächlich auch stets in ihm zur Lösung kommt, muß normalerweise ein Grundstock von Gold als Unterbau für alle Kredite gehalten werden, einerlei ob sie real im Güterumsatz entstanden sind oder — ohne diese Voraussetzung — nur formalen Charakter tragen. Dennoch ist die Menge des Goldes im Verhältnis zur Kreditmenge nicht sicher zu fixieren. Ein ständiges Wachsen des Goldbestandes wird bei trägem Gang der Volkswirtschaft zu einer stärkeren Deckung der ausgegebenen Banknoten und geschaffenen Depositen führen, in Zeiten aufsteigender Konjunktur dagegen den Banken eine Ausdehnung der Kredite ermöglichen, damit auch das Entstehen formaler Kaufkraft begünstigen, was Preissteigerungen, Minderungen der Werteinheit, hervorruft. Kommt dann der kritische Rückschlag, so kann der vermehrte Barvorrat die Wirkung haben, daß die Preise nicht ganz auf den Stand vor dem Aufstieg herabsinken, sondern etwas höher bleiben[80]).

In den Auffassungen von Lexis, Wagner und Knies, die alle auf der Basis metallistischer Anschauung stehen und im Golde das für alle Zahlungsvorgänge bestimmende Wert-

[80]) A. a. O. S. 134.

maß erblicken, zeigt sich die ganze Weite des Spielraums, den jene Grundanschauung in der Beurteilung der Einwirkung von kreditmäßigen Zahlungsformen auf den Tauschwert des Geldes zuläßt. Knies und Lexis bilden die beiden Extreme. Bezeichnend für das Maß ihrer Verschiedenheit ist, daß Lexis Geldersatzmittel ebenso wie Gold als Repräsentanten von Kaufkraft ansieht und sie aus diesem Grunde gleichartig und unmittelbar auf das allgemeine Preisniveau einwirken läßt, eine Auffassung, die sich auch bei Wagner schon angedeutet findet, während der von Knies vertretene absolute Metallismus eine unmittelbare Beeinflussung durch Zahlungsmittel, die nicht Geld sind, nicht zugibt. In seiner Vorstellung, daß Kreditzeichen, weil sie nicht Geld sind, nicht wie Geld wirken, sondern nur in gewissem Sinne Geld ersparen können und insofern mittelbar das Preisniveau berühren — in dieser Vorstellung, so unverfänglich sie an sich auch ist, liegt der Ursprung eines verhängnisvollen Trugschlusses. Seine letzte Zuspitzung erhält der Gedanke nämlich in der Unterstellung, daß dort, wo beim Warenumsatz kein „Geld" in Anwendung komme, der Vorgang dem des unmittelbaren Warentausches entspreche[81]). Und notwendig ergibt sich daraus der Schluß: Wenn Waren unmittelbar gegeneinander ausgetauscht werden, so kann doch das Geld, — das tatsächlich gar nicht dazwischen tritt, nur eine psychische Rolle als Vergleichsgrundlage in den Schätzungen der Tauschenden spielt, — unmöglich selbständig auf den Preis einwirken. Der theoretische Grundfall scheint sich im bankmäßigen Zahlungsausgleich als Wirklichkeit darzustellen. Ihm gegenüber ist die irrige Folgerung, daß der Kredit überhaupt keinen Einfluß auf den Geldwert habe, aus diesem Gedankengange heraus am leichtesten zu begreifen. Knies weist selbst darauf hin, daß dieser Irrtum mehrfach vorkommt, und erklärt ihn bezeichnenderweise als eine Reaktion gegen die falsche Beweisführung derjenigen, die den Einfluß des Kredits auf den Geldwert behaupteten, indem sie Forderungen,

[81]) Vgl. Knies, Der Kredit. I. S. 263.

Wertpapiere usw., kurz: den Kredit, für eine besondere zweite Art von Geld ansähen und glaubten, daß das „Angebot“ dieser neuen Art von Geld das gesamte Geldangebot vermehre[82]). Welche anderen Schlüsse er selbst aus der Konstruktion des geldwirtschaftlichen Tauschverkehrs zieht, ist oben dargestellt.

Auch Lexis legt seinen Ausführungen den reinen Fall des unmittelbaren Warentausches zugrunde — indem er ihn übrigens mit der Vorstellung einer ausschließlichen Anwendung des bankmäßigen Zahlungsausgleichs verbindet — und sieht ebenfalls in solchem Falle den Tauschwert unbeeinflußt von der Werteinheit, allein bestimmt aus dem Verhältnis des Güteraustausches selbst. Im Unterschiede von Knies berücksichtigt er aber die Tatsache, daß sich auch im reinen Falle zwischen Warentausch und Preiswirkung eine konkrete Schicht irgendwie gestalteter Kaufkraft einschiebt, mit andern Worten, daß sich der Warentausch doch nicht ganz unmittelbar vollzieht, sondern unter Vermittlung des Geldkapitals, das allerdings als bloß abstrakte Kaufkraft in Gestalt des durch Verrechnungsschecks bewegten Überweisungsguthabens in Tätigkeit tritt. In der Wirklichkeit entsteht aber das Guthaben — die Kaufkraft — nicht allein im regelmäßigen Güterverkehr als Äquivalent irgendwelcher Leistungen, vielmehr wird es auch zu Spekulationszwecken künstlich geschaffen[83]). Und diese zweite Entstehungsart ist die Ursache von Preissteigerungen. Welche Form übrigens die im Wege des aktiven oder des passiven Kredits entstehende Kaufkraft annimmt, ist ohne Belang. Auch die Noten stehen darin den Überweisungsguthaben gleich. Zu einem ganz ähnlichen Ergebnis kommt

---

[82]) Ebenda S. 294.

[83]) Daß die Abgrenzung von aktivem und passivem Kredit bei Lexis unscharf und nicht frei von schematischer Willkür ist, indem beispielsweise bei jenem das Moment der „Spekulation“ als stets fehlend, bei diesem als stets vorhanden angenommen wird, liegt im Wesen des Darstellungszweckes und beeinträchtigt kaum ihren Wert. Eine genauere Analyse der formalen Kaufkraft in ähnlichem Sinne gibt Herbert von Beckerath (a. a. O. S. 75 ff.).

Friedrich von Wieser, wenngleich er mehr noch als Lexis die neutrale Wirksamkeit als das Normale, die Störung des Preisniveaus als Krankheitserscheinung, als Folge einer mißbräuchlichen Kreditbenutzung, hinstellt[84]).

Die meisten Irrtümer über die Natur des Scheck- und Giroverkehrs in Hinsicht auf die Beeinflussung der allgemeinen Preislage sind dadurch entstanden, daß man diese beiden Bedingungen übersah, die Möglichkeit der spekulativen Kaufkraftbildung im Übertragungsguthaben sowie die grundsätzliche Gleichartigkeit des letzteren mit den Banknoten. Das liegt, wie wir feststellten, zum Teil an den praktischen Verhältnissen, die lange Zeit das Notenwesen als reformbedürftig der Aufmerksamkeit empfahlen, teils auch an der theoretischen Einstellung, die von dem Streit zwischen Currency- und Banking-Principle ausging, nicht zum wenigsten schließlich aber auch an der Betrachtungsart des absoluten Metallismus, der den Blick allzusehr auf das äußerlich Stoffliche der Erscheinungsform richtet und geneigt ist, die Tauschwertbildung des Geldes als Vorgang der Warenpreisbildung in Angebot und Nachfrage zu sehen. Alle diese Umstände bergen freilich in sich selbst durchaus noch keine Fehler — man kann beispielsweise, wie Knies beweist, auch als absoluter Metallist den Dingen wenigstens bis zu einem gewissen Grade gerecht werden — indessen gaben sie der Forschung eine Richtung, die an die Möglichkeit der Verkennung heranführt[85]).

Ein Beispiel aus der jüngsten Zeit liefern die auf absolut metallistischem Boden stehenden Ausführungen Lujo

---

[84]) Theorie der gesellschaftlichen Wirtschaft im Grundriß der Sozialökonomik. I. Abt. Tübingen 1914, S. 323 f.

[85]) Die Ansicht des Dänen Scharling (Bankpolitik, Jena 1900, S. 31 ff.), der das ruhende Geldkapital als disponibles Kapital vom zirkulierenden Gelde unterscheiden und nur diesem, das körperlich in den Zahlungsverkehr eintritt, Einfluß auf die Preisbildung zuschreiben will, hat schon Helfferich (a. a. O. S. 489 f.) zurückgewiesen mit dem Hinweis, daß der auf dem Barbestand der Banken sich aufbauende bankmäßige Zahlungsausgleich genau denselben Zwecken dient wie das zirkulierende Geld und sogar in jenem Falle eine wesentlich höhere Leistungsfähigkeit entfaltet.

Brentanos über Geldentwertung und bargeldlosen Zahlungsverkehr[86]). In diesen auf die theoretische Begründung des bargeldlosen Zahlungsverkehrs abzielenden Darlegungen sind folgende Grundgedanken entwickelt. Geld ist Metallgeld und eine Ware; sein Preis bildet sich je nach dem Verhältnis zwischen Bedarf und auf den Markt kommender Menge. Bei steigender Konjunktur ist ein größerer Bedarf an Geld vorhanden, bei sinkender ein geringerer. Den Ausgleich besorgen in der Hauptsache die Geldsurrogate, zu denen neben den Banknoten auch der „bargeldlose Zahlungsverkehr" (damit ist im wesentlichen der bankmäßige Zahlungsausgleich gemeint) gerechnet wird. Neben der Ausgleichsfunktion bewirkt der bargeldlose Zahlungsverkehr positiv Minderung des Papierumlaufs „und damit ...... Wiederhebung des Werts der papierenen gesetzlichen Zahlungsmittel, allerdings in verschiedenem Maße je nach deren Natur". Zu unterscheiden ist zwischen eigentlichem Papiergeld und Banknoten. Jenes wird vom Staat bei eigenen Zahlungen ausgegeben. Es kehrt nur soweit in die Staatskasse zurück, als seine Inhaber Zahlungen an den Staat zu leisten haben, und übt solange keinen Einfluß auf den Geldwert aus, als seine Menge sich im Maße der vom Inland an die Staatskasse zu entrichtenden Zahlungen hält. Zu Zahlungen an das Ausland ist dieses Papiergeld nicht zu gebrauchen. Durch Einführung des bargeldlosen Zahlungsverkehrs wird zwar der Betrag des Papiergeldes gemindert, der zu Zahlungen an den Staat nötig ist, und damit die Gefahr hervorgerufen, daß nicht zurückfließende Mengen die Geldentwertung verstärken. Diese Gefahr wird jedoch dadurch gebannt, daß immer mehr Zahlungen an den Staat nötig werden. Zudem veranlaßt der bargeldlose Zahlungsverkehr auch den Staat, oft Zahlungen in Überweisungs-

---

[86]) Berliner Tageblatt vom 13. 8. 1918 Morgen-Ausgabe. Der Aufsatz gibt die theoretischen Erläuterungen zu einem in der Morgen-Ausgabe vom 2. 8. 1918 enthaltenen Artikel: „Über die Geldentwertung, ihre Ursachen und Abhilfe". Vgl. dazu auch Terhalle, Teuerung und zusätzliche Kaufkraft. (Ztschr. f. Sozialwissenschaft N. F. X. Jahrg. 1919), S. 390 ff.

form auszuführen. „Angesichts der Verhältnisse, wie sie liegen, führt er also nicht zu weiterer Geldentwertung, wohl aber wirkt er einer solchen entgegen, indem der Staat, statt neue Zettel auszugeben, Überweisungen vornimmt." Als „die zweite Art unserer papierenen gesetzlichen Zahlungsmittel" werden Banknoten betrachtet. Sie sind ursprünglich gesichert durch Golddeckung und durch die von der Bank betriebenen Geschäfte, bei denen sie ausgegeben werden. Die erstgenannte Sicherung ist dadurch vermindert, daß seit Kriegsausbruch auch staatliches Papiergeld zur Deckung herangezogen werden darf. Von vornherein größere Sicherheit bietet der Zusammenhang der Notenausgabe mit gewissen Darlehens- und andern Geschäften, die in sich ihre Deckung tragen; denn infolgedessen strömen die Noten bei Bezahlung der Darlehen und Realisierung der andern Geschäfte wieder an die ausgebende Bank zurück. Werden die Kredite nicht in Banknoten gewährt, sondern auf Konten gutgeschrieben, und wird über sie durch Überweisungen verfügt, so vermindert sich entsprechend die Banknotenausgabe. Banknoten werden im Gegensatz zum staatlichen Papiergeld auch im Auslande genommen. „Mindert sich die Banknotenmenge infolge des bargeldlosen Zahlungsverkehrs, so steigt ihr Kurs — einmal weil dann die Golddeckung der verminderten Banknotenmenge besser entspricht, sodann weil diese mehr im Verhältnis steht zu dem, was das Ausland zur Begleichung seiner Zahlungsverpflichtungen braucht." ..... „Es besteht also wohl ein Unterschied, ob man in Noten oder durch Überweisung auf Postscheck- oder Bankkonto zahlt. Das Geld ist eine Ware. Damit es einen Preis habe, muß es auf den Markt kommen. Verschwindet es vom Markt, so hat es auch keinen Einfluß auf den Preis und erleidet kein Disagio."

Die Warentheorie ist hier auf die Spitze getrieben. Wirkt denn allein diejenige „Nachfrage" auf den Preis des Geldes, die sich auf körperliche Geldzeichen richtet? Sind nur diese die „Ware", die auf den „Markt" kommen und einen „Preis" haben kann? Richtet sich nicht vielmehr der Begehr — im ganzen gesehen — schlechthin auf alles, was im Zahlungsverkehr Gelddienste tut, einerlei in welcher Gestalt? Ist es aber so, dann müssen in Hinsicht auf die Preisbildung des Geldes alle für Zahlungen angewendeten Formen, und der bankmäßige Zahlungsausgleich mit ihnen, als die Gesamtheit der „Ware" Geld angesehen werden. In den einzelnen Fällen werden natürlich vielfach bestimmte Formen von Zahlungsmitteln gesucht. Aber das betrifft ebenso den bankmäßigen Zahlungsausgleich[87]) wie die Banknoten und das Bargeld. Und entscheidend ist, daß normalerweise nur die Gesamtsumme aller Zahlungsformen auf den Geldwert, die Preishöhe, wirkt. Zu einer eigenen Preisbildung der Banknoten z. B. könnte es nur dann kommen, wenn der absolute Betrag der verfügbaren Banknoten soweit herabgemindert würde, daß es Mühe machte, für Zahlungen, die unbedingt in Noten geleistet werden müßten, die genügende Anzahl aufzutreiben. Dazu fehlt es aber sowohl im innern wie im auswärtigen Verkehr an allen Voraussetzungen. Alles in allem ist es im vorliegendem Falle ganz deutlich, daß hier der absolut metallistischen Betrachtungsweise ihre Abneigung zum Verhängnis geworden ist, die Gesamtheit der Zahlungsmittel, einschließlich der nicht körperlichen, im gegebenen Sinne als Einheit aufzufassen, was zur Feststellung der Einflüsse, die auf den Geldwert wirken, notwendig ist.

Ein anderes Beispiel für die Verkennung der grundsätzlichen Einheitlichkeit aller Zahlungsmittel in Hinsicht auf ihre Preiseinwirkung liegt etwas weiter zurück. In einer 1886 erschienenen Schrift[88]) vertritt Heinrich Rauchberg die Meinung, daß aus dem Schecksystem nie eine Differenz zwischen Menge der Umlaufsmittel und Bedarf danach entstehen könne und jenes also weder die Warenpreise noch das Agio ungünstig zu beeinflussen vermöge, weil bei der Ausstellung von Schecks „nur bestimmte, bereits früher bestehende Forderungen gegen andere kompensiert," die dabei nicht unmittelbar beteiligten Personen

---

[87]) Vgl. oben S. 93ff.

[88]) Der Clearing- und Giro-Verkehr (ein statistischer Beitrag zur Kenntnis des volkswirtschaftlichen Zahlungsprozesses). Wien 1886.

dadurch gar nicht berührt würden[89]). Die Banknote andererseits, als Zirkulationsmittel geschaffen, könne während der Laufzeit des Wechsels, durch dessen Diskontierung sie in den Verkehr gekommen ist, zahlreiche Umsätze vermitteln und habe schon daher eine weit geringere Anpassungsfähigkeit an den wechselnden Bedarf des Verkehrs. Dazu komme noch, daß bei der Note Inkonvertibilität und Zwangskurs möglich sei, wodurch die Rückströmung einer den volkswirtschaftlichen Bedarf übersteigenden Notenmenge unmöglich gemacht werde. Bei der Notenausgabe sei eben der Kreditbedarf der Bankkunden, nicht der der Volkswirtschaft, entscheidend.

Auch bei dieser Gegenüberstellung werden Scheckverkehr und Notenumlauf als zwei völlig gegeneinander abgeschlossene Kreise angesehen und zwar von ganz verschiedenem Charakter. Beide Voraussetzungen treffen jedoch grundsätzlich nicht zu, soviel Unterschiede jene im einzelnen auch aufweisen. Die Art, wie die Scheckguthaben — die als die Grundlagen des Scheckverkehrs dessen Einfluß auf die Preishöhe in erster Linie bestimmen — entstehen, ist viel zu einförmig vorgestellt, die Tatsache, daß sich Noten und Scheckguthaben in weitem Maße zu ersetzen vermögen und auch im Verlaufe der Zirkulation vielfach Umwandlungen von einer Form in die andere erfahren, gar nicht gewürdigt. Bezüglich der Rolle, die der Kredit beim Schaffen der Scheckgrundlagen spielt, ist offenbar nur an den aktiven Kredit gedacht worden — um den von Lexis gebrauchten Ausdruck anzuwenden —, während die Möglichkeit der formalen Kaufkraft, die nicht aus Güterumsatz hervorgeht, sondern umgekehrt nur auf ihn hinzielt und die Preise zu steigern tendiert, ganz außer Ansatz geblieben ist. Schließlich muß auch noch darauf hingewiesen werden, welche Vorbehalte der von seinem Analogon in der Warenwelt stark abweichende Begriff „Geldbedarf der Volkswirtschaft" fordert; in ihm ist letzten Endes jener Gegensatz von aktivem und passivem Kredit als Bestimmungsgrund eingeschlossen.

[89]) A. a. O. S. 90.

Wenn auch jede metallistische Anschauung geneigt ist, die Erscheinungswelt der Zahlungsmittel in mindestens zwei Gruppen zu teilen, von denen die eine — das Währungsmetallgeld — vollkommeneren Wesens ist als die andere, so schließt das doch nicht aus, daß beide Gruppen hinsichtlich ihrer Wirkung auf die Güterpreise als gleichartig anerkannt werden. Das ist es, was mit der stärkeren Betonung des Funktionswertes des Geldes immer entschiedener hervortritt. Eine Anerkennung des bankmäßigen Zahlungsausgleichs als selbständiger Zahlungsform ist damit allerdings nicht notwendig verbunden, wie das Beispiel Helfferichs zeigt. Die Unkörperlichkeit der Erscheinung gibt einen äußerlichen Anlaß, den bankmäßigen Zahlungsausgleich auszuschließen, und macht es gleichzeitig möglich, die in seiner Form sich vollziehenden Zahlungsvorgänge als Werk des körperlichen Geldes zu deuten, dessen Wirksamkeit in solchem Falle als erhöht oder erleichtert erscheint.

Auf seiten derjenigen, die eine grundsätzliche Superiorität des Goldes als ordnenden Prinzips im gesamten Geldwesen nicht gelten lassen wollen, der Nominalisten also, die keine Rücksicht auf Wertbegründung des metallischen Geldstoffes aus Guts- und Wareneigenschaft zu nehmen haben, versteht sich eine polare Gegenüberstellung von Geld und Warenwelt in der Frage der Preisbildung von selbst. Sofern sich der Geldbegriff nicht zu einer bloß psychischen Kategorie verflüchtigt hat, wie bei Liefmann und Dalberg[90]), bedeutet Geld Anweisung auf Waren und Leistungen. Und die Menge der im Verkehr befindlichen Anweisungen muß von entscheidender Bedeutung sein für das Preisniveau der Gütermasse. Die Frage ist also, was in solchem Sinne „Geld“ ist, und weiter, wie dessen Menge in der nötigen Begrenzung gehalten werden kann, um Preisschwankungen, die in Veränderungen der Geldmenge begründet sind, zu verhindern. Der Nominalismus als Verächter der Lehre von der im Golde gewissermaßen fest gegebenen Wertgrundlage muß notwendig die Frage der

---

[90]) Vgl. Die Entwertung des Geldes. Berlin 1918, S. 13.

Geldschöpfung aufwerfen. Er muß nicht nur die Instanz nachweisen, die dem Gelde seine Funktionsfähigkeit verleiht, sondern auch die Normen entwickeln, nach denen sie die Regulierung des Geldbestandes zu vollziehen hat. Mit der letzteren Aufgabe, der Kunstlehre der Geldschöpfung, hat sich zuerst Friedrich Bendixen befaßt, nachdem Knapp darauf verzichtet hatte, die dynamische Seite des Geldproblems in seine Untersuchung einzubeziehen. Bendixen findet das Muster klassischen Geldes in der Reichsbanknote, deren Ausgabe sich auf den akzeptierten Warenwechsel stützt, und dem auf gleiche Weise entstehenden Giroguthaben, dem Giralgeld[91]). Beide Geldarten sind von gleich idealer Wirkung; sie beeinflussen die Preise nicht, weil sie mit der Ware entstehen und verschwinden, ihre Menge mit fortschreitender Produktion wächst und mit sinkender Produktion abnimmt.

In diesem Idealbild begegnen wir wieder, wie im geldwirtschaftlichen Tauschverkehr Knies' und in dem von Lexis konstruierten reinen Fall, dem im regelmäßigen Verlauf des Güterumsatzes entstehenden Giroguthaben, dessen erwünschte Indifferenz gegenüber der allgemeinen Preisbildung hier mit dem Umstand begründet wird, daß der Warenwechsel nur auf die Dauer seiner Laufzeit Geldform — in diesem Fall als Giroguthaben — annimmt und bei seinem Verfall irgendwie mit Geld eingelöst werden muß, wodurch sich die gesamte, die Giroguthaben mit umfassende Geldmenge wieder entsprechend vermindert. Das Maßgebende ist hier, daß Warenlieferung oder eine ähnliche Leistung dem Wechsel zugrunde liegt und somit die eigentliche Unterlage der Geldschöpfung — Guthabenentstehung — bildet. Wie Kurt Singer nachweist, der sich gleichfalls mit der Theorie der Geldschöpfung — oder wie er sie in Knappscher Terminologie nennt, der Lytrogenese — befaßt, findet sich die Erkenntnis, daß derartige Kreditgeschäfte als Unterlage von Banknoten oder Guthaben deren Summen im richtigen, dem volkswirtschaftlichen Prozeß

[91]) Das Wesen des Geldes. 1. Aufl. Leipzig 1908, S. 37.

angepaßten Maße halten, bereits bei Adam Smith[92]). Immer ist indes zu beachten, daß es sich weniger um die tatsächlichen Verhältnisse der Guthabenentstehung handelt, als um die Konstruktion des Idealfalles, in dem die Bildung der Guthaben den Tauschwert des Geldes unberührt läßt. Auch ist ausdrücklich ausgesprochen, daß alle auf solche Weise ausgegebenen Banknoten ganz denselben Vorzug haben. Man könnte sogar in diesen einen reineren Typ „klassischen" Geldes sehen, da ihre Ausgabe wirklich durch Gesetz im großen und ganzen an die zweckentsprechenden Regeln gebunden ist, während Guthabenkredit von jeder Bank nach ihrem Belieben erteilt werden kann. Die geringen Erweiterungen, die Bendixen seiner Geldschöpfungsnorm gibt, indem er für den an bestimmten Terminen regelmäßig wiederkehrenden Zusatzbedarf an Zahlungsmitteln eine Befreiung von der grundlegenden Bedingung als ungefährlich zugesteht[93]), sind für unsere Betrachtung nur von nebensächlichem Wert, gleichwie auch die Zusätze von Singer, der die Fälle der nicht nach der Regel vorgenommenen Geldschöpfung zu systematisieren versucht und im übrigen zutreffend darauf hinweist, daß auch die reguläre Entstehungsart Preisveränderungen zuläßt, die nicht auf Verschiebungen in der Größe der Warenmenge beruhen[94]).

Für uns ist es wichtig, auch als Ergebnis dieser Theorie festzustellen, daß es keineswegs im Wesen des bankmäßigen Zahlungsausgleichs liegt, das allgemeine Preisniveau unbeeinflußt zu lassen, daß vielmehr alles auf die Art der für die Guthabenentstehung grundlegenden Kredite ankommt, und daß der theoretisch reine Fall der völlig neutralen Tauschvermittlung durch bankmäßigen Zahlungsausgleich in der empirischen Wirklichkeit durchweg nicht gegeben ist.

Dagegen nimmt der bankmäßige Zahlungsausgleich im System Robert Liefmanns gerade deswegen eine zentrale Stellung ein, weil Liefmann der entgegengesetzten Ansicht ist, indem er glaubt, daß jener für die Schätzung der

[92]) Das Geld als Zeichen, a. a. O. S. 110 f.

[93]) Das Wesen des Geldes, S. 32. Geld und Kapital, S. 48.

[94]) A. a. O. S. 122 ff.

Rechnungseinheit und damit für die Preise ganz indifferent ist. Solche private Zahlungs- und Umsatzmittel, wie Giro und Clearing, „werden eben nur geschaffen und zirkulieren nach Maßgabe der Umsätze von Gütern und Leistungen im Tauschverkehr“[95]). Auf eine genaue Prüfung des Zusammenhangs zwischen Güterumsatz, Kreditentstehung und Preissteigerung läßt er sich nicht ein, weil er den mechanischen Bedingungen überhaupt kein Gewicht beimessen will, obwohl er nicht umhin kann, sie doch mit zur Erklärung heranzuziehen. Nicht Geld kauft die Güter, sondern Einkommen. Von ihrem Einkommen aus schätzen die einzelnen Wirtschafter die allgemeine Rechnungseinheit, „genauer gesagt, die Bedeutung, welche sie als Kosten in den wirtschaftlichen Erwägungen der Einzelwirtschaften hat“[96]). Nur Veränderungen in den Einkommen können Änderungen in der Schätzung der Rechnungseinheit, damit in den Angebots- und Nachfrageverhältnissen und im Preisniveau hervorrufen. Im großen und ganzen ist das System von Preisen und Einkommen, das in der allgemeinen Rechnungseinheit seinen Ausdruck findet, eine nur langsam sich ändernde Größe, da alle Wirtschafter in ihren Erwägungen an bekannte Einkommen und bekannte Preise anknüpfen, es ist sozusagen „ein Geschöpf der Gewohnheit“[97]). Der bankmäßige Zahlungsausgleich aber schließt sich an den allgemeinen, regelmäßigen Tauschverkehr an und vermag die Schätzung der allgemeinen Rechnungseinheit nicht zu beeinflussen, ihre Kaufkraft nicht zu verändern, wie es die Banknoten tun, die als Mittel unverzinslicher Kreditbeschaffung dienen und für ihren Emittenten Einkommens- oder Vermögenszunahme bedeuten[98]). „Eine Beeinflussung der Schätzung der Rechnungseinheit wird, wie gesagt, von der Geldseite her heute nur bei Papiergeld, bei starker Vermehrung desselben und dadurch plötzlich gesteigerter Kaufkraft einzelner Wirtschafter, vor allem des Staates,

[95]) Geld und Gold, S. 198/9.
[96]) A. a. O. S. 192.
[97]) A. a. O. S. 192.
[98]) A. a. O. S. 199.

möglich sein"[99]). Ausbreitung des bankmäßigen Zahlungsausgleichs heißt eine abstrakte Rechnungseinheit in wachsendem Umfange auch zur Zahlung verwenden und die Kaufkraft der Rechnungseinheit unabhängiger und widerstandsfähiger gegen staatliche Geldmanipulationen machen[100]).

Sieht man ab von der psychologischen Einkleidung, in der das Geld bei Liefmann auftritt, und von den Unklarheiten, unter denen auch seine Vorstellung von „Giro und Clearing" leidet — er stellt diese z. B. in einer kritischen Bemerkung über Irving Fishers Quantitätstheorie neben die Depositen[101]) —, so ist die Verwandtschaft mit der oben dargestellten Auffassung Rauchbergs augenscheinlich[102]). Auch Liefmann will das Wesen der Banknoten und des Giro- und Scheckguthabens streng unterschieden wissen und im letzteren die Reinheit der allein auf aktivem Kredit beruhenden realen Kaufkraft sehen.

In der Betonung der abstrakten Natur der Geldeinheit schließt sich Liefmann Rudolf Dalberg an[103]). Indessen weicht er in der Durchführung der Erklärung der Preisbildung erheblich von ihm ab und kommt auch zu einer andern Auffassung über die Rolle des bankmäßigen Zahlungsausgleichs. Dalberg ist Gegner der Quantitätstheorie, trifft mit seinen Einwänden im Grunde aber nur diejenigen Formulierungen, die den Begriff des Geldes in diesem Zusammenhang zu eng fassen. Er sieht den Bestimmungsgrund der allgemeinen Preishöhe in der Kaufkraft, die jedoch — das betont er besonders gegenüber älteren Auffassungen — einerseits nicht begrenzt ist durch die vorhandene Menge der Geldzeichen, sondern für jede Einzelwirtschaft je nach Bedarf aus ihrem Vermögensbesitz durch Kredit mobilisiert werden kann, andererseits aber noch

[99]) A. a. O. S. 193.

[100]) A. a. O. S. 97.

[101]) A. a. O. S. 61.

[102]) Vgl. oben S. 190.

[103]) Die Entthronung des Goldes. Stuttgart 1916, S. 55. — Die Entwertung des Geldes. Berlin 1918, S. 13.

durch den Kaufwillen ergänzt, damit funktionell werden muß, um auf die Preise einzuwirken[104]). Auf die Scheck- und Übertragungsguthaben angewendet — die Dalberg mit dem Namen Bankgeld belegt — bedeutet diese Auffassung erstens eine stärkere Betonung des Umstandes, daß vorhandenes Guthaben nicht schon Nachfrage nach Gütern ist[105]), zweitens auch eine ungewöhnliche Erweiterung des Guthabenkreises, der als Unterlage für unmittelbare Zahlungsdienste angesehen wird. Nach Dalberg ist es nicht angängig, die verschiedenen Depositen bezüglich ihrer Wirkung auf die Preisgestaltung nach den Fälligkeitsterminen zu scheiden, man muß sie vielmehr „wegen der leichten Möglichkeit, sie in täglich kündbare Gelder umzuwandeln," entweder zusammen oder gar nicht berücksichtigen[106]).

Daß diese Abweichung von der üblichen Vorstellung in gewisser Weise berechtigt ist, scheint auf den ersten Blick unbestreitbar zu sein. Tatsächlich kann Vermögen jeder Art zur Grundlage von Kredit und somit zu neuer Kaufkraft gemacht werden. Das geschieht aber nur — und hier liegt der Einwand gegen Dalbergs Übertreibung —, sofern es für Kreditnehmer und Kreditgeber wirtschaftlich rationell ist, das heißt, wenn jenem der Kostenaufwand lohnend erscheint, für diesen die Regeln der Rentabilität, der Sicherheit und der Liquidität gewahrt bleiben. Diese gewichtigen und komplizierten Vorbedingungen setzen in der Wirklichkeit der Umformung von Vermögensteilen zu bereitstehender Kaufkraft Schranken. Soweit aber derartige Handlungen geschehen, nimmt der Kredit stets die dem Zweck der sofortigen Zahlungsverwendung entsprechende Gestalt des Wechsels, der Banknote oder des Überweisungsguthabens an. Handelt es sich darum, über befristete Einlagen sofort durch Giro oder Scheck zu verfügen, so sorgen die von der Bank schon im Interesse der Abwehr dem Kontoinhaber auferlegten Kosten, mindestens in Form von Zinsverlusten, dafür, daß derartige der ursprünglichen Abrede widerspre-

[104]) Vgl. Entwertung des Geldes, S. 51, 83.
[105]) A. a. O. S. 54.
[106]) A. a. O. S. 59.

chende Zahlungsverwendungen auf Ausnahmen beschränkt bleiben[107]). Im ganzen wird demnach doch als Regel die Richtigkeit der allgemeinen Vorstellung bestätigt, daß in jedem gegebenen Augenblick die bestehende Kaufkraft sich in der Summe der vorhandenen Zahlungsmittel, einschließlich der unbefristeten Guthaben, ausdrückt, wobei allerdings der Vorbehalt zu machen ist, daß weder die letzteren noch jene in ihrer Gesamtheit bei der Preisbildung mitwirken, vielmehr nur im Umfang der auf dem Gütermarkte wirklich in Zahlungsfunktion tretenden Teile. Die Tendenz zur Änderung der allgemeinen Preislage wohnt ihnen in dem Maße inne, wie ihre Ausgabe sich loslöst von der Bewegung des allgemeinen Warenverkehrs.

Sehen alle genannten Theorien im bankmäßigen Zahlungsausgleich eine in der Wirklichkeit mehr oder minder vollständig sich ausprägende Möglichkeit, die Preisbildung unberührt zu lassen, und zwar je nach der Beurteilung der Geschäfte, welche die Guthabengrundlage schaffen, so will von Mises solche Zusammenhänge nicht gelten lassen. Mises gibt zwar zu, daß die Ausbildung des Abrechnungssystems und der Umlaufsmittel, zu denen neben den ungedeckten Noten auch die ungedeckten Kassenführungsguthaben gehören, die Tendenz hat, den Geldbedarf und den Tauschwert des Geldes zu vermindern; er schreibt ihr das Verdienst zu, die bei der fortschreitenden Entwicklung der Verkehrswirtschaft sonst unvermeidliche Tauschwertsteigerung des Geldes, damit die Preissteigerung des Geldstoffs und den erhöhten Anreiz zur Edelmetallgewinnung auf Kosten der andern Produktionszweige verhindert zu haben[108]), bestreitet jedoch, daß die übliche Lehre von der automatischen Anpassung der Umlaufsmittel an den augenblicklichen Geldbedarf richtig sei. Das Auf und Ab der Umsätze im Geschäftsleben habe, ebensowenig wie es eine genau entsprechende Ausbildung der geldsparenden Abrechnungssysteme hervorrufe, auch nicht etwa, wie die Banking-Theoretiker meinten, von selbst eine

[107]) Vgl. oben S. 58.

[108]) A. a. O. S. 343.

entsprechende Vermehrung und Verminderung der Umlaufsmittel zur Folge. Vielmehr bestimme sich der Umfang der Umlaufsmittelausgabe allein nach der Diskontpolitik der Banken, und im Grunde hätten es die Banken in der Hand, diese ganz unabhängig von jener Rücksicht so zu gestalten, daß die Zirkulation der Umlaufsmittel nach ihrem Belieben bis ins Grenzenlose vermehrt werden könne[109]). Wenn das tatsächlich nicht geschieht, sondern doch eine gewisse Parallelität zwischen Geldbedarf und Menge der Umlaufsmittel zu beobachten ist, so liege das an der Konkurrenz unter den verschiedenen Banken, wodurch jede einzelne von ihnen an selbständiger Diskontpolitik gehindert und zur Rücksicht auf das Verhalten der andern gezwungen werde. Die Resultante sei dann eben die Anpassung an die Bedarfsschwankung[110]).

Das Grundsätzliche der Annahme, daß gewisse Kreditgeschäfte, nämlich die aus der Bewegung vorhandener Güter entspringenden, als Entstehungsursache von Kaufkraft für das Gleichgewicht der Preislage ungefährlich sind, wird durch eine derartige Deutung der Zusammenhänge nicht unmittelbar berührt. Dennoch schließt von Mises die Behauptung daran, daß die Vorschriften des deutschen Bankgesetzes über die Beschränkung der Notendeckung auf Wechsel, selbst wenn Warenwechsel gemeint wären, die Notenausgabe nicht elastisch mache und sie nicht in einen organischen Zusammenhang mit dem Geldbedarf des Landes bringe[111]) — was, ins Allgemeine erweitert, jene Anschauung allerdings negiert. Im Grunde ist mit seiner Darlegung indessen nur ausgesprochen, daß die Banken es in der Hand hätten, die preissteigernden Spekulationskredite willkürlich zu vermehren, wenn nicht im Wettbewerb eine zufällige Schranke bestände.

Ist aber nun wirklich die Konkurrenz der Banken die einzige Kraft, die auf richtiges Maß der Zahlungsmittel hinzuwirken vermag? Die Gründe, die dagegen sprechen,

---

[109]) A. a. O. S. 359.
[110]) A. a. O. S. 361.
[111]) A. a. O. S. 361/2.

lassen sich zusammenfassen in der Gegenfrage, ob denn das Bestehen einer einzelnen Bank oder einer Bankenkonvention mit dem rücksichtslosen Bestreben unbeschränkter Umlaufsmittelemission überhaupt denkbar ist, ohne daß Mißtrauen oder Goldbedarf im Außenhandel dieser Politik ein Ende machen würde. Diese Frage stellen heißt sie verneinen[112]). Was die Zustimmung unmöglich erscheinen läßt, ist im einzelnen wesentlich bereits in den Gründen ausgedrückt, die gegen von Mises' Diskonttheorie angeführt werden mußten[113]). Es ist nicht allein der Wettkampf der Banken untereinander, der sie zum Maßhalten zwingt. Liquiditätspolitik der Banken, Kreditschöpfung und Preisbildung sind zusammengeknüpft in einem festen Netz von Beziehungen, dessen reale Struktur auch die theoretische Forschung nicht unbeachtet lassen darf.

3. Zusammenfassung

Was an Ergebnissen festzuhalten ist, läßt sich in die folgenden Punkte ordnen.

1. Der bankmäßige Zahlungsausgleich ist eine Bewegung zwischen Bankkonten in der Form von Belastung einerseits, Gutschrift andererseits.

2. Die Tatsache dieser Bewegung an sich berechtigt noch nicht zu der Annahme, daß das Preisniveau durch Zahlungen in Gestalt von Übertragungen oder verrechneten Schecks unberührt bleiben müsse. Daß Scheckverwendung

---

[112]) Es könnte scheinen, als ob der gegenwärtige Zustand der Noteninflation dem widerspräche. Aber das Gegenteil ist der Fall. Das Übermaß hat sich schon längst bemerkbar gemacht, und seine Folgen — Steigen der Preise und der ausländischen Wechselkurse — hätten längst das Maßhalten erzwungen, wenn nicht der ausgezehrte Wirtschaftskörper, in dem der regulierende Zusammenhang zwischen Bedarf und Produktionskraft durch die Überanstrengung des Krieges zerstört worden ist, immer neue Injektionen von Noten brauchte, um nur am Leben erhalten zu werden.

[113]) Vgl. oben S. 132 ff.

im Gegensatz zur Notenverwendung nur die Kompensation bestimmter bereits früher bestehender Forderungen gegen andere bedeute — nämlich die des Scheckausstellers gegen seine Bank und die des Scheckempfängers (Empfängerkonteninhabers) gegen den Scheckaussteller — und aus diesem Grunde kein ungünstiger Einfluß auf Warenpreise und Agio ausgeübt werden könne[114]), ist in dieser absoluten Fassung ein Irrtum.

3. Vielmehr hängt die Frage der Einwirkung der Übertragungszahlungen auf das Preisniveau ab von der Entstehung der Zahlungsguthaben. Guthaben können durch Barzahlungen und durch Gutschriften aus Kreditgeschäften gebildet werden. Die dritte Entstehungsmöglichkeit, durch Übertragung, geht von der Seite des Zahlerkontos aus auf eine der beiden ersten Formen zurück.

4. Für die Möglichkeit der Beeinflussung der Preisbildung kommen nur die Fälle in Betracht, wo neue Kaufkraft gebildet wird — womit die Barentstehung ausscheidet. Die Entstehung im Kreditwege läßt zwei verschiedene Arten erkennen, deren Unterscheidung für die Frage wichtig ist, erstens die Krediterteilung, die an den Güterumlauf anknüpft, wobei der Kredit mit der seitens des Kreditnehmers geleisteten und ihm erst in gewisser Zeit zu vergeltenden Überstellung von Gütern oder Forderungsrechten legalisiert wird, und zweitens diejenige, die unabhängig von solchen Rücksichten, frei von der Grundlage des Anspruchs aus Güterübertragung, entsteht. Die erstgenannte Kreditgutschrift ist nichts als der Ausdruck des im Rhythmus der Güterüberstellung tatsächlich verschobenen Anspruchs auf Kaufkraft. Der Gutschriftsakt stellt diese nur zur sofortigen effektiven Verwendung bereit. Ihre Verwendung durch Übertragung hätte nur in dem Maße die Tendenz zur Erhöhung des Preisniveaus, wie solche sofortige interimistische Bereitstellung und Verwendung aufgeschobener Kaufkraft vorher nicht üblich gewesen und bei der Bildung des bestehenden Preisniveaus nicht mitgewirkt hätte, so

---

[114]) So z. B. Rauchberg, a. a. O. S. 90.

daß also damals im größeren Verhältnis Übergang von Gütern ohne gleichzeitige Gegendarbietung von Kaufkraft vorgekommen wäre. Diese Voraussetzung kann nicht als Regel angenommen werden.

Die an zweiter Stelle genannte Kreditart erzeugt formale, d. h. nicht in realen, überstellten Leistungen begründete Kaufkraft, und bei ihr bildet im Gegensatz zur andern die preissteigernde Wirkung grundsätzlich die Regel. Ausnahme ist, was Regel bei jener, nämlich, daß ein entsprechender Teil der Zirkulation schon vorher und üblicherweise von derartiger Kaufkraft unterhalten worden ist. Insoweit kommt die Tendenz zur Erhöhung des Preisniveaus nicht zur Wirkung. Abgeschwächt ist die Wirkung im zweiten Ausnahmefall, der vorliegt, wenn Kredit auf nicht in den Verkehr gebrachte, aber für den Verkehr bestimmte und geeignete Güter basiert worden ist. Auch in dem Fall ist formale Kaufkraft entstanden, aber ihre Benutzung greift nur der beim späteren Einsatz der Güter in die Zirkulation als Gegenleistung zu beanspruchenden Kaufkraftübertragung vor, ist also um eine Stufe weiter vordatiert als der reale beim Umsatzakt entstehende Kredit. Die Grundlage eines Güterbestandes schlechthin, ohne Rücksicht auf ihre Bestimmung und Eignung zum Umsatz, garantiert noch nicht die Indifferenz der darauf durch Kredit aufgebauten Kaufkraft[115]).

5. Die Kernfrage, ob es im Wesen der dem bankmäßigen Zahlungsausgleich dienenden Guthaben liegt, die Bildung formaler Kaufkraft zu vermeiden, zielt in die Sphäre der konkreten, weitschichtigen Wirklichkeit und trifft das Gebiet der Privatwirtschaft. Es ist eine Frage nach der Bildung der Zahlungsguthaben, somit nach der Kreditpolitik der Banken. Die Bankpolitik ist bei den Kreditbanken ohne Notenausgaberecht als frei anzusehen, jedoch — unter der Voraussetzung der Beständigkeit und des Gedeihens der Banken — nur innerhalb der Grenzen, die ihnen von der

---

[115]) Das ist gegenüber H. von Beckerath (a. a. O. S. 75 ff.) zu betonen, der u. E. auf diese Tatsache zu wenig Gewicht legt.

Rücksicht auf Rentabilität, Sicherheit und Liquidität gesetzt werden. Drängt der Trieb nach Rentabilität die einzelne Bank zur größtmöglichen Ausdehnung der Krediterteilung unter Bedingungen, die ihr eine möglichst große Gesamtreineinnahme an Zinsen und Provisionen versprechen, so stellt sich ihr zunächst in der Tat — wie v. Mises hervorhebt — der Wettbewerb der andern Banken entgegen. Es bleibt die Wahl zwischen bescheidenen Gewinnen und gewagten Geschäften. Hierbei kommt die Rücksicht auf die Sicherheit zur Geltung. Kredite, die schließlich nicht zurückgezahlt werden können, bedeuten privatwirtschaftlich, für die ausgebende Bank, Verlust an Betriebskapital, für die Volkswirtschaft — sofern nicht mangelnde Rechtshandhabe, sondern wirtschaftliche Gründe, etwa Verzehrung oder Entwertung der mit Hilfe der Kredite beschafften Güter, vorliegen — irregulären Verbrauch von Gütern durch Aushebung aus der Zirkulation mittels der durch jene Kredite begründeten Kaufkraft — eine Kaufkraftentstehung, die volkswirtschaftlich wie privatwirtschaftlich gleich unerwünscht ist. Das Interesse der Bank ist der Regel nach gesichert bei Krediterteilung auf den Nachweis hin, daß Güter im Umlauf überstellt sind. Den rechtlich und wirtschaftlich sichersten Nachweis dafür erbringt der Warenwechsel. Soweit die Zahlungsguthaben durch Diskontierung derartiger Wechsel entstanden sind, stellen sie reale Kaufkraft dar und haben die damit geleisteten Übertragungen die Neigung, sich dem Geldbedarf anzupassen, den Tauschwert des Geldes also unberührt zu lassen. Zur Tatsache wird diese Tendenz indessen im Einzelfalle nur, wenn die strengen Bedingungen der theoretischen Voraussetzung erfüllt sind, vor allem unmittelbarer zeitlicher Zusammenhang zwischen Umlauf des Gutes in seiner Geschwindigkeit einerseits und Beginn und Umlaufsgeschwindigkeit der durch die Überweisung inaugurierten Zahlungsreihe andererseits, sowie dem Durchschnitt entsprechende Preishöhen der bewegten und beliehenen Güter gewahrt bleiben. Daß diese im einzelnen wohl nie erfüllten Bedingungen für die Gesamtheit derartiger Kredite im wesentlichen zutreffen, liegt an der Zugwirkung, die von der Tatsache der Güterbewegung im Sinne einer entgegengesetzt gerichteten Übertragung von Kaufkraft ausgeübt wird, und an der Druckwirkung, welche von der Verzinsungspflicht aufgenommener Kredite auf die Verwendung solcherart mobilisierter Kaufkraft ausgeht. Die Ausnutzungsquote der verwendungsbereiten bankmäßigen Kaufkraft strebt daher stets einem Höchstmaß zu, das seine Begrenzung auf seiten der Kreditnehmer in der Konjunkturlage des Gütermarktes findet und ein bei gleichbleibender Konjunktur konstantes Minimum an Kaufkraft unbeschäftigt läßt. Normalerweise wird die bei Güterumsatz übertragene und mobilisierte Kaufkraft also sofort Verwendung suchen und im Rhythmus des Güterverkehrs übertragen werden.

Tatsächlich ist die Marktlage des Güterverkehrs in unaufhörlicher Bewegung und die Anpassung der Zahlungsmittelentstehung im Kreditwege hängt beträchtlich von der Einschätzung jener seitens der Warenkäufer ab, so daß auch der auf Warenumsatz begründete Kredit nicht zu allen Zeiten Normalsicherheit in sich trägt. Allgemeine Überspannung des Kredits ist daher auch bei dieser Kreditart möglich. In diesem Punkte hat die Bankpolitik eine Sicherung in der Rücksicht auf Liquidität, das heißt auf die richtig bemessene Bereitschaft zur Bareinlösung der emittierten kreditmäßigen Kaufkraftformen, eingebaut. Den festen Kern des Zahlungsmittelsystems aber bildet das Währungsmetallgeld, dessen Bestand die größte Konstanz unter allen Arten aufweist, und in dem unter normalen Umständen alle andern Zahlungsmittel einlösbar sind[116]).

[116]) Die Erforschung der quantitativen Beziehungen zwischen Goldmenge einerseits und der gesamten Zahlungsmittelmenge andererseits, sowie damit die quantitative Bedeutung, welche dem Währungsmetall hinsichtlich seiner Wirkung auf das Preisniveau zukommt, ist von der deutschen Theorie stiefmütterlich behandelt worden. Exakte Untersuchungen sind auf diesem Gebiete ausgeführt worden von Irving Fisher (Kaufkraft des Geldes, Berlin 1916) und namentlich von dem schwedischen Gelehrten Gustav Cassel, der in seiner Darstellung des Verhältnisses von Preisniveau und relativer Goldmenge in der Periode 1850—1910 einen verblüffenden induktiven Nachweis für den entscheiden-

Die erfahrungsmäßige Feststellung des Verhältnisses, in dem Währungsmetallgeld bei Zahlungen beansprucht wird, bildet die Grundlage für die Beurteilung der Liquidität. Ihr tritt die Aufrechterhaltung der Möglichkeit, jenes und Banknoten sich schnell zu verschaffen, zur Seite. Da die Ausgabe der Banknoten ihrerseits an strengere, mit der Bedingung teilweiser Goldfundation verbundene Voraussetzungen geknüpft ist, außerdem sie ebenfalls in Bargeld einlösbar sind, ist auch hier noch ein Zusammenhang mit dem Währungsmetallgeld vorhanden. Die Hauptmittel zur Liquidität bestehen daher einmal in der Bevorzugung solcher Geschäfte, an deren Unterlagen sich die Beschaffung von Bargeld und Noten anknüpfen läßt, neben dem Ankauf geeigneter Wertpapiere also namentlich der Diskontierung von Warenwechsel, und zum andern als allgemeinstes Regulativ in der Begrenzung der Kreditaufnahme durch die Festsetzung des Diskonts.

Das sind in den Grundzügen die Rücksichten, die bei der Guthabenbildung durch Kredit in Frage kommen. Im Durchschnitt mag reale Kaufkraft den Hauptteil bilden — wobei die Erinnerung notwendig ist, mit welchen Einschränkungen seiner vollen theoretischen Bedeutung dieser Begriff in der konkreten Wirklichkeit verstanden werden muß —, aber auch der nicht durch Warenumsatz fundierte Kredit, der formale Kaufkraft darstellt, ist durchaus nicht grundsätzlich ausgeschlossen, da auch er — in beschränktem Maße angewendet — sich mit den Regeln der Sicherheit und Liquidität in Einklang bringen läßt. Die Geschichte der Bankbrüche in Deutschland, gerade neuerer Zeit, zeigt überdies zahlreiche Beispiele von Übertreibungen derartiger Guthabenentstehung auf Kontokorrenten. Nicht einmal der Reichsbank-Giroverkehr hält sich frei von formaler Kaufkraft und ist damit sogar sehr reichlich durchsetzt, seitdem das Reich in enormem Umfang bei der Reichsbank Kredite

---

den Einfluß der Goldmenge auf die Preishöhe unternimmt. (Vgl. Theoretische Sozialökonomie. Leipzig 1918, S. 404 ff.; graphische Darstellung S. 410.)

mittels Diskontierung von Schatzwechseln aufnimmt[118]). Es ist auch unter diesem Gesichtspunkt ein Irrtum, wenn Liefmann annimmt, daß nur durch starke Vermehrung des Papiergeldes „Beeinflussung der Schätzung der Rechnungseinheit" möglich sei[119]). Alles in allem muß das zusammenfassende Urteil lauten: Die Natur der Zahlungsguthaben verbürgt **nicht**, daß der bankmäßige Zahlungsausgleich das Gleichgewicht der allgemeinen Preislage unangetastet läßt. Grundsätzlich steht er darin der Notenverwendung gleich, wenn sie sich im einzelnen auch vielfach unterscheiden.

6. Der wesentlichste Unterschied gegenüber der Notenausgabe liegt zum ersten in dem Umstand, daß der bankmäßige Zahlungsausgleich nicht auf bestimmte Banken beschränkt und keiner gesetzlichen Regelung unterworfen ist, zum andern in der bedeutsamen Nebenwirkung, daß er die Ansammlung von Depositen befördert. Das sind die Ursachen für eine gewisse Verselbständigung der Kreditpolitik der Banken, eine Abschwächung des sonst vorherrschenden Einflusses der Reichsbank auf den Geldmarkt, eine größere Elastizität des Zahlungsverkehrs und, solange die Ausbreitung des bankmäßigen Zahlungsausgleiches dauert, eine Tendenz zur Senkung des Zinsfußes auf dem kurzfristigen Kapitalmarkt.

7. Die einfachste und deutlichste Folge der Entwicklung ist die Ersparnis an kostspieligem Metallgeld, besonders Gold, im innern Zahlungsverkehr.

---

118) Vgl. Pohle, Geldentwertung, Valutafrage und Währungsreform. Leipzig und Erlangen 1920, S. 14 ff.

119) A. a. O. S. 193.

Vereinigung wissenschaftlicher Verleger
Walter de Gruyter & Co., Berlin W 10

Bank-Archiv

Zeitschrift für Bank- und Börsenwesen

Herausg. v. Geh. Justizrat Prof. Dr. Riesser, Berlin

Schriftleitung: Rechtsanw. Otto Bernstein u. Prof. Dr. Carl Molhov
Geschäftsführer des Centralverbandes des Deutschen Bank- u. Bankiergewerbes.

XXX. Jahrgang. Jährl. 24 Nr. Preis pro Halbjahr 25 M. ausschließl. Porto.

Die Zeitschrift bringt wertvolle Abhandlungen erster Sachverständiger über wirtschaftliche und rechtliche Fragen des Bank- und Börsenwesens, deren Kenntnis für jeden Bankpraktiker, Volkswirt und Politiker unerläßlich ist. Außerdem enthält sie regelmäßig Berichte über die einschlägige Rechtsprechung der obersten Gerichtshöfe und veröffentlicht neben sonstigen wichtigen bankstatistischen Zusammenstellungen statistische Angaben über die Kursbewegung der 3proz. Reichsanleihe, der 3proz. französischen Rente und der $2^1/_2$proz. britischen Consols, ferner wertvolle Statistiken über den Verkehr der Reichsbank, der Bank von England und der Bank von Frankreich sowie über die Kursbewegung der wichtigsten marktgängigen Wertpapiere des Berliner Kurszettels. Der laufende Jahrgang enthält eine bedeutende Erweiterung des statistischen Teiles durch die Aufnahme von Jahresstatistiken der deutschen Aktienbanken unter besonderer Berücksichtigung der Hypothekenbanken, der führenden europäischen Zentralnotenbanken sowie des internationalen Geldmarktes, ferner periodischer Statistiken des Notenbankwesens in den Vereinigten Staaten u. a. m.

Die Reichsfinanzen

auf Grund der Reform von 1919/20

Von Dr. Erwin Respondek
Hilfsarbeiter im Reichsfinanzministerium.

1921. 277 Seiten. Preis 28 M.

Das Werk bietet eine erste grundlegende Darstellung des finanziellen Aufbaues des Reiches, seines Budgets und seines Steuersystems, sowie eine möglichst g treue Darstellung des finanz-gesetzgeberischen Reformwerkes.

„Der Verfasser hat als Hilfsarbeiter im Reichsfinanzministerium Gelegenheit gehabt, an den großen finanzpolitischen Gesetzen der letzten Jahre mitzuarbeiten und kann deshalb die dabei gesammelten Erfahrungen in seinem Buche niederlegen. Auf diese Weise wird die Arbeit eine der besten, die auf diesem Gebiete die deutsche Finanzliteratur aufweist.“ *Germania.*

Aus dem großen Kreise der Interessenten nennen wir Angehörige der obersten Verwaltungsbehörden, Finanzbehörden, Steuerbehörden, Post- u Eisenbahnverwaltungen, Kommunalverwaltungen, Handelskammern, Parlamentarier, Parteifunktionäre, Lehrer u. Studierende der Finanzwissenschaft, Wirtschaftspolitiker, Volkswirtschaftler, Journalisten, Großindustrie, Großhandel usw.

Druck von Oscar Brandstetter in Leipzig.

MIX
Papier | Fördert gute Waldnutzung
FSC® C083411

Kolibri 360 GmbH
Ferdinand-Jühlke-Straße 7
99095 Erfurt, Deutschland
produktsicherheit@kolibri360.de